Oleksandr Mykhed

„Dein Blut wird die Kohle tränken"
Über die Ostukraine

Aus dem Ukrainischen übersetzt von Simon Muschick
und Dario Planert

UKRAINIAN VOICES

Collected by Andreas Umland

16 *Marieluise Beck (Hg.)*
 Ukraine verstehen
 Auf den Spuren von Terror und Gewalt
 Mit einem Vorwort von Dmytro Kuleba
 ISBN 978-3-8382-1653-9

17 *Stanislav Aseyev*
 Heller Weg
 Geschichte eines Konzentrationslagers im Donbass 2017–2019
 Aus dem Russischen übersetzt von
 Martina Steis und Charis Haska
 ISBN 978-3-8382-1620-1

18 *Mykola Davydiuk*
 Anmerkungen zur Kreml-Propaganda unter Wladimir Putin
 Aus dem Ukrainischen übersetzt von Christian Weise
 ISBN 978-3-8382-1628-7

19 *Olesya Yaremchuk*
 Unsere Anderen
 Geschichten ukrainischer Vielfalt
 Aus dem Ukrainischen übersetzt von Christian Weise
 ISBN 978-3-8382-1635-5

The book series "Ukrainian Voices" publishes English- and German-language monographs, edited volumes, document collections, and anthologies of articles authored and composed by Ukrainian politicians, intellectuals, activists, officials, researchers, and diplomats. The series' aim is to introduce Western and other audiences to Ukrainian explorations, deliberations and interpretations of historic and current, domestic, and international affairs. The purpose of these books is to make non-Ukrainian readers familiar with how some prominent Ukrainians approach, view and assess their country's development and position in the world. The series was founded and the volumes are collected by Andreas Umland, Dr. phil. (FU Berlin), Ph. D. (Cambridge), Associate Professor of Politics at the Kyiv-Mohyla Academy and Senior Expert at the Ukrainian Institute for the Future in Kyiv.

Oleksandr Mykhed

„DEIN BLUT WIRD DIE KOHLE TRÄNKEN"
Über die Ostukraine

Aus dem Ukrainischen übersetzt
von Simon Muschick und Dario Planert

Bibliografische Information der Deutschen Nationalbibliothek

Die Deutsche Nationalbibliothek verzeichnet diese Publikation in der Deutschen Nationalbibliografie; detaillierte bibliografische Daten sind im Internet über http://dnb.d-nb.de abrufbar.

Bibliographic information published by the Deutsche Nationalbibliothek
Die Deutsche Nationalbibliothek lists this publication in the Deutsche Nationalbibliografie; detailed bibliographic data are available in the Internet at http://dnb.d-nb.de.

УКРАЇНСЬКИЙ ІНСТИТУТ //ІІІКНИГИ   Dieses Buch wurde mit Unterstützung des Translate Ukraine Translation Program veröffentlicht.
This book has been published with the support of the Translate Ukraine Translation Program.

Fotos: Oleksandr Mykhed, Anastasia Parafenyuk, Svitlana Kolodiy, Marko Salisnjak, Danylo Shulipa, Anna Rogotska, Anastasia Rozhynska
Cover design: Oksana Gadzhiy
Karte: Konstantin Kuchabsky
Konzeptionierung des Layouts: Viktoriya Shelest

The book was first published in Ukrainian under the title:
Михед Олександр. «Я змішаю твою кров із вугіллям». Зрозуміти український Схід. – К.: Наш Формат, 2020. – 368 с.

ISBN-13: 978-3-8382-1648-5
© *ibidem*-Verlag, Stuttgart 2021
Alle Rechte vorbehalten

Das Werk einschließlich aller seiner Teile ist urheberrechtlich geschützt. Jede Verwertung außerhalb der engen Grenzen des Urheberrechtsgesetzes ist ohne Zustimmung des Verlages unzulässig und strafbar. Dies gilt insbesondere für Vervielfältigungen, Übersetzungen, Mikroverfilmungen und elektronische Speicherformen sowie die Einspeicherung und Verarbeitung in elektronischen Systemen.

All rights reserved. No part of this publication may be reproduced, stored in or introduced into a retrieval system, or transmitted, in any form, or by any means (electronical, mechanical, photocopying, recording or otherwise) without the prior written permission of the publisher. Any person who does any unauthorized act in relation to this publication may be liable to criminal prosecution and civil claims for damages.

Printed in the EU

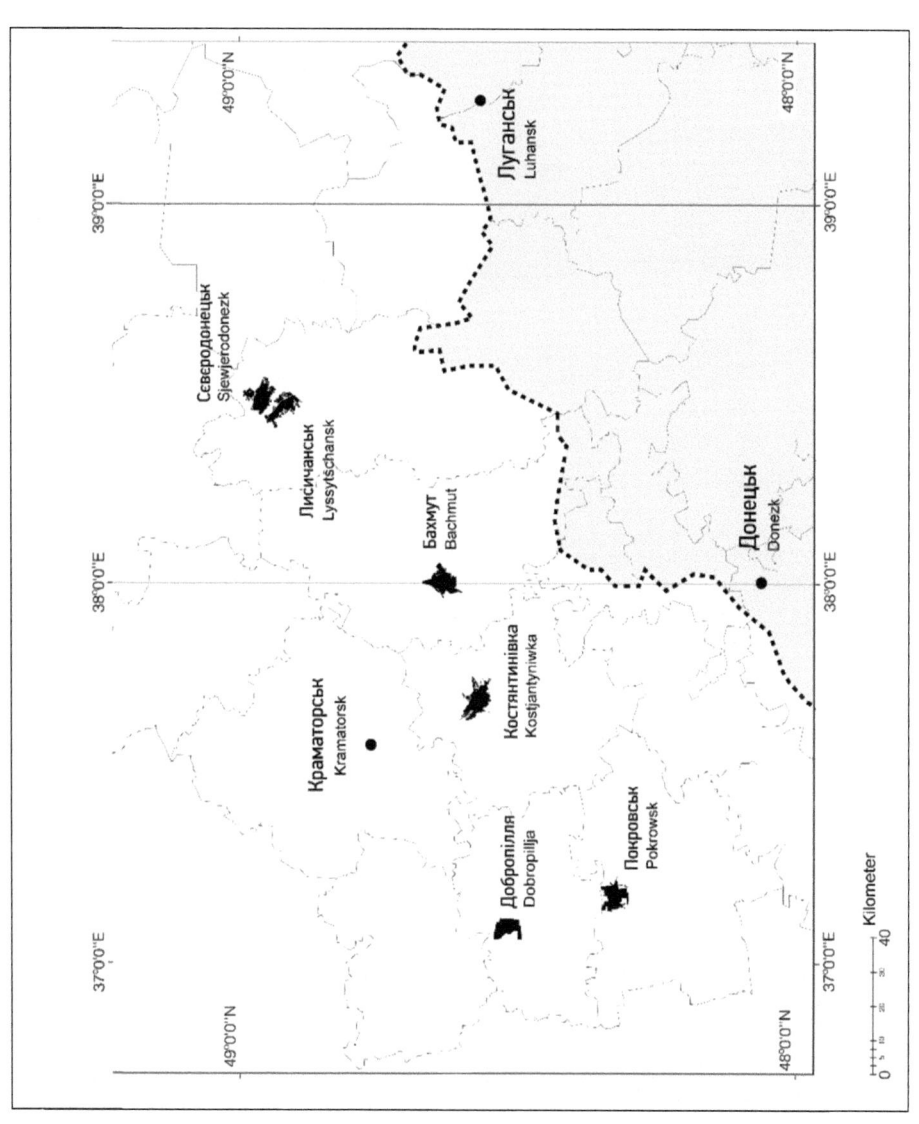

INHALT

Intro 9

I.

Kostjantyniwka. 1. 21

Pokrowsk. 1. 27

Dobropillja. 1. 35

Lyssytschansk. 1. 41

Sjewjerodonezk. 1. 47

Bachmut. 1. 59

Von drei Springbrunnen und zweieinhalb Ausstellungen 65

Ihor Koslowskyj: „Die regionalen Mythen wurden angepasst wie ein Anzug, um die Ideenlosigkeit zu verdecken und mythische Parallelwelten zu erschaffen" 69

Kostjantyniwka. 2. 85

Kyjiw. 1. 89

II.

Kostjantyniwka. 3. 99

Bachmut. 2. 105

Alewtina Kachidse: „Hier ist die Künstlerin aus dem Donbass" – Wenn man mich so vorstellt, würde ich am liebsten sagen: „Hallo, wie ihr seht, habe ich keine Hörner" 109

Pokrowsk. 2. 117

Dobropillja. 2. 123

Von chtonischen Göttern und der Heiligen Barbara 131

Pokrowsk. 3. 137

Roman Minin: „Am meisten sind die Bewohner des Donbass stolz auf ihre Fähigkeit zu überleben" 141

Kyjiw. 2. 153

Bachmut. 3. 157

Lyssytschansk. 2. 161

Über den Krieg, die Walliser und das Start-up „Wild fields" 173

Serhij Zhadan: „Um den Osten nicht zu verlieren,
müssen wir ihn verstehen" 181

Lyssytschansk. 3. 195

Sjewjerodonezk. 2. 197

Kyjiw. 3. 201

III.

Lyssytschansk. 4. 211

Bachmut. 4. 221

Pokrowsk. 4. 229

Olena Stjaschkina: „Einen Gulag brauchte es nicht mehr. Er erfüllte keine Funktion mehr, denn das Lager ist in meinem Inneren errichtet worden" 237

Sjewjerodonezk. 3. 259

Pokrowsk. 5. 267

Kostjantyniwka. 4. 271

Dobropillja. 3. 275

Kyjiw. 4. 281

Wolodymyr Rafejenko „Man muss verstehen, dass nicht die regionalen Besonderheiten schuld an diesem Krieg sind und die Ukrainer ihn nicht herbeiriefen." 285

Romaniwka 293

Der Osten 297

Rückkehr 301

Outro 307

P.S. 317

INTRO

0.

Im Dezember 1980 traf sich Oleksii Nikitin in Donezk mit den Reportern Kevin Klose der Washington Post sowie David Satter von der Financial Times und berichtete ihnen von der im Donbass herrschenden Willkür und dem Chaos seines eigenen Lebens. Er hatte einiges zu erzählen.[1]

Im Jahre 1969, Nikitin war 32 Jahre alt, versammelte er 129 Arbeiter, die ihre Unterschrift unter ein Schreiben an das Zentralkomitee der KPdSU setzten, welches die illegalen Tätigkeiten und die systematische Verletzung des Arbeitsschutzes durch die Grubenleitung des Schachtes „Butiwka" anprangerte. Nikitin arbeitete als Bergbauingenieur und bemühte sich, eine Gruppe zu gründen, welche die Rechte der Arbeiter verteidigen sollte. Er warnte davor, dass es im Bergwerk zur Explosion kommen könnte. Im darauffolgenden Jahr wurde Nikitin entlassen und vorübergehend aus der Partei ausgeschlossen. Die Arbeiter wurden gezwungen, ihre Unterschriften unter dem gemeinsamen Brief zu widerrufen.

In Donezk gab es ungefähr 50 Kohlebergwerke, doch weil sein Name nun auf einer schwarzen Liste stand, konnte Nikitin in keinem davon neue Arbeit finden.

Zwei Jahre lang bemühte er sich um Gerechtigkeit. Er fuhr nach Moskau und versuchte in die norwegische Botschaft zu gelangen, um Dokumente und Aussagen zu seinem Fall zu übergeben. Doch der KGB fing ihn ab und schickte ihn zurück nach Donezk.

Im Dezember 1971 kam es im Bergwerk „Butiwka" zu einer Explosion. Die Kumpel erinnerten sich an Nikitin und seine Warnungen vor dem Unglück. Es brauchte 1500 Milizionäre und Geheimdienstleute, um die aufgebrachte Menge zu stoppen, welche seinen Namen skandierend durch die Straßen zog.

Drei Wochen später wurde er verhaftet und der antisowjetischen Agitation beschuldigt.

---

[1] Siehe dazu: Klose, Kevin. Russia and the Russians: Inside the Closed Society. New York, 1984; Satter, David. Age of Delirium: The Decline and Fall of the Soviet Union. New Haven, 2001.

Andersdenkende wurden gnadenlos bekämpft. Man wollte sie lehren, „die Heimat zu lieben", wenn nötig auch durch Zwangseinweisung.

Zunächst verstand er nicht, wohin man ihn gebracht hatte. Erst durch die Worte des Pflegers wurde ihm alles klar: „Man hat entschieden, dass du nicht recht bei Verstand bist, da du es dir erlaubst, dich in die Politik einzumischen. Mach dir keine Sorgen um deine Sachen. Du bleibst hier für immer." Drei Jahre verbrachte er in der Dnipropetrowsker Spezialpsychiatrie. Man erzählt sich, dass hier die 30 in Zelle Nr. 1 einsitzenden Männer Experimenten mit Medikamenten und anderen Misshandlungen unterzogen wurden. Der beißende Chemikaliengeruch durchdrang die Körper der Patienten und kroch aus allen Ritzen hervor.

Die sowjetische Ordnung vermochte es meisterhaft menschliche Seelen zu verformen. Zum Beispiel, indem sie einen vormals gesunden Patienten in einen Schluck Wasser verwandelte. So wurde die Körpertemperatur künstlich auf 40 Grad angehoben, damit sich der Schmerz in Drill verwandelte und sich tief in den Körper fraß.

Dort in der Psychiatrie gab es noch andere wie ihn. Politisch Unzuverlässige, Ungebrochene. Eben jene, die das System infrage stellten.

Nikitin war begabt und arbeitete in der Klinik zunächst als Zimmermann, später dann als Steinmetz und schließlich als Pflegehelfer.

Später wurde er in die Donezker Allgemeine Psychiatrische Klinik verlegt, aus der er im März 1976 entlassen wurde.

Nikitin verstand, dass er keine Gerechtigkeit zu erwarten hatte. Ein Jahr später wurde er nahe der norwegischen Botschaft verhaftet, in welcher er um politisches Asyl bitten wollte. Schließlich gelang es ihm, aus der Donezker Klinik zu entkommen. Einige Quellen berichten, dass er sich mehr als einen Monat in den Wäldern versteckt hielt. Letztlich wurde er vom KGB verhaftet und wieder in die Klinik nach Dnipropetrowsk gebracht und später wiederum nach Donezk verlegt.

So vergingen drei weitere Jahre, bis er 1980 freikam.

INTRO

Er war dem System ein Dorn im Auge und störte das Treiben der Lokalfürsten, um die sich zahlreiche Legenden rankten. Eine davon handelte von einer rauschhaften Hochzeitsfeier eines Sohnes der Parteielite auf einem Schnellboot, das unerlaubt in türkische Territorialgewässer eindrang.

Der wütende Wolodymyr Dehtjarow, Sekretär des Gebiets-Parteikomitees, dank welchem Donezk zur Stadt der Rosen wurde, sagte Nikitin unverhohlen ins Gesicht: „Wenn du deine Nase in unsere Angelegenheiten steckst, dann werde ich die Kohle mit deinem Blut tränken und deinen Körper zu Dünger zermahlen!"

1980 lud Nikitin schließlich die zwei ausländischen Journalisten nach Donezk ein, damit diese mit eigenen Augen sähen und der Welt berichteten, wie die Repressionsmaschine mit den Körpern und Seelen ihrer Bürger verfahre.

Vier Tage verbrachten die Journalisten mit Nikitin.

Eines Abends schaute er durchs Fenster und sah die wartenden Autos der KGB-Agenten, woraufhin er beiläufig bemerkte: „Sobald ihr wegfahrt, schnappen sie mich".

Dann setzte er seinen Bericht fort.

1.

Zum ersten Mal fuhr ich im Dezember 2016 in die Ostukraine.

Es war eine besondere Zeit. Eine Zeit der Suche nach Identität, eine Zeit, in der ein Blumenkranz auf dem Kopf oder ein T-Shirt mit dem Schewtschenko-Zitat „Liebt euch, aber nicht die Moskali" ein politisches Statement bedeutete.

Eine Zeit der absterbenden Ideologien, die in Schichten von Graffiti auf den abgeblätterten Flächen der Werbetafeln und Fabrikruinen vor sich hin rotteten.

Eine Zeit der Debatten um die Dekommunisierung, neue Städtenamen und die Angst der älteren Generation um die Erinnerung an ihre Jugend.

Die Zeit, in der die junge Generation der ihr aufgezwungenen alten Mythen und vorherbestimmten Lebenswege überdrüssig wurde.

Eine Zeit, in der Binnengeflüchtete nach einem neuen Platz im Leben, auch in kleineren Städten, suchten.

Ich hatte das Glück, Teil des Projekts „Metastadt: Ost" zu sein, welches auf Initiative der NGO „Garage Gang" entstanden war. Anderthalb Jahre arbeiteten wir in sechs Städten der Regionen Donezk und Luhansk: in Kostjantyniwka, Pokrowsk (ehemals Krasnoarmijsk), Dobropillja, Lyssytschansk, Sjewjerodonezk und Bachmut (dem ehemaligen Artemiwsk).

Jeder von uns hatte seine Aufgaben. Manch einer interessierte sich für Urbanismus, andere suchten nach architektonischen Lösungen, um das Leben in den Städten zu verbessern. Wieder andere beschäftigten sich mit der Kultur. Das angestrebte Ziel war die Aktivierung des kulturellen Lebens in den ausgewählten Städten, die Schaffung offener und öffentlicher Räume und eines Netzwerkes von Aktivisten mithilfe verschiedenster Workshops und einzelner, durch Crowdfunding geförderter Projekte.

Meine Arbeit bestand dabei darin, die Mythologeme der Städte zu untersuchen, sie in ihren kleinsten Teilchen zu fixieren und ihre Universalität zu entdecken. Den Körper des Kronos zertrennen, der Generation für Generation seine Kinder fraß.

Ein Mythologem fußt auf seiner Weiter- und Wiedererzählung. Es kann wiedergeboren oder aus dem Bewusstsein einer Stadt verbannt werden. Es kann aufgezwungen, entwurzelt oder injiziert werden.

Mythologeme, das können historische Persönlichkeiten sein, oder gesellschaftliche Aktivisten nach denen eine Straße und ganze Städte benannt sind. Ein Mythologem ist Geschichte, ist Ganzheit, ein Bild, das jeder Bewohner einer konkreten Stadt, unabhängig von seinem Alter, sofort versteht.

Anhand dieser Geschichten und Mythologeme sollten junge ukrainische Künstler Werke schaffen, die den städtischen Raum neu gestalteten.

Die Struktur dieses Buches spiegelt im Großen und Ganzen den Entstehungsprozess dieses Projektes. Das erste Stelldichein mit den Städten und ihren Mythen. Die Rückkehr und die Vertiefung der Recherche. Und zuletzt der Versuch das Geschehene zu beschreiben und alle Linien zusammenzuführen.

Alle sechs Städte erlebten wir zu jeder der vier Jahreszeiten. Vor unseren Augen verwandelte sich die Winterdepression des Februars in das Tauwetter des März, das Grün des Sommers in das Welken der Blätter im Herbst, um schließlich mit ihrem Fall wieder in Depression zu verfallen. Die einzige Gemeinsamkeit unserer sich mit der Saison verändernden Eindrücke war die stets vorhandene, dünne Schicht aus Kohlestaub, die sich wie eine Decke über das Jahr legte.

2.

Warum habe ich mich zu dieser jahrelangen Reise durch den Osten entschieden?

Man kann in diesem Land gut leben, eine erfolgreiche Karriere machen und jedes Jahr in den Winter- und Sommerurlaub fliegen, und dabei nicht ein einziges Mal vom Norden in den Süden fahren, oder aus dem Westen in den Osten. Wir alle haben diese mentale Landkarte, gespickt mit Vorurteilen und Vorstellungen über das eigene Land. Leute aus dem Norden? Alles Malocher. Statt Kultur gibt es hier Fabriken. Oder andersherum. Faulpelze und Schmarotzer.

Doch was tun wir, um den Teil des Landes zu verstehen, in dem nun Krieg herrscht? Ein hybrider Krieg, von dem gern behauptet wird, dass er keine imperiale Okkupation, sondern die freie Willensäußerung der lokalen Bevölkerung sei. Dass es keine gezielte Manipulation, sondern nur einen dem Volke aus tiefem Herzen entspringenden Wunsch gäbe, der mit Überresten der untergegangenen sowjetischen Vergangenheit verschmilzt.

Dieses Buch ist der Versuch meiner, der ersten „postsowjetischen", Generation, zu erklären, was dieses Erbe zu bedeuten hat und die, wie ich selbst, noch nie in dem Teil des Landes war, über den die Medien, wie es scheint, bereits alles erklärt haben. Vorurteile, Fake News und Mythen gibt es zumindest genug.

Mithilfe von Erzählungen, Geschichten und Archivfunden lässt sich zumindest Einiges erklären. Dieses Wissen zu bergen, bedeutet noch nicht, es fertig zu servieren. Doch erlaubt es die Untersuchung und Aneignung von zuvor unbekannten Teilen des eigenen Landes.

3.

Und natürlich ist da der Wunsch, Menschen zu treffen, die deinem Bild des Ostens ein Gesicht geben. Gerade ihre Geschichten sollen die mentale Landkarte prägen.

In diesem Buch erklingen die Stimmen der Bewohner des Ostens. Historiker und andere Wissenschaftler warnen davor, den Worten beliebiger Menschen zu trauen, weil diese nur die Wiederholung aufoktroyierter Gedanken und Vorurteile seien, die sich im Bewusstsein verfangen haben. Doch genau das brauchte ich: lebendige Gespräche, lebende Geschichte und angeschlagene Bewusstseinscluster.

Wir als Außenstehende befanden uns dabei in der günstigen Ausgangslage, die Puzzleteile eines großen Bildes zusammenzufügen, nämlich das offizielle Narrativ der Regierung, die kanonischen Erzählungen der Museen sowie die Emotionen der Aktivisten vor Ort. Wobei es uns manchmal so schien, als seien wir eine Anlaufstelle für Beschwerden und Verbesserungsvorschläge.

Zunächst sind die Stimmen jener, die du triffst, in ihrer Masse anonym. Doch ist es nur eine Frage der Zeit, bis man tiefere Bekanntschaften geschlossen hat und man schließlich zum zweiten und dritten Mal in diese Städte zurückkehrt.

Über die Zeit wurden Kontakte zu Bekannten, guten Freunden und manchmal wie zu einer Familie. Mit der Zeit entdeckten wir unsere Lieblingsorte für die kleinen Mahlzeiten und sammelten sich die Rabattkarten der hiesigen Lokale. Aus den Erzählungen der anonymen Unbekannten wurden Gespräche mit Bekannten, deren Schicksal bewegt, deren Katzen man streichelt, denen man Geschenke und Grüße sendet und denen man zu den Feiertagen gratuliert.

Irgendwann entsteht der dringliche Wunsch zurückzufahren, um potenziell riskante Zitate zu glätten, welche für die Urheber oder unsere noch junge Freundschaft unangenehme Folgen haben könnten.

Ich danke allen, die mich an ihren Geschichten und Beobachtungen teilhaben ließen und entschuldige mich für die Namenlosigkeit eurer Aussagen. Ebenso bitte ich mögliche Ungenauigkeiten zu entschuldigen. Eine der Hauptfragen dieses Buches ist die grundsätzliche Unmöglichkeit einer objektiven Realität im Allgemeinen und insbesondere im Osten. Deshalb ist festzuhalten, dass nicht immer alles, was wir hörten, auch tatsächlich so gesagt wurde.

4.

In diesem Buch gibt es auch andere Stimmen.

Da sind jene, die aus den Archiven klingen.

Da sind die Stimmen von Forschenden, die diesen Stimmen bereits nachgegangen sind.

Außerdem enthält es sechs einzigartige Gespräche mit Menschen, die im Osten geboren wurden und uns durch ihre Erfahrung und die persönlich erlittenen Schmerzen seit Beginn des Krieges dabei helfen, die Grauen der Wirklichkeit zu verstehen: Serhij Zhadan, Alewtina Kachidse, Ihor Koslowskyj, Roman Minin, Wolodymyr Rafejenko, Olena Stjaschkina.

Ohne sie gäbe es dieses Buch nicht.

5.

In ihrer Dankesrede für den Nobelpreis sagte Swetlana Alexijewitsch: „Mich hat stets gequält, dass die Wahrheit nicht in ein einziges Herz, in einen einzigen Verstand passt. Dass sie zersplittert ist, vielfältig, unterschiedlich, in der Welt zerstreut. [...] Was tue ich? Ich sammle den Alltag von Gefühlen, Gedanken, Worten. Ich sammle das Leben meiner Zeit. Mich interessiert die Geschichte der

Seele. Das Leben der Seele. Das, was die große Geschichtsschreibung gewöhnlich auslässt, was sie hochmütig übersieht. Ich beschäftige mich mit der ausgelassenen Geschichte."²

Die Vielstimmigkeit ihrer umfassenden Untersuchung des Sowjetischen ist mir Vorbild und Orientierung zugleich.

Für einige Meinungen und Gedanken meiner anonymen Gesprächspartner entschuldige ich mich im Voraus und merke wie für gewöhnlich an: „Die geäußerten Ansichten und Meinungen müssen nicht mit denen der Redaktion übereinstimmen."

Nirgendwo sonst als hier im Osten sind mir so radikal verschiedene Erinnerungen an ein- und dasselbe Ereignis begegnet, je nach politischer Einstellung oder der Befangenheit durch bestimmte Weltanschauungen.

6.

In diesem Buch geht es nur am Rande um den Krieg. Und doch schwingt er in fast jeder Zeile mit, ob in Bemerkungen über schlechte Straßen, oder in Erzählungen über durch ihn zerstörte Leben.

In diesem Buch geht es um Gewalt und den Wahnsinn des Alltags. Gewalt, welche die Welt erfüllt und Dinge, die aus abstrakten, fremden Besatzern und ausländischen Todesschwadronen, Menschen werden lassen.

Es geht um Abgründe, Brutalität, Zerstörung und die Unterdrückung von Menschen durch einen fremden Staat.

Genauso wie durch den eigenen Staat.

Darum, was Ukrainer Ukrainern,

was Menschen einander antun.

7.

Und diese Geschichte beginnt so:

---

² Nobelvorlesung von Swetlana Alexijewitsch. 7. Dezember 2015.

I.

KOSTJANTYNIWKA. 1.

Alles beginnt mit den Taxifahrern, jener Meute hungriger Raubvögel, bereit sich auf ihr Opfer zu stürzen, um es an jeden gewünschten Punkt zu bringen. Die Rufe „Donezk!" oder „Tores!" und andere Ortsnamen sind aus den Nachrichten bekannt. Man erwartet jeden Moment, dass jemand „Casablanca!" ruft – jener Ort, von welchem aus, man sich während des Zweiten Weltkriegs in Sicherheit bringen konnte.

- Was ist das für ein Gebäude?
- Der Kindergarten.
- Ist der erst nach dem Krieg so verfallen?
- Nein. Schon lange davor. Die Verwaltung hier...einfach zum Kotzen.

Eine kaputte Bushaltestelle, auf die jemand geschrieben hat: „Juschtschenko, zerschlag deinen Kopf an dieser Wand".

Ein Lampengeschäft: „Alles für die Birne".

Ein rätselhaftes Haus mit kleinem Turm. Auf der einen Tür, die offensteht, prangt die Aufschrift: „Bestattungshaus ‚Requiem'. Aufbahrungsraum". Auf der anderen (wie immer geschlossen und kaum zu öffnen) heißt es: „Paradies".

Von den Mauern blättert der Putz, die Fenster sind zerbrochen. Auf ihr kleben frische Wahlplakate mit dem Bild eines Kandidaten.

„Wenn ich von meiner Stadt spreche, erinnert sie mich an den Kern eines Uranatoms. Konzentriert im Zentrum, mit Läden, Cafés, Parks, aber leer am Rand, einfach leer."

„Die Jugend hier vergnügt sich, indem sie durch die Ruinen streift. Alles verlassene Fabriken und verfallene Häuser."

„Die jungen Erwachsenen erwarten, dass alles für sie gemacht wird. Nur wenn ihnen das Nest gemacht wird, kommen sie und setzen sich hinein."

„Zu Sowjetzeiten gab es hier knapp zwanzig Fabriken, dafür jedoch keine Vögel. Sie konnten hier nicht überleben. Die Frauen kannten keinen Luxus. Heute gibt es nur noch zwei Fabriken. Wenn mir hier jemand mit Umweltproblemen kommt, sage ich, dass er lieber dem Gesang der Vögel lauschen soll."

„Ich liebe den Eklektizismus unserer Stadt, die Reste einer Industrielandschaft. Hier kann man die Zeitenwende, den Wandel der Epochen erleben."

„In Wirklichkeit gibt es hier unglaublich viele Möglichkeiten. Egal was du tust – du bist der erste."

„Das Leben verläuft hier unspektakulär – Tag für Tag. Ruhig und leise. Einmal mit dem Auge zwinkern und schon sind zehn Jahre vorbei. Merkt euch das! Zehn Jahre fühlen sich an wie ein Tag. Wenn du nach Kyjiw kommst, ziehen sich die Tage. Dort dauert jeder Tag zehn Jahre."

„Es ist einfach, San Francisco zu lieben. Doch versuche einmal Kostjantyniwka zu mögen. Ich liebe diese Stadt gerade deshalb, weil es so schwer ist, sie zu lieben. Jeden Tag suche ich nach etwas, wofür man sie lieben könnte."

„Diese Stadt muss man für seine Menschen lieben. Sie ist eine echte Kaderschmiede."

„Einst nannte man uns Steklograd.[3] Wir waren Hauptstadt der sowjetischen Glasproduktion. In unserem Werk ‚Awtosklo' wurde das Rubinglas für die Sterne auf den Kremltürmen gegossen.

---

[3] Anm. d. Übers.: Glasstadt

I. KOSTJANTYNIWKA 1.

Ebenso wie Glas für U-Boote und Raumschiffe. Auch Lenins gläserner Sarkophag wurde hier hergestellt. Hier hat man die Spitzen für Raketen gefertigt, mit denen man nun auf uns schießt. So gesehen haben wir hier die Waffen gebaut, mit denen wir nun selbst getötet werden."

„Hier wurde auch Tannenbaumschmuck hergestellt. Zuhause haben wir viel davon. Alles in der gleichen Form."

„Hier wurde ein Glasbrunnen gebaut, den ihr auf unserem Wappen sehen könnt. Er wurde auf der Weltausstellung 1939 in New York präsentiert."

„Auf dem Gagarin-Prospekt haben wir einige Mosaiken. Als einmal die besten Ikonenmaler aus Charkiw kamen, zeigten wir ihnen unsere Weltraummosaiken. Sie haben uns alles erklärt. Sie meinten, dort wäre ein Kosak abgebildet, aus dessen Zopf das Weltall entspringe."

„Aktivisten haben hier unser Wappen gemalt. Doch es wurde jede Nacht beschmiert und mit Farbe übergossen. Doch die Aktivisten haben es stets erneuert. Jetzt ist es schon seit Längerem beschmiert und die Aktivisten warten ab."

„Dort beim Denkmal und dem Kino „Lenin" war alles mit Penissen bemalt. Also hat man den Kindern Farbe gegeben, damit sie alles bunt übermalen."

„Hier herrscht ein ewiger Graffitikrieg zwischen pro-ukrainischen und pro-russischen Sprayern. Neulich sah ich den Schriftzug ‚Ruhm der DNR'[4], mit einem durchgestrichenen D und dafür ein U: ‚Ruhm der UNR'[5]."

---

[4] Anm. d. Übers.: Donezker Volksrepublik (ukr.: Donezka Narodna Respublika).
[5] Anm. d. Übers.: Ukrainische Volksrepublik (ukr.: Ukraijinska Narodna Respublika). Versuch einer unabhängigen ukrainischen Staatsgründung nach dem Ersten Weltkrieg.

„Mir tun die Brautpaare leid, die in dieser Stadt heiraten. Sie müssen sich in diesem schrecklichen Standesamt das Ja-Wort geben und treten danach hinaus in diese hässliche Landschaft. Vor welchem Hintergrund soll man sich denn bitte hier fotografieren lassen? Vor einer verfallenen Fabrik? Da müssen sie schon nach Druschkiwka fahren, um wenigstens ein paar schöne Fotos zu bekommen."

„Den Leuten hier fehlt das Gefühl für ihr Land. Früher fühlte man sich seiner Fabrik verbunden. Es gab die fabrikeigenen Schulen und Läden. Sogar ein eigener Friedhof. Ein ganzer Lebenszyklus."

Eine riesige Schlammpiste hier. Straße kann man so etwas nicht nennen. Und du weißt nicht einmal wer schuld daran ist: die Kettenpanzer oder die Regierung? Oder ist es einfach die Zeit?

In Kostjantyniwka steht ein ausgemusterter IS-3 Panzer aus dem Jahr 1945 als Denkmal auf einem Sockel. Als Simulacrum soll es die Erinnerung an den Mythos erhalten.

Im Dorf Oleksandro-Kalynowe gelang es 2014 den Separatisten übrigens bei einem ähnlichen Modell den Motor zu starten und ihn vom Sockel zu fahren. Einige Zeit nutzten sie ihn sogar bei Kämpfen.

Es fällt schwer, sich ein passenderes Bild auszudenken, um zu erklären, was damals geschah.

„Unsere Stadt wurde im Stil des destruktiven Konstruktivismus erbaut."

„Hier steht ein Denkmal für dreizehn Hingerichtete. Als die Soldaten Denikins[6] mit ihren St. Georgs-Bändchen in die Stadt kamen, erschossen sie jeden zehnten Einwohner. Seitdem haben wir noch eine Rechnung mit diesen Bändchen offen."

---

[6] Anm. d. Übers.: General Denikin (1872-1948) kämpfte im russischen Bürgerkrieg auf Seiten der Weißen.

I. Kostjantyniwka 1.

„Einst nannte man uns die zehnte Provinz Belgiens. Die Belgier bauten hier Fabriken und begannen mit der Produktion. Sie haben die ganze Infrastruktur geschaffen und gründeten in den Jahren 1895 bis 1899 eine Flaschen-, eine Spiegel- und eine Glasfabrik."

Der lokale Aktivist und Journalist Wolodymyr Beresin, dessen Stimme in den angeführten Zitaten bereits zu Wort kam sagt: „Kommt, ich zeige euch den Ort, an dem ich für gewöhnlich meine Stadtführungen beende. Hier um die Ecke wohne ich und wie alle Bewohner dieses Viertels komme ich tagtäglich an dieser Stelle vorbei. Wir alle müssen durch diesen Durchgang, um hinaus in die Welt zu gelangen. Jeden Morgen werden wir doch neu geboren. Hier sollte eigentlich „Du bist schön" oder „Das wird dein Tag" stehen. Doch schaut mal, was hier geschrieben steht. Erst wollte ich es übermalen, doch dann dachte ich: soll es doch so bleiben und uns jeden Tag, jeden Morgen, erinnern."
Ich schaue ins Dämmerlicht. Auf der Wand steht in gelber Farbe und als Nachricht für alle kommenden Generationen die ewige Einstellung des Staates gegenüber seinen Bürgern: „Fick dich!"

Als die Einheimischen denken, dass sie nun unter sich und keine Touristen mehr da sind, schwenkt das Gespräch auf die Hunde. Die Meute hungriger Tiere attackiert hier Kinder und schnappt den Erwachsenen nach den Armen.

Kostjantyniwka spart. Besonders beim Wasser. Als ich die Bibliothekarin nach der Toilette fragte, führte sie mich in eine wundersame, geheime Ecke und bat mich: „Bitte nur klein. Sparen sie Wasser."

Die Einheimischen haben eine besondere Technik entwickelt, an den Häusern entlang zu gehen, von denen ständig Teile der Fassade abfallen können. Ein Leben mit den Gefahren des Alltags, ständiger Aggression und Bedrohung durch die Umwelt. An den Fassaden der Häuser hängen kaputte Fliesen, die aussehen wie Ko-

kosraspeln. Die Leute hier wissen, dass man unterhalb der Rohrleitungen gehen muss, um stets etwas Schützendes über dem Kopf zu haben. Sicherheit ist das Wichtigste, die Ruhe kommt danach.

Mit einem Abenteuerroman über die Eroberung des Donbass durch die Belgier und andere Kolonisten könnte man als Autor einen echten Erfolg landen. Etwa mit einer Geschichte über furchtlose Abenteurer mit funkelnden Goldmünzen in den Augen, die im Rausch des schwarzen Goldes unter der Steppenerde auf Berggeister treffen.

Ich sehe die Stadt aus Glas vor mir: zerbrechlich wie der Frieden. Ideale Form. Ein utopischer Traum. Transparent und offen. Ein Wunderland. Eine Wolkenstadt, errichtet im Reich des Kommunismus. Hier entzünden sich die Sterne, welche noch in tausenden von Jahren leuchten sollen. Die Sterne als Herzen und Augen des Imperiums.

Doch dann bekommt die Kuppel der Glasstadt einen Riss. Und die scharfen Scherben des Imperiums begraben die Stadt und zerschneiden sie in Stücke.

POKROWSK. 1.

Die Marschrutkas im Osten beschrieb einst der Regisseur Oleksandr Ratij in seinem Film „Rückkehr", einem der erniedrigendsten Dokumentarfilme über die Ostukraine vor dem Krieg. Wer hätte gedacht, dass bereits die erste Fahrt über Land einem all dies vor Augen führt.

Jede soziale Interaktion, wie die Fahrt in einer Marschrutka, wird zu einem Akt der Selbstbehauptung. Das Gespräch zwischen Fahrgast und Fahrer ist jedoch mehr als nur die Kommunikation zwischen Beförderer und einem müden Körper, den es zu transportieren gilt. Es ist ein Kampf zwischen Alpha-Tieren. Ein betont ausgesprochenes „Sehr geehrte/r" dient als Waffe, welche die nachfolgenden verbalen Kampfhandlungen einleitet. In der Regel endet dieser Zweikampf mit einem Kompromiss. Der Fahrer zwingt den Passagier für sein Gepäck extra zu bezahlen, wofür dieser es nicht in das Gepäckabteil legen muss. So hat am Ende zumindest niemand verloren. Alle sind an ihrem Platz. Alles ist an seinem Ort.

Hinter dem Rücken des Fahrers hängt verschmutzt und zerknittert eine belgische Flagge. Brüssel steht hinter uns, genau wie Europa. Sind wir noch immer Kolonie, oder vielmehr eine Provinz?

Am Ortseingang nach Pokrowsk steht ein riesiges schwarzes Kreuz mit der Aufschrift „Schütze und Rette." Später erzählen mir Bewohner, dass bei einem Autounfall an dieser Stelle ein sehr reicher Mensch ums Leben kam.

Man erzählt mir auch, dass an einem anderen Ortseingangsschild lange Zeit „Willkommen in der Hölle" geschmiert stand.

Wir passieren die Gemütlichkeits-, die Friedens- und die Malewitsch-Straße. Doch erst am Abend trauen wir uns, auf die Straße der Wiedergeburt zu treten, die sich in tiefster Dunkelheit verliert.

Der Taxifahrer atmet erleichtert aus. „Diese zwei Kreuzungen sind wirklich gefährlich. Niemand lässt dich durch. Neulich gab es hier an einem Tag drei Unfälle."

Ich muss wieder an das „Sehr geehrte/r" und den beidseitigen Kampf um Selbstbehauptung denken.

Die Läden hier heißen „Benelux", „Versailles" oder „Regenschauer."

„Sieben Jahre habe ich in Donezk gelebt, nun bin ich seit zwei Jahren wieder hier. Wir selbst nennen uns Umsiedler, dabei sind wir Rückkehrer."

„Früher hieß die Stadt Krasnoarmijsk, nun Pokrowsk. Dabei sind die beiden nicht zu vergleichen. Pokrowsk ist eine neue Stadt mit neuen Leuten, einer neuen Mentalität und einer neuen Verwaltung. Bislang herrscht noch Chaos. Was daraus entstehen wird, ist bislang noch nicht klar. Der Mentalität nach, sind wir ähnlich wie Kramatorsk, haben eine starke Zivilgesellschaft, die Einfluss auf die Verwaltung nimmt. In Fragen der Kultur und sozialer Projekte sind wir eher wie Slowjansk."

„Es gibt hier einen beliebten Scherz: Manche sind in Krasnoarmijsk geblieben, andere nach Pokrowsk gezogen."

„Die Vororte von Pokrowsk sind das sowjetische Krasnoarmijsk."

„Die Dekommunisierung[7] beschäftigt die Stadt. Das Dorf ist zur Stadt geworden. Dabei schaut man hier mit Hass auf die Zukunft. Viele sehen keinen Sinn in der Umbenennung. Hiervon wird das Leben auch nicht besser."

Wir erleben eine Stadt im Übergang. Ein Teil der Schilder und Aufschriften ist noch unverändert. Oder sind sie bewusst so belassen

---

[7] Anm. d. Übers.: Die Dekommunisierungsgesetze vom 9. April 2015 zogen eine Umbenennung zahlreicher Straßen- und Städtenamen sowie die Demontage kommunistischer Denkmäler nach sich.

I. POKROWSK. 1.

worden? Es beschleicht einen das Gefühl in zwei Städten gleichzeitig zu sein.

„Sloboda Hryschyne, Postyschewo, Krasnoarmijsk, Krasik und Pokrowsk ist alles ein- und dasselbe. Für patriotisch eingestellte Bewohner ist es natürlich Pokrowsk. Das ‚П'[8] kann man doch so gut mit beiden Daumen und Zeigefingern zeigen."

„Was man auch sagen muss ist, dass Postyschewo nicht lange so hieß, nur einige Jahre. Genau so lang nämlich, bis Postyschew den Repressionen zum Opfer fiel."

Später stoßen wir im Heimatkundemuseum auf eine Landkarte von 1935. Auf ihr sind die Namen „Postyschewo" und „Donezker Oblast" durchgestrichen. Per Hand wurde dafür „Stalinska Oblast" hinzugefügt."

„Der aktive Teil der Binnengeflüchteten und Aktivisten, die früher in Donezk lebten, wollen in diesen Ort der Peripherie etwas Großstadt-Glanz bringen. Zu Sowjetzeiten war es so, dass die ganze Kultur in Donezk war. Die ganze Umgebung war Industrie. Nun fehlt ihnen hier die Kultur."

„Wir sind eine Bergarbeiterstadt. Der Geist der Bergarbeit ist ein männlicher, auch bei den Frauen. Den Kumpel fehlt die Zeit, um mit der Familie zu reden. Die Eltern sind für ihre Kinder ein Vorbild und Beispiel an Tapferkeit. Öffentlich zeigt ein Kumpel keine Emotionen. Doch wenn er nach der Schicht zurückkommt und die Kinder umarmt, kommt es vor, dass er weint. Das Wichtigste für einen Bergarbeiter ist seine Familie zu schützen."

„Es gibt Bergmänner und Bergfrauen."

„Es gibt ganze Bergarbeiterdynastien. Wobei jedoch nie jemand möchte, dass seine Kinder auch Bergarbeiter werden."

---

[8] Anm. d. Übers.: Entspricht phonetisch dem lateinischer Buchstabe „P".

„In die Stollen fährt doch nur, wer sich nicht entwickeln will. Meine Freunde haben es ausprobiert, im Bergwerk zu arbeiten. Nach einem halben Jahr haben sie gekündigt, weil sie genug Selbstachtung hatten. Bergarbeiter sind ein Leidensvölkchen. Doch es ist nicht richtig, jedes Leid zu ertragen. Dieses Land hat schon viel zu viel Leid ertragen."

„In die Kohlegrube flieht man vor der Ausweglosigkeit. Vor der Unmöglichkeit sich selbst realisieren zu können."

„In der Stadt kann man beobachten, wann es im Bergwerk Lohn gibt. Lange Schlangen vor den Geldautomaten. Schlangen in den Läden. Die Kumpel kaufen ihren Frauen und Kindern etwas Neues."

„Manche Bergarbeiter verdienen bis zu 30 000 Hrywnja[9] im Monat. Die meisten aber nur 7000 bis 10 000. Die Kumpel sind es nicht gewohnt zu sparen."

„Die Bergarbeiter arbeiten in Gruppen von fünf oder sechs Leuten. Alles funktioniert durch Vertrauen. Jeder steht für jeden ein. Doch es gibt auch Fälle, bei denen eine Gruppe gegen die andere vorgeht und man sich gegenseitig Wasser oder Werkzeug klaut."

In Pokrowsk lebte einst für einige Monate der Komponist Mykola Leontowytsch[10]. Seither wird der Mythos gepflegt, dass er die weltbekannte Melodie des Schtschedryk eben hier komponierte.

Eine Gedenktafel am Bahnhof erwähnt, dass der Komponist vier Jahre als Gesangslehrer in Hryschyne arbeitete. Im August 2017 entschied sich der Stadtrat für die Schwalbe des Schtschedryk als ein Element des neuen Stadtwappens. Die Frage wurde in mehreren Sitzungen diskutiert. Ein lokaler Fernsehsender startete eine

---

9 Anm. d. Übers.: Knapp 1000 Euro (Stand 2017).
10 Anm. d. Übers.: Mykola Leontowytsch (1877–1921) Komponist. Sein Motiv des Schtschedryk wurde 1936 von Peter J. Wilhousky auf Englisch unter dem Titel Carol of the Bells adaptiert und weltbekannt.

I. POKROWSK. 1.

Online-Abstimmung und es gab zahlreiche öffentliche Diskussionen und Debatten.

Verweilen wir etwas bei dieser Geschichte.

Zur Abstimmung standen zwei Varianten des Wappens. Das mit der Schwalbe stellte der Vize-Bürgermeister Juriy Tretjak vor, gleichzeitig Vorsitzender der Auswahlkommission. Den Journalisten sagte er: „Einen konkreten Schöpfer dieser ersten Variante können wir nicht nennen, weil es eine Kollektivarbeit ist. Wir hatten mehr als 30 verschiedene Vorschläge des Wappens, sodass wir einige Elemente ausgesucht haben und sie neu zusammengefügt haben. Technisch umgesetzt wurde dies durch eine Designerin der Werbeagentur ‚Art Butterfly'." Die Mitglieder der Kommission hatten hinsichtlich einiger Elemente ihre Zweifel und schlugen verschiedene Änderungen zum Flug des Vogels, den Turmspitzen des Bahnhofs oder der Größe des Säbels vor.

Bei dem Treffen mit Journalisten wurde die Bedeutung der Symbolik des Wappens erklärt. Die bereits erwähnte Schwalbe aus dem Schtschedryk steht für gute Neuigkeiten, Glück, Hoffnung sowie Wiederauferstehung. Der Bahnhof ist das Symbol für die Stadtgründung. Der Säbel symbolisiert das Erbe der Kosaken und die „Bereitschaft sich zu verteidigen, nicht aber anzugreifen."

Eine alternative Version des Wappens präsentierte der Stadtverordnete Wolodymyr Marin.

Die Idee hierzu sei ihm nach der Diskussion gekommen, da er an der Sinnhaftigkeit der Schwalbe auf dem Wappen gezweifelt habe. Er und andere Verordnete wollten wissen, „welche Beziehung die Schwalbe denn zu unserer Stadt und ihrem Namen habe. Zunächst einmal ist sie ein Zugvogel, welcher später als alle anderen Vögel dieser Art herfliege und bereits als erste wieder den Rückweg antrete. Außerdem kämen Schwalben ausschließlich in Dörfern vor." Er betonte, dass die Variante die philosophischen Gesetze des Lebens über die Ganzheit der Form und des Inhalts außer Acht lasse. „Mein Vorschlag zeigt die Jungfrau Maria, welche die Stadt vor Unglück und Krieg beschützt und dabei ebenso die Weiblichkeit verkörpert, die das Leben schenkt und den Familienfrieden bewahrt." Am Schwierigsten stellte sich die Aufgabe heraus, einen

Designer zu finden, der all diese Vorschläge umzusetzen vermochte. Das kostete Zeit, sodass der Vorschlag schließlich unter Zeitdruck gemalt wurde. Wolodymyr erklärte, dass er noch keinen Namen nennen könne. Allerdings habe ihm eine Zehntklässlerin dabei geholfen, eine neue Variante des Wappens zu schaffen. Jedoch sei es wegen fehlender Computerkenntnisse und Fähigkeiten in Sachen Grafikbearbeitung und des zu knappen Zeitfensters nicht möglich gewesen, den Vorschlag so zu präsentieren, wie man es sich vorgenommen hatte.

Zahlreiche aufgebrachte anonyme Kommentare auf verschiedenen Plattformen wiederholen sich in ihrer Kritik an der Schwalbe. Laut ihnen solle die Schwalbe doch nur die kriminellen Machenschaften in den Bergwerken verdecken und den Ruhm der Stadt vergessen machen. Pokrowsk sei ja ohnehin nicht der richtige Stadtname, weshalb es kein neues Wappen brauche. „Gebt uns Krasnoarmijsk zurück, dann könnt ihr über ein neues Wappen nachdenken. Pokrowsk ist nicht unsere Stadt, das Wappen nicht von hier und die Schwalbe gibt's doch sowieso nur auf dem Dorf."

Die vorige Version des Stadtwappens von Krasnoarmijsk hielt sich tatsächlich nicht besonders lang. Am 29. September 1993 wurde es auf einer Sitzung des Stadtrats bestätigt. Das stilvolle Wappen sieht heute nach dem Versuch aus, eine ganze Epoche wie in einem Bernstein zu konservieren. Auf einem roten Schild ist ein Gebäude mit drei Türmen und Fenstern in goldener Kontur gezeichnet. Der mittlere Turm trägt einen roten Stern mit goldenem Rand. Darunter sind ein Schlüssel und ein Abbauhammer gekreuzt. Außerdem ist hier das Gründungsjahr der Stadt, 1875, vermerkt. Ein Detail, das viele Einwohner auf dem neuen Entwurf vermisst hatten.

Es ist, wie das Leben in der Ukraine eben ist. Große Wahlmöglichkeiten hast du nicht. Du musst dich entscheiden zwischen einer Kollektivarbeit von Wappennarren, vertreten durch die „Art Butterfly"-Agentur, und der alternativen Variante eines Stadtverordneten, dessen Idee von einer anonymen Zehntklässlerin gemalt wurde.

So spannt die Gottesmutter ihren Schutzschirm über die Bewohner.

I. Pokrowsk. 1.

Und Leontowitschs Schwalbe nistet in den Dörfern.

„Heute gibt es immer weniger Menschen mit Bergarbeitererfahrung. Die jungen wollen einfach nur etwas Stabiles. Mehr interessiert sie nicht."

„Hier gab es immer Konkurrenz zwischen den Bergwerken und der Stadtverwaltung. Es gab stets zwei Tannenbäume zu Neujahr und zwei Konzerte zum Tag des Bergarbeiters."

„Wenn ein innovatives Projekt nicht unterstützt wird, bedeutet dies meist, dass es noch keinen Plan gibt, wie man hieraus Geld abzweigen kann."

„Hier ist es leichter, eine Waffe zu kaufen als die ukrainische Verfassung. Wir haben es ausprobiert."

„Es gibt drei Typen von Binnengeflüchteten. Die einen, die von Sozialleistungen leben. Dann jene, die sich kriminell betätigen. Und dann noch einen gesellschaftlich aktiven Teil. Der macht aber nur circa fünf Prozent aus."

„Hier gibt es nur eine Art des Tourismus: den Rententourismus. Mehr als 50 000 Binnengeflüchtete sind hier registriert. Faktisch leben aber nur 15 000 hier. Doch am Tag der Rentenauszahlung kommen sie in ganzen Busladungen her. Dann gibt es Schlangen vor den Geldautomaten und den Läden. Es gibt auch jene, die auf beiden Seiten der Frontlinie eine Rente beziehen."

„Hier gibt keine Bergarbeiterdynastien, eher eine Bergarbeiterkaste. Ein Vater überträgt den Kindern seinen Arbeitsplatz. Für einen Job unter Tage wird sogar Bestechungsgeld verlangt, selbst wenn dort die Lohnrückstände teils ein halbes Jahr zurückreichen."

Krasnoarmijsk hätte Leontowitsch heißen können, Sloboschanskij, Prokofjew, Myrnyj oder Wilnyj. Doch schließlich wurde es Pokrowsk. Es war wohl ein Versuch das Erbe der Kosaken und die Pokrowa zu betonen, die Gottesmutter als Schutzheilige.

In Pokrowsk lebte einst Marko Mykytowitsch Salisnjak (1893–1982). Fast ein Jahrhundert lang lebte der Mann in der Siedlung Romaniwka und dokumentierte ihre Geschichte mit seinen Amateuraufnahmen. Die Ausstellung im Heimatkundemuseum basiert insbesondere auf seinen Aufnahmen. Der erste Weltkrieg, der Holodomor[11], dann der Zweite Weltkrieg und schließlich der Wiederaufbau der Sowjetunion. Außerdem hinterließ er einige Hefte mit ausführlichen Tagebucheinträgen. Ein packendes Thema wie mir scheint, auf das wir unbedingt noch zurückkommen.

„Der Geist der Bergarbeit das ist Gemeinschaft, die durch harte und schwere Arbeit gestählt wurde. Sie verbindet den Donbass. Wenn es einen Kosaken-Geist gibt, dann gibt es auch einen Geist der Bergleute."

„Das Bergwerk ist ein Ort natürlicher Selektion. Doch hier achtet man den Beruf des Bergarbeiters. Dafür erfährt er von der Regierung und den anderen Regionen nichts als Geringschätzung."

---

[11] Anm. d. Übers.: In den Jahren 1932–33 erzeugte und durch die kommunistische Führung verschärfte Hungersnot, der nach verschiedenen Schätzung circa 2,5 Millionen Menschen zum Opfer fielen.

DOBROPILLJA. 1.

Auf einem Plakat am Eingang zum Bergbaumuseum steht:

Ruhm dem Bergarbeiterstamm
Ruhm der Bergarbeit

Doch das Bergwerk behält seine Geheimnisse für sich. Ins Museum lässt man uns nicht ein.

„Eine Besonderheit unserer Stadt ist, dass überall mit Kohle geheizt wird. Wenn hier Schnee fällt, ist er fast schwarz. Gut ist, wenn der Ostwind weht, denn der trägt den Staub aus der Stadt. Wenn dann der Westwind kommt, pustet er ihn wieder zurück. Wie immer nur Probleme mit dem Westen."
Die Hauptstraße der Stadt heißt Teatralna. Von ihr geht die Festywalna ab. Doch wie man erzählt, gab es hier weder je ein Theater noch Festivals.

„Heute ist die Bergarbeit hier Sklavenarbeit. Die Arbeitsbedingungen sind härter geworden. Es wäre für die Bergarbeiter praktisch unmöglich, eine andere Arbeit zu finden, wenn die Bergwerke schlössen."

„Der Tag des Bergarbeiters bleibt unser wichtigster Feiertag."

Die Todeszahlen übersteigen die Kapazitäten des offiziellen Gedenkens und die Möglichkeiten des Erinnerns. „So viele Menschen sind gestorben. In der Kapelle gibt es auf den Gedenktafeln keinen Platz mehr."

„Die Älteren erinnerten sich oft noch an die vorrevolutionären Straßennamen. Heute erinnern wir uns an die Straßennamen vor der Dekommunisierung und dem Krieg."

„In Dobropillja gibt es nichts. Alles Interessante liegt außerhalb der Stadt."

Jeder, mit dem wir sprechen, erwähnt den wunderschönen Park mit den Karussells und anderen Attraktionen. In einem Moment beschleicht mich das Gefühl, dass es hier weniger um schöne Kindheitserinnerungen an den Park geht, als vielmehr um die Vertreibung aus dem Paradies, dem Fantasiegarten der Mutter Erde, welcher sich seiner elenden Kinder entsagt hat.

Dieselbe Geschichte über das vergangene goldene Zeitalter klingt in nahezu jedem Gespräch über jede Stadt im Donbass.

„Früher gab es hier alles. Nun möchte man das alles zurück. Nun ist es eine Stadt der Möglichkeiten, weil es hier nichts gibt."

„Die Geschichten über den Geist der Bergarbeiter und die Arbeit haben hier alle satt, die selbst nicht im Bergwerk gearbeitet haben."

„Diejenigen, die unter Tage fahren, müssen diese besondere Bergarbeiterkultur annehmen."

„Man nennt die Kohle nicht umsonst schwarzes Gold. In ihr steckt so viel Arbeit. An ihr klebt das Blut der Kumpel."

„Glauben die Bergarbeiter an etwas? Wenn ja, dann wohl nur an den Berggeist Schubin."

Noch etwas, das es zu erforschen gilt.

„Versucht gar nicht erst, hier etwas Besonderes zu finden. Wir sind so wie alle anderen Bergarbeiterstädte auch."

„Der Bergarbeiter entwickelt einen besonders scharfen Selbsterhaltungsinstinkt. Er kann die Gefahr innerlich spüren. Dabei halten wir uns oft selbst nicht an die Regeln. Wir strecken unsere Fühler aus, um die Gefahr zu wittern. Doch vergiss die Gefahr. Das Wichtigste ist die Erfüllung der Norm."

I. DOBROPILLJA. 1.

„Es gibt einen Vorsatz: Fange vor dem Schichtende nichts Neues mehr an. Denn beginnst du zwanzig Minuten vor Schluss etwas Neues, dann fängst du an zu hetzen und denkst nur noch daran, wie du den Bus schaffst. Besser ist es, nichts mehr zu beginnen, denn irgendwas ist immer."

„‚Peremjot' ist ein Schneesturm, der Schneewehen auf die Felder und Straßen treibt. Letzte Woche haben hunderte Autos fast einen ganzen Tag in den Schneemassen zwischen Dobropillja und Kramatorsk festgesteckt."

„Vom Krieg profitieren hier alle. Früher sind wir für 35 Hrywnja nach Donezk gefahren, heute kostet es 450."

„Im Donbass leben die nettesten Menschen. Bei uns gab es nie interethnische Konflikte. Unter Tage merkt man sofort, was für ein Mensch der andere ist."

„In den Neunzigern wurde hier ein neuer Stachanow[12] geboren. Der Geist der Sowjetunion war damals noch nicht verflogen. Angeblich soll er in einer Woche 800 Meter geschafft haben. In Wirklichkeit waren es nur etwas mehr als 700 Meter, aber man schrieb einfach 800. In der Zeitung stand, dass er hierfür einen Orden bekam. Später kamen einmal Deutsche zu einem Erfahrungsaustausch. Als ihnen unsere Bergwerksleitung von den Rekorden und den 800 Metern erzählte, fragten sie nur: ‚Wozu?'. Wir wissen es selbst nicht, wozu wir das gemacht haben. Bald darauf wurde alles verschüttet und wir mussten uns von neuem durchgraben, nur war es diesmal viel schwieriger."

„Ein Bekannter ist jetzt an der Front. Ich habe mit ihm gesprochen. Er sagt, dass er Wodka trinke und trauere. Ein Scharfschütze hat seinen Kameraden in den Hals getroffen. Der trank nicht mal, war

---

[12] Anm. d. Übers.: Der Bergarbeiter Aleksej Stachanow wurde 1935 nach der angeblichen 13-fachen Übererfüllung der Arbeitsnorm in seiner Schicht zur Ikone und einem Anführer einer Bewegung für die Übererfüllung der Arbeitsnormen durch die Sowjetführung stilisiert.

"DEIN BLUT WIRD DIE KOHLE TRÄNKEN"

Nichtraucher und trieb Sport. Mein Bekannter versuchte noch irgendwie die Wunde zu verschließen, doch er war nicht zu retten."

„Das Wasser, in dem wir arbeiten, ist so aggressiv, dass wenn wir die Schaufel abstellen und die Schicht über Tropfen auf sie fallen, das Metall weggeätzt wird. Richtige Löcher gibt das."

„Wenn ihr das nächste Mal da seid, kommt, um mit uns einen zu trinken."

„Wenn die Bergwerke schließen, stirbt hier alles."

„Die Berufskrankheiten hier heißen Staublunge, Rückenschmerzen, Taubheit und Blindheit."

Die Lungen der Kumpel versteinern durch den Staub und erinnern eher an Fossilien, als an innere Organe. Wer für die Kohle herkommt, den wird sie zugrunde richten. Jeden Tag ein bisschen mehr. Der Kohlestaub, den man nicht weiter beachten soll, tut sein Eigenes. Die Lungen werden nicht sofort befallen. Silikose heißt die Krankheit. Sucht im Internet bei Gelegenheit mal nach einer Bergmannslunge. Versteinerte Überbleibsel einer Epoche im Leben eines kleinen Menschen.

Die größte Grubenkatastrophe Europa passierte im Kohlebergwerk Courrières im Norden Frankreichs im März 1906.[13]

Das Feuer war bereits einige Tage vor der Katastrophe ausgebrochen. Natürlich wurde die Förderung durch die Ingenieure aufrechterhalten. Umsatzeinbrüche und Probleme mit der Bergwerksleitung waren unerwünscht.

Am 10. März fuhren insgesamt 1664 Kumpel ein.

Die Explosion ereignete sich am frühen Morgen und war so heftig, dass in 110 Kilometer Stollen alles Leben vernichtet wurde.

---

[13] Diese und andere Geschichten und Details zur Bergarbeiten wurden auf der Seite www.miningwiki.ru von ehemaligen Bergarbeitern und Amateuren zusammengetragen.

I. Dobropillja. 1.

Aus einem der Schächte wurden Pferde und Schutt meterweit hinausgeschleudert.

1099 Bergleute kamen ums Leben.

100 weitere wurden unter dem Schutt begraben und nicht gefunden. Unter den Getöteten waren nicht wenige Kinder.

Am 12. März erreichten Helfer aus Deutschland den Ort. Es sind Aufzeichnungen erhalten, welche das Grauen der Rettungsaktion dokumentieren. Diejenigen, die gerettet wurden, hatten Brandwunden und Gasvergiftungen.

Am 13. März erklärte die Courrières-Gesellschaft, der das Bergwerk gehörte, alle noch vermissten Kumpel für tot und wollte die Suche nach ihnen einstellen. Die Gesellschaft wollte die Stollen schließen, um die verbleibende Kohleflöze vor dem Feuer zu schützen. Ein klassischer Konflikt der Bergbaugeschichte. Profitsucht gegen Menschenleben.

Am 30. März, fast drei Wochen nach der Explosion, gelangten dreizehn Kumpel an die Oberfläche. Um zu überleben, hatten sie ein Pferd mit einer Spitzhacke erschlagen und verzehrt.

Vier Tage später fanden die Retter aus Deutschland noch einen vierzehnten Kumpel. Er war insgesamt 24 Tage verschüttet gewesen.

Einer der Geretteten wurde 91 und lebte bis zum Jahr 1977. Zwei andere arbeiteten nach dem Unglück weiter im Bergwerk.

Wenn man ein Foto der 13 Geretteten betrachtet, fällt auf, dass nur zwei von ihnen über 40 Jahre alt waren. Die Mehrheit war gerade einmal um die 18 Jahre alt.

Später kam es zu einer Blockade durch die Bergleute. Premierminister Georges Clemenceau erschien, um zu verhandeln. Letztlich wurde kein einziges Versprechen eingehalten.

Und das Leben ging weiter. In einem anderen Bergwerk.

LYSSYTSCHANSK. 1.

Eine Kontrolle am Checkpoint. Einige Minuten des Wartens. Der Fahrer lässt den Bus an. Aus den Lautsprechern tönt „Russkoje Radio Ukraina". Über dem Fahrer prangen zwei Aufkleber, zwei Kräfte, die unsere Fahrt beschützen: Das Logo der EURO 2012 und das Wappen der Sowjetunion.

Am Stadteingang ist der Schriftzug „Lyssytschansk" so verstaubt und voller Ruß, dass er dunkelgrau erscheint.

Im Haus in der Leninstraße 177 klafft ein riesiges Loch. So als ob aus einem Kuchen ein großes Stück herausgebissen wurde. Die Narben erinnern an den Juli 2014, die Befreiung der Stadt.

1753 entschied Zarin Katharina II. die Umsiedlung von Siedlern vom Balkan an den Fluss Siwerskyj Donez. Im Dorf Werchnje war auch die Dritte Kompanie stationiert, in der später Sosjura[14] diente. Sosjura wurde zwar nicht in Lyssytschansk geboren, doch schrieb er hunderte von Seiten über jene Orte.

- Woher stammt die Zahl 1710 als Gründungsjahr Lyssytschansks?
- Nirgendwoher.
- Was soll das heißen?
- Naja, 2010 wollte die Stadtverwaltung eine 300 Jahr-Feier veranstalten. Na und da haben sie dieses Datum gewählt. Kosaken hatten hier einst ihr Winterquartier. Kohle fand man im Donbass erst 1721. 1763 wurde das Fundament für die hölzerne Kirche gelegt, auf dem heute das Kulturhaus steht. 1792 wurde erstmals Kohle in Lyssytschansk gefunden und einige Jahre später das erste Bergwerk eröffnet.
- Und was ist nun 1710 passiert?

---

[14] Anm. d. Übers.: Wolodymyr Sosjura (1898–1965) war ein bekannter ukrainischer Dichter.

– Na nichts. Das alles geschah nicht 1710, sondern im Jahr 2010.

„Die Arbeitsbedingungen für die ersten Bergarbeiter waren sehr schwer. Die Leute mussten das Wasser aus den Stollen trinken. Die ersten Lampen, die sie benutzten wurden ‚Gottes-Hilfe' genannt."
Diese Lampen brannten übrigens mit offenem Feuer. Die Leute trugen also praktisch einen Zünder in der Hand oder auf speziellen Konstruktionen auf dem Kopf, der jederzeit einströmendes Gas zur Explosion bringen konnte.

„Das Symbol der Stadt ist ein Fuchs, der auf einem Kohlestück sitzt."

„Im Juli 2014 wurden wir zwei Tage lang beschossen. Aus welcher Richtung, das weiß niemand. Die einen befreiten uns von den anderen. Wer Befreier und wer Okkupant war, verstand hier niemand mehr."

„Jegorow, einer der drei Rotarmisten, die das rote Siegesbanner auf dem Reichstag hissten, kam aus Lyssytschansk."
Die passende Herkunft des Helden verleiht dem Ort im kollektiven Bewusstsein Legitimität durch die Geburt eines sowjetischen *Superman*.

„1873 wurde in Lyssytschansk die erste Bergschule eröffnet, in der professionelle Bergarbeiter ausgebildet wurden."

1888 besuchte Mendelejew[15] Lyssytschansk. Wie man hört, war er nur einen Tag hier. Doch wird dieser lokale Mythos wie von einem Schwungrad seit fast anderthalb Jahrhunderten am Laufen gehalten.
Im Juni 1888 schrieb Mendelejew, als er bereits wieder in Boblowo im Moskauer Gouvernement war, einen Bericht über seine Reise durch das Gebiet Donezk von Februar bis April jenes

---

[15] Anm. d. Übers.: Dmitrij Mendelejew (1834–1907) war ein russischer Chemiker, der das Periodensystem der Elemente entwickelte.

I. LYSSYTSCHANSK. 1.

Jahres. Den Bericht nannte er „Die Kraft der Zukunft an den Ufern des Donez". Er endet mit einer interessanten Passage:

„Die Kohle ist ein Schatz. Und die hier vorherrschenden Bedingungen sind umso wertvoller und rufen deshalb förmlich danach, mithilfe der Kohle, des Meeres, des Erzes und diesem Boden, den fruchtbaren Grund für das Erblühen der russischen Industrie zu bereiten. Um sich hiervon zu vergewissern, ist ein allgemeiner Überblick zu wenig, auch eine detaillierte Beschreibung des jetzigen Zustands ist nicht ausreichend. Viel wichtiger und unabdingbar ist es, zu besprechen, wie Pioniere gewonnen und Hindernisse beseitigt werden können. Hier ist weder der Osten mit seinem schlummernden Fanatismus, noch der Westen mit seiner Kaltblütigkeit. Hier döste einst der Kosake, doch nun durstet es ihn und er erwacht und zeigt sich von seiner neuen Seite, die man vorher kaum an ihm kannte: industriell und praktisch veranlagt, lebendig und dabei nicht dem Katholizismus anhängend. Lasst uns nun schauen, was sich lohnt und was es dafür braucht, damit das Donezker Land nicht nur allrussische-, sondern Bedeutung von Weltrang erlange mit all seinen vorzüglichen Eigenschaften."

Mendelejew lehrt uns: Über den Donbass lässt es sich nicht ohne den Vergleich von Ost und West sprechen. Den Donbass kann man nicht ohne die Kosaken und deren Kampf gegen das Lateinertum der Andersgläubigen verstehen. Über den Donbass muss man daher als das „blühende Land der russischen Industrialisierung" sprechen.

Ein anderer Raum des Museums ist den Afghanistan-Kämpfern und Tschernobyl-Liquidatoren gewidmet. Hinter dem Glas der Vitrinen liegen Todesurkunden von Soldaten und Briefe aus Afghanistan. Daneben eine staatliche Dankesurkunde für die Rettungskräfte der Tschernobyl Katastrophe:

„Unter schwierigsten Umständen erfüllten Sie die Aufgaben der sowjetischen Regierung und meisterten die Herausforderungen mit Mut und Ausdauer und bewiesen hierbei hohe moralisch-politische sowie psychologische Qualitäten. [...] Wir äußern unsere herzliche Dankbarkeit für die vorbildliche und patriotische Erfüllung der Pflicht für die Heimat."

Ein Standardschreiben mit generischen Unterschriften von Beamten und einem Behördenstempel. Auf jeder Vorlage ist die letzte Jahreszahl per Hand einzutragen — „198_".
Wann, wem und für welche Opfer der Staat noch zu danken hat, bleibt ungewiss.

Im Juli 2014 beschädigte ein Geschoss das Denkmal für die Afghanistan-Kämpfer.

Nach den täglichen Besuchen von Heimatkundemuseen und den zahlreichen „Geschichten unserer Region" entsteht im Inneren ein Monumentalbild von Kriegen, Revolutionen, Teilungen, Misshandlungen, Blut und Vernichtung. In den Schläfen pulsiert nur ein Gedanke: Hier lodert das Höllenfeuer.

Zwei Räume des Museums sind den Bildhauern Mykola Moschajewij und Ewelina Moschajewa gewidmet. Das Denkmal zur ukrainischen Unabhängigkeit von Moschajewij ist eine der erotischsten Darstellungen der Ukraine als Frauengestalt, als Beschützerin, die man finden kann. 2009 übergab Mykola Moschajewij dem Museum 44 Skulpturen.
Zum Ende seines Lebens kehrte er in seine Heimat ins Gebiet Rostow zurück, wo er im August 2015 im Rostower Gebietsmuseum für Bildende Kunst eine Ausstellung eröffnete.
Am 8. Mai 2010 wurde in Luhansk eine seiner bekanntesten Arbeiten enthüllt: das Denkmal für die durch die Nationalisten und Strafkommandos der OUN-UPA[16] getöteten Bewohner der Region Luhansk.

Es zeigt eine gefesselte Frau mit herabhängendem Kopf und aufgestellten Brüsten. Ein nacktes Kind strebt zu ihr. Zu ihren Füßen kniet ein Mann mit entblößtem Oberkörper, dessen Hände ebenfalls gefesselt sind. Darunter der eingravierte Schriftzug „Die

---

[16] Anm. d. Übers.: Ukrainische Aufständische Armee (ukr.: Ukrajinska Powstanska Armija) (UPA) war der militärische Arm der Organisation Ukrainischer Nationalisten (OUN).

I. Lyssytschansk. 1.

Wahrheit wird nie vergessen werden". Und hierunter: „Im Gedenken an die Einwohner der Region Luhansk, die durch Nationalisten und Strafkommandos der OUN-UPA in den Jahren 1943–1956 getötet wurden." Es folgt eine Liste mit 18 Namen.

Die Einzelheiten dieses Gedenktags sind in den Chroniken vermerkt: Bei der Zeremonie anwesend waren der Vize-Premierminister Wiktor Tychonow, der Fraktionsvorsitzende der „Partei der Regionen" Oleksandr Jefremow, der Abgeordnete der russischen Staatsduma Konstantin Satulin, der Vorsitzende der Luhansker Regionalverwaltung Walerij Holenko sowie der Bürgermeister von Luhansk Serhij Krawtschenko.

Vize-Premier Tychonow erklärte bei der Gelegenheit: „Diese Leute wurden nicht durch Bewohner der Westukraine, sondern durch Banditen getötet. Deshalb widmen wir dieses Denkmal nun den Opfern, die durch die Hand der Banditen fielen. Als wir die Dokumente fanden, aus denen hervorgeht, welch qualvollen Tod unsere Landsleute hier sterben mussten, konnten wir dies nicht unbeachtet lassen. Bislang sind uns 100 Getötete bekannt, doch es waren weitaus mehr. Wir haben die Listen von 1943 bis 1957 gefunden und nun beschäftigt sich die Organisation „Junge Garde" mit der Suche nach diesen Leuten. Ich denke, dass wir sie alle finden werden. Leider wurden aufgrund von Anweisung der vorigen ukrainischen Regierung viele Dokumente vernichtet, doch das Moskauer Zentralarchiv unterstützt uns bei der Suche."

Der Abgeordnete der Staatsduma der Russischen Föderation Satulin sprach: „Nachdem in der Ukraine nun endlich gesunde Kräfte an die Macht gekommen sind, haben wir in nur kurzer Zeit historische und bahnbrechende Abkommen zwischen unseren Ländern geschlossen. Außerdem vereint uns besonders in diesen Tagen die Erinnerung an die Gefallenen und Überlebenden des Großen Vaterländischen Krieges. Heute reden viele davon, dass nun die richtige Zeit sei, die West- und Ostukraine miteinander zu versöhnen. Diese Versöhnung, da bin ich mir sicher, darf nicht auf Kosten der Erinnerung geschehen, indem was weiß ist, schwarz genannt wird, wie dies vor kurzem noch die vorige ukrainische Regierung tat. Niemals werden die Veteranen des Großen Vaterländischen Krieges auf einer Ebene mit jenen Leuten stehen, die, egal aus welchen Motiven, die falsche Entscheidung trafen und ihr eigenes Volk bekämpften. Bei allem Respekt vor dem Alter, das sind verschiedene Leute, die auf unterschiedliche Weise geehrt werden sollten."

Abschließend segneten orthodoxe Priester den Ort.

„Was der Geist der Bergarbeit ist? Das kann ich nicht erklären. Ich lebe ihn mein ganzes Leben."

„Die Stadt stirbt. Sie liegt bereits am Boden und kann nur noch durch eine Schocktherapie gerettet werden."

„Lyssytschansk war stets umkämpft, denn hier liegt der höchste Punkt der Oblast Luhansk."

„Der öffentliche Haushalt wird hier als private Geldbörse betrachtet und als eine Möglichkeit Geld zu verdienen."

„Leute aus Sjewjerodonezk kommen hierher, um mit dem Fahrrad zu fahren. Die Landschaft ist ideal dazu."

„Dass Lyssytschansk zur Ukraine gehört, steht doch nur auf dem Papier."

„Das ist eine Stadt wie ein Garten. So viele verschiedene Obstbäume gibt es sonst nirgends."

„Dies ist eine sehr graue Stadt, besonders nachdem ich aus Poltawa hierherkam. Hier gibt es einfach keine Farben."

„Damals wollte doch niemand im Bergwerk arbeiten. Da haben sie Häftlinge zur Arbeit hergebracht. Und wer waren die? Es waren jene, die gegen das Regime waren und einen klaren Kopf hatten. Das sind unsere Vorfahren."

SJEWJERODONEZK. 1.

Ein Schild an der Rezeption des Hotels „Mir" verkündet: „Der Verkauf von Alkohol an Soldaten ist verboten."

„Jetzt sind wir Hauptstadt der Oblast. Man hat Beamte aus anderen größeren Städten hierher versetzt. Die haben andere Ansprüche. Es ist ein Theater entstanden und eine Philharmonie. Laut einer Umfrage ist die klassische Musik zu einer der liebsten Beschäftigungen der Bürger geworden."

„Jeden einzelnen offiziellen Feiertag begehen wir in doppelter Ausführung. Den Tag des Sieges, Tag des Chemiearbeiters, Tag der Region Luhansk. Alles wird zweimal gefeiert. Einmal von der Gebietsverwaltung und einmal organisiert durch den Stadtrat. Dieselben Tanzgruppen und Sänger erst an einem, dann am anderen Tag."

„Einmal ist das Symphonieorchester aus Odessa zu uns gekommen. Wir haben sie uns angesehen und ihnen gelauscht. Das waren alles Leute im Ruhestand oder einfach Statisten. Wir haben schnell gemerkt, dass es scheinbar einfacher war, sie nach Lyssytschansk zu holen, anstatt hier etwas Eigenes aufzubauen."

Diese Art über Lyssytschansk als hoffnungslosen kleinen Bruder zu reden, scheint für die Bewohner von Sjewjerodonezk symptomatisch. Das spürt man in allen Gesprächen. Nun lässt die Stadt, welche einst als Fortsatz von Lyssytschansk entstand, keine Gelegenheit aus, daran zu erinnern, dass sie den Vorfahren überholt hat.

„Mit dem Umzug der Universität aus Luhansk hält die Idee einer Stadt der Wissenschaft wieder Einzug."

„Hier wurde die Formel des PVA-Klebers entdeckt. Ungefähr 70 Prozent der mittelgroßen Geschäfte hatten mit dem Kleber zu tun. Wir verfolgen schon seit einigen Jahren die Idee, dem Leim ein Denkmal zu stiften."

„In den Neunzigern hat man sich einfach 200 Dollar von einem Nachbarn geliehen und hat davon 3–5 Tonnen Kleber gekauft. In der Nähe von Kyjiw konnte man ihn dann für 400 verkaufen. Die Hälfte davon gab man dem Nachbarn zurück und die andere behielt man für sich."

„Mit der Zeit kannte man die Orte, an denen der Leim gelagert wurde. Dort lagen überall Flaschen verstreut."

Ein Jahr vor unserem Treffen hatten lokale Unternehmer ihre Idee eines Denkmals in einem Kommentar für eine Zeitung umschrieben: „Ein Block in Form eines Bündels Geldscheine und darauf eine Tube Kleber. Statt eines Deckels sitzt dort das zufriedene Gesicht eines Unternehmers."

Nach etwas Suchen findet man die Arbeit der kanadischen Wissenschaftler A. Kaboorani und B. Riedl, welche behaupten, dass die Polyvinylacetat-Formel ($C_4H_6O_2$) 1912 durch den deutschen Forscher Fritz Klatte entdeckt wurde. Dasselbe bestätigen auch hunderte anderer Wissenschaftler, die sich mit der Geschichte des PVA-Klebers beschäftigen. Auch wird erwähnt, dass die erste industrielle Produktion von PVA-Klebstoff 1937 in den USA begann.[17]

Gemäß der „Lebendigen Chronik von Sjewjerodonezk" wurde die Herstellung von Haushaltschemie im Werk erst 1971 aufgenommen. Dementsprechend kann die Fertigung des PVA-Klebers erst zu jener Zeit begonnen haben.

Wenn man in die Nachrichtenarchive von Sjewjerodonezk schaut, lassen sich Meldungen über illegale Kleberproduktion finden, bei der noch bis vor einigen Jahren knapp 500 Liter pro Tag zusammen pantscht wurde.

– Später wurden hier Angeln und die Aktenkoffer des Modells Diplomat produziert.

---

[17] Kaboorani A., Riedl B. Mechanical performance of polyvinyl acetate (PVA) – based biocomposites // Biocomposites: Design and Mechanical Performance, ed. Manjusri Misra, Jitendra Pandey, Amar Mohanty. – Woodhead Publishing, 2015 S. 347–364.

I. SJEWJERODONEZK. 1.

- Auch dieses sowjetische Videospiel „Nu, Pogodi!", wo ein Wolf Eier mit einem Korb fängt, wurde hier produziert.

Ich erinnere mich an diesen Aktenkoffer. In meiner Kindheit verging wohl kein Tag, an dem mein Vater ihn nicht mit zur Arbeit nahm. Auf dem Koffer war ein schwarzes Rechteck mit silberfarbenem Rand. Unvergesslich ist mir auch der Geruch, wenn man ihn öffnete.

An die „Nu, Pogodi!"-Konsole erinnere ich mich auch. Wie könnte ich diese unbequemen Knöpfe vergessen, die einem Blasen an den Daumen hinterließen.

Während ich diese Zeile schreibe, stöbere ich im Internet nach dem gebrauchten Krempel. Einen Koffer mit Originalpreisschild aus dem Sjewjerodonezker Werk „Asot" (Koffer Nr. 48; Preis 20 Rubel; Juni 1981; Qualitätskontrolle: A-Ware) gibt es für 250–350 Hrywnja. Für die „Nu, Pogodi!"-Konsole muss man bis zu 850 Hrywnja abdrücken.

Man erzählt, dass der Koffer eigentlich in Frankreich entwickelt wurde. Später hätte man ihn den Sowjets als strategische Erfindung geschenkt.

Die „Nu, Pogodi!"-Konsole war die sowjetische Version des Nintendo EG-26 Egg. In der sowjetischen Variante fand sich auch ein interessanter Hinweis auf das Original. Die integrierte Uhr lief im in den USA verbreiteten 12-Stunden-Format. Die Spielkonsole wurde mit dem Baujahr 1984 in den Werken von Orjol, Jewpatorija, Moskau, Kirowabad, Kaluga und Sjewjerodonezk versehen.

Auch wenn bereits so viel darüber geschrieben wurde, wundere ich mich immer wieder über dieses Imperium, welches nach dem Prinzip funktionierte, Dinge (un-)bewusst schlechter zu kopieren. Später finde ich bei Marina Abramović die wohl beste Beschreibung dieses Phänomens in den Erinnerungen an ihre Belgrader Kindheit:

„Es mangelte an allem, alles war grau. Der Kommunismus und der Sozialismus haben eines gemeinsam – eine Ästhetik, die auf purer Hässlichkeit beruht. Das Belgrad meiner Kindheit hatte nicht das Monumentale des Roten Platzes in Moskau. Alles war irgendwie ein müder Abklatsch davon. Als hätten die Verantwortlichen sich die kommunistische Brille anderer Leute aufgesetzt und etwas geschaffen, das weniger gut, weniger zweckmäßig und total daneben war."[18]

Während ich die Zeilen nochmal lese, erscheint in meiner Vorstellung das primitive Bild einer monumentalen Matrjoschka. Jedes sozialistische Land ist in ein anderes gesteckt und alle zusammen kopieren das allergrößte, die Matrjoschka-Mutter, Zarin mit Hammer und Sichel oder einfach der größte Sarkophag, in dem sich alle verstecken.

Die Abstufung der Matrjoschka-Staaten verkörperte die innere Hierarchie, in welcher manche Länder und Nationen innerhalb des sowjetischen Volkes wichtiger waren, als andere. Je weiter vom Zentrum des Imperiums entfernt, desto kläglicher und kleinmütiger war die Begeisterung für die Idee und ihre Umsetzung.

„In der Sowjetzeit hat man uns mit Denkmälern vollgestellt. Nur hat man vergessen, sie mit Sinn zu füllen. Man bekommt den Eindruck, dass sie nach dem Prinzip: ‚Kauf' zwei und erhalte eins gratis dazu' verteilt wurden."

Als man uns das örtliche Kloster in der Nähe zeigt, stellt sich heraus, dass dies in Wirklichkeit keine Kirche, sondern ein Vergnügungspark ist. Er ähnelt der „Kryjiwka"-Bar in Lwiw, wobei letztere die patriotischen Instinkte bespielt während die Kreuzerhöhungskirche auf die religiösen Seiten unseres Bewusstseins abzielt. Dieser Neubau der Eparchie der Ukrainischen Orthodoxen Kirche des Moskauer Patriarchats von Sjewjerodonezk wirkt nicht wie ein heiliger Ort. Viel eher erinnert er an einen dieser Themenparks aus Blockhäusern und Lokalen wie „Fischerhütte", „Futtern bei Muttern" oder anderen Ketten, die auf den Rasthöfen an Fernstraßen zu finden sind.

---

[18] Abramović, Marina. Durch Mauern gehen: Autobiografie. München. 2016. S. 10.

I. SJEWJERODONEZK. 1.

Wie fast immer existieren auch in diesem Fall verschiedene Sichtweisen. Der Foto-Blog „Russische Kirchen" auf www.russianchurch.ru beschreibt den Bau wie folgt: „Ein Ort, der durch Reinheit und schöne Natur besticht. Das Feldsteinensemble fügt sich sanft zwischen den Wald und die Blumen ein, rundherum zwitschern die Vögel. Der Bau unter dem blauen Himmel ist von hohen Kiefernwipfeln umsäumt. [...] Die Kirchen und Kapellen werden eins mit Gottes Schöpfung. Die orthodoxe Heiligkeit hat diesem Ort am linken Donezufer die Ehre erwiesen. Die Luft ist erfüllt vom Lobgesang der hierher pilgernden Städter."

Auf dem Territorium sind die folgenden „einem jeden orthodoxen Herze teuren" Reliquien zu finden: ein Teil des Lebens spendenden Kreuzes Christi, ein Stein vom Berg Golgatha, Steine aus dem Garten Gethsemane, vom Berg Tabor und anderen Orten. Klingt zunächst überzeugend. In dem Stein gibt es zehn Vertiefungen bedeckt durch Glasscheiben, unter denen sich jeweils kleine Steine „von Orten, an die Jesus seine Füße setzte" befinden. Einige der Scheiben sind zerschlagen und die Steine entwendet.

Ein Stück weiter steht die Skulptur eines knienden Bärtigen. Sie soll einen Seraph darstellen, der tausend Tage auf den Knien verbrachte und für die ganze Menschheit betete. „Schaut doch, wenn man so schaut, sieht es so aus, als drückten seine Knie in den Stein."

Am Eingang zur zentralen Kirche steht auf einem Schild: „Wer in der Kirche lärmt, den wird die Sünde treffen."

Später sagt mir ein Einheimischer, dass man den Kloster-Komplex einfach als kommerzielles Unternehmen und Ort betrachten müsse, zu dem die Hochzeitspaare zum Fotografieren kämen.

Da ist es wieder, das Problem mit den Brautpaaren und den Fotos. Wie lässt sich nur dieser Tag für die Ewigkeit festhalten? Wie sorgt man dafür, dass die gemietete Limousine auf den schlechten Straßen nicht kaputtgeht. Wie bekommt man Farbe in die Bilder, wenn die Heimat rundherum grau ist?

In der ganzen Stadt hängen Banner mit der Aufschrift „Unsere Stadt heißt Sjewjerodonezk. Wir bewahren ihren Namen". Diese ständigen Diskussionen um Sewerodonezk, Sjewerodonezk oder

Siwerskyj Donez und andere Namensvarianten dieses Donezk des Nordens entfachen stets neuen Streit im Internet und werden zur Manipulation der Bevölkerung benutzt nach dem Motto: Die in Kyjiw wollen uns mal wieder umbenennen.

„Wie hat man uns nicht schon genannt. Sogar Separadonezk."

In der ganzen Stadt gibt es Werbung mit der Aufschrift: „Kaufe Schrott. Tag und Nacht".

„Hier ist unser Stadion. Wenn der Präsident für einen Besuch herkommt, landet dort auf dem Fußballfeld immer sein Helikopter."

„Für diejenigen, die hierherkommen, ist das eine Donbass-Safari. Die kommen doch, um etwas Exotisches zu sehen."

„Fragen sie mal einen Einheimischen, was das Bermuda-Dreieck ist. Der nennt ihnen: Sjewjerodonezk – Lyssytschansk – Rubischne."

„Unsere Stadt ist noch sehr jung. Gerade einmal 80 Jahre alt. Zuerst hieß sie LysChimBud und war der Fortsatz von Lyssytschansk und der Chemiefabrik."

„Lyssytschansk steht auf fruchtbarem Boden. Dabei war hier einst Wüste. Sanddünen überall. Die älteren Leute erzählen, dass die Sanddünen bis zu 15 Meter hoch waren. Wenn sie von den Baracken die knapp anderthalb Kilometer zur Arbeit gingen, waren die Taschen und ihre Kleidung voller Sand, sodass sie diese erst ausschütteln mussten."

Eines der eindrücklichsten Fotos im Museum der „Asot"-Fabrik zeigt drei sich umarmende Jungen, die durch den Sand gehen. Hinter ihnen sind ihre Spuren zu sehen, die offensichtlich schon bald, den Kräften der Natur ausgesetzt, im Sand verschwinden. Kleine Menschen gegen die Ewigkeit.

I. SJEWJERODONEZK. 1.

„Bei uns war der Tag des Chemiearbeiters stets wichtiger als der des Bergarbeiters. Wir liegen sowieso näher an der Sloboschantschyna[19] als am Donbass."

„Bei uns brannte immer die ewige Flamme. Nun ist das Gas doch so teuer geworden. Deshalb brennt sie nicht mehr."
Auf einer Wand des Museums sind die Nachnamen der 157 Soldaten vermerkt, die im Zweiten Weltkrieg gefallen sind. In der Mitte der Komposition befindet sich die ewige Flamme aus Pappmaché, die auf eine Tür geklebt ist. Dahinter führt ein Gang zum Dachboden. Eine bessere Metapher für das ewige Leben kann man sich wohl kaum vorstellen.

Im Museum gibt es neun „Ehrenbücher". Die gewaltigen Chroniken enthalten Namen und Heldentaten, wie zum Beispiel die Normübererfüllung um 213, 261, 268, 209, 238 und 299 Prozent (alles Daten eines einzigen Arbeiters, der von April bis Oktober 1948 die Norm übertraf). Ein jeder der Helden auf eine besondere Weise fotografiert, mit besonderem Schatten und Liebe zum Detail, welche man auf den Fotos spürt. Das letzte Ehrenbuch endet im Jahr 1986. Das ist das Ende der Geschichte.

„Die Stadt hätte auch Mendelejewsk oder Switlograd heißen können. Wir haben hier ein Dokument, welches mit ‚Switlograd' gestempelt wurde. Anfangs war dies hier eine ukrainischsprachige Siedlung. Schauen sie, auf diesem Foto sind alle Schriftzüge in der Stadt auf Ukrainisch."

„Schauen sie, hier, diese interessante Skulptur aus gepresstem Zucker: Ein Satellit, der von einer Roten Beete abhebt. Und hier das Datum der Herstellung. In jenem Jahr wurde die Skulptur gemacht."

---

[19] Anm. d. Übers.: Die Sloboschantschyna, auch Sloboda-Ukraine, war eine historische Region im Nordosten der heutigen Ukraine und benachbarten Gebieten des heutigen Russlands.

53

„46 Arbeiter haben bei uns mehr als 50 Jahre in der Fabrik gearbeitet."

„Sjewjerodonezk — was ist das überhaupt? Das ist eine Stadt, in der es sich für seine Bewohner schwer lebt. Die Natur kennt keine Gnade."

„Hier wächst eine besondere Baumart, die Feldulme. Sie hält den Sand zurück. Meine Erinnerungen der Kindheit assoziieren die Stadt eben mit diesem Baum. Nur einmal in Kasachstan habe ich in der Wüste so einen Baum gesehen."

Die Eigenschaften der Feldulme könnten ebenso gut den Charakter einer Vorstadtsiedlung beschreiben: „wärmeliebende Schattenpflanze."

In verschiedenen Gesprächen erwähnten Aktivisten den lokalen Dichter Josip Kurlat (1927–2000). Der hatte am Gorki Literaturinstitut studiert und stand mit russischen Vertretern der Generation der Sechziger[20] in engem Kontakt. Ab der zweiten Hälfte der 1960er Jahre lebte er in Sjewjerodonezk. Er schrieb fast 50 Bücher, die in einer Auflage von mehr als zwei Millionen Exemplaren gedruckt wurden.

Er schrieb viele Kinderbücher und leitete außerdem einen Literaturkreis und organisierte ein Gedichtfestival für Kinder.

„Diese Stadt wurde nach sowjetischen Mythen erschaffen. Aber die sind jetzt tot. Jetzt wird nach etwas gesucht, womit diese Leere gefüllt werden kann."

„Nachdem das Luhansker Theater hierher verlegt wurde, wuchs es von 3 Mitarbeitern auf 120."

---

[20] Anm. d. Übers.: Die Generation der Sechziger war eine Bewegung innerer Opposition, die sich nach der Beendigung von Chruschtschows „Tauwetter" in Literaturkreisen und unter Naturwissenschaftlern etablierte.

I. SJEWJERODONEZK. 1.

„Wenn ich in diesen postsozialistischen Städten bin, muss ich immer an den Zusammenbruch der Sowjetunion denken. In anderen Städten wie Kyjiw oder Lwiw gab es nach 1991 noch die vorsowjetische Geschichte, an die man anknüpfen konnte. Doch hier gab und gibt es nichts, was diesem Chaos und Verfall einen Sinn geben könnte. Die Wirkung des Zusammenbruchs verstärkt sich sogar, da die städtebaulichen Visionen der Sowjetzeit verfallen und die rationalen Lösungen durch schlecht durchdachtes Bauen zerstört werden."

- Wir hatten die Idee ein Wandbild des Big Ben zu erschaffen, des Eiffelturms, oder des Empire-State Buildings. Stellt euch vor, ihr könntet euren Bekannten sagen: „Lass uns in Paris treffen", oder: „Wir sehen uns in London".
- Warum?
- Wie „warum"? Zweifelst du daran, dass Kunst überhaupt notwendig ist?
- In jedem Akt eines Künstlers steckt Verantwortung und Reflexion. Ich würde es ja verstehen, wenn dies ein Viertel wäre, das mit der Geschichte der Engländer zu tun hat. Oder mit den Belgiern. Aber was sollen diese Kopien hier bewirken?
- Aber unsere Leute hier werden doch niemals dorthin fahren und die Orte in echt sehen. Deshalb muss man sie hierherbringen.
- Ein Künstler soll denken und erforschen.
- Wozu denn? Ein Künstler soll Dinge erschaffen!

Ich erinnerte mich oft an dieses Gespräch. Später fand ich genau das gleiche Motiv in Olena Stjaschkinas Buch „In der Sprache Gottes":

„Es ist dieser ganz bewusste und massenhafte Wahnsinn, Pseudogotik neben Pseudobarrock zu setzen, von dem aus man durch schmale Fenster auf ein Backsteintürmchen der Fabrik schaut. Das mehrstöckige Gebäude wurde zum Ende der Sowjetunion errichtet und galt als Zenit der Arbeiter-Ingenieurskunst. Die Stadt zerbrach und ähnelte einem Kühlschrank

mit Magneten aus unterschiedlichen Orten, wie sie Touristen sammeln. Die eine Seite der Straße sieht aus wie Paris, die andere wie Marmaris. Dort in der Sackgasse beim Wohnheim der polytechnischen Universität sind wir auf einmal in Liverpool und sehen ein Beatles-Denkmal. Etwas weiter an einer Kreuzung gibt es ein Haus, welches nach Gaudi benannt wurde."

Zwar geht es hier um Donezk. Doch in dieser Region strahlt das Zentrum in die Peripherie.

„Habt ihr die Kirche im Zentrum gesehen, die im Park? Laut Bauplan sollten die Mauern dort anderthalb Meter im Durchmesser haben. Aber mit den dafür vorgesehenen Steinen haben sich die Bosse der Stadtverwaltung ihre Datschen gebaut. Und dann wurden noch alle Unternehmer gezwungen für den Bau der Kirche zu spenden."

„Wir hatten eine Idee. In der Stadt gibt es einen Ort, an dem viel Sand herumliegt. Stellt euch vor, wie cool es wäre, hier auf die Häuserwand Pyramiden und Sand zu malen, die in den echten Sand übergingen. Das wäre echt stark."

„Ich habe einen Kollegen auf der Arbeit, der ungefähr 45 Jahre alt ist. Einmal sollte er für einen Auftrag nach Ternopil fahren. Da sehe ich wie nervös er durchs Büro geht und frage ihn, was los ist. Er sagte, dass er nach Bandera-Land müsse und doch gar kein Ukrainisch könne. Weiter westlich als Berdjansk war er in seinem Leben nie gewesen."

Aus den Gesprächen mit Aktivisten und Stadtbewohnern verstehe ich, dass man in uns, Touristen und Fremden, eine wandelnde Beschwerdestelle sieht.

„Einen Obdachlosen zu bestatten, kostet die Stadt 17 000 Hrywnja. Denn dafür verantwortlich ist eines der fast 20 Unternehmen, die den Stadtoberen gehören"

I. Sjewjerodonezk. 1.

Wir waten durch mit einer dünnen Eisschicht bedeckte Pfützen und den Matsch. Ich stelle mir vor, wie wir im Sommer hierher zurückkommen werden. Riesige Sanddünen. Der Sand wird mir auf den Zähnen knirschen und der heiße Wind mich einfach umpusten.

Das Chaos tut sein Eigenes. Die Zeit und Epochen zerfallen. Busch-Menschen und Ulmen-Menschen wachsen auch ohne Erde und überleben im Sand. Sie halten die Wüste zurück und wirken gegen das Chaos und die Zeit der Dünen, die zurückkehren und wie die Züge der postapokalyptischen Karawanen vorüberziehen wird.

BACHMUT. 1.

Während der Fahrt nach Bachmut redet der Taxifahrer ohne Unterlass: „Diese Soldaten stehen mir bis hier [er reißt die Hand vom Lenkrad und zeigt sich an den Hals]. Die haben alles geplündert. Alles haben sie kaputt gemacht. Denkst du, dass die hier kämpfen? Die saufen doch nur. Wenn sie neue Stiefel bekommen, versetzen sie die für Suff. Die saufen doch auch mit denen von da drüben. Da rufen die einen die anderen an und sagen, dass sie nun schießen werden und kommen aus den Stellungen. Dann funken die anderen, damit erstere in Deckung gehen. Und auf wen schießen sie letztendlich? Auf die einfachen Leute. Auf uns."

Das heutige Bachmut ist 445 Jahre alt. 18 Monate lang, war dies die Hauptstadt des Donbass.

Es gibt drei Dinge, die nicht aufhören, mich zu verwundern: Die Schönheit meiner Frau. Die Grobschlächtigkeit der Menschen und das Design der Restaurants und Bars in kleinen Provinzstädten.

„Wir wurden beschossen, aber das hat uns nicht davon abgehalten, 6000 Rosen zu pflanzen und die Uferpromenade zu schmücken."

„Nach unserer Fahrradtour, sind alle Teilnehmer auf den Sockel geklettert, auf dem einst das Artem-Denkmal stand."

„Unser Bürgermeister ist bereits seit 30 Jahren im Amt. Er kennt sich mit der Stadtgeschichte wohl besser aus, als die Museumsmitarbeiter."

„Wir haben bereits 1991 ein Referendum für einen anderen Stadtnamen abgehalten. Damals gelang es nicht, ihn zu ändern."

„Hier gab es schon immer eine Stadt. Nicht nur einen Bahnhof oder Barracken. Hier hat man gleich eine Festung gebaut."

„1929 wurde die Kathedrale zerstört, die noch ein Jahr zuvor von der gesamten Stadtgemeinde besucht wurde."

„In der Stadt gibt es eine wundertätige Ikone der Gottesmutter von Kasan. Immer wenn eine Gefahr oder Epidemie drohte, machte man eine Kreuzprozession. Die Ikone wurde in alle Ecken der Stadt getragen, in jede Siedlung. Dies war eine wohlhabende Stadt und die Ikone war unglaublich reich verziert. Sie konnte heilen. Wo sie jetzt ist, weiß niemand. Doch sagt man, dass sie irgendwo hier vergraben ist und die Stadt weiter beschützt."

„Als die Deutschen in die Stadt kamen, errichteten sie auf dem Balkon des ältesten Bankhauses einen Galgen."

Jedes Mal, wenn wir Mitte Dezember ein Heimatkundemuseum besuchen, treffen wir auf Sonderausstellungen zum Anlass des Neuen Jahres. Im Museum von Bachmut begegnet uns eines der komischsten Exponate: Tannenbaumschmuck, mit den Gesichtern Lenins und Stalins. Niemand hat eine Antwort auf die Frage, ob dies Glücksbringer des Festes sind, oder Staatsführer darstellen, die, aufgehängt an einem Ast baumelnd, für festliche Atmosphäre sorgen sollen.

Wie schon in Dobropillja erzählt man uns von einem angeblich versunkenen Schiff voller Gold und von den hunderten Überzeugten, die weiter nach dem Schatz suchen. Schließlich kommt mir der Gedanke, dass das Fehlen eigener Geschichte oder Besonderheiten der Stadt durch die Sage von dem mit Gold beladenen Schiffes ersetzt worden sein könnte.

Die Stadt wurde 1924 in Artemiwsk umbenannt und 2015 zurück in Bachmut.

„Dekommunisierungsgesetze lassen sich leicht schreiben, doch Geld um die Ausstellung zu ändern, gibt man uns nicht."

I. BACHMUT. 1.

„Zur Zeit des Holodomors wurden insgesamt 47 Personen nach dem ‚Gesetz der fünf Ähren' verurteilt, 10 von ihnen waren minderjährig."

„Als die Deutschen die Stadt einnahmen, zogen sie sogleich ihre eigene Glocke auf den Glockenturm. Die hatten sie in Tores gießen lassen. Auf ihr war alles in Deutsch geschrieben. Scheinbar waren sie gekommen, um zu bleiben."

Eine Aufschrift aus Zeiten der deutschen Besatzung: „Wasser nur für deutsche Soldaten. Russen, die hier Wasser holen, werden erschossen. Wasser für Russen auf der anderen Seite."

Im Museum gibt es auch einen Teil zur neueren Geschichte mit dem Foto einer Frau, einer lokalen Künstlerin, die eine längere Zeit jeden Tag mit einem Transparent zum Busbahnhof ging, auf dem „Putin erhebt sein Glas und spricht: ‚Auf die Idioten. Ohne euch, gäbe es mich nicht'" geschrieben stand.

Daneben hängt ein großes Stück Tapete, auf den die Freiwilligenkämpfer nach ihrem Ausbruch aus dem Kessel von Debalzewe die Namen und Infos der Verwundeten notierten. Ein Jahr später, im Herbst 2017, besuchten Journalisten der Nachrichtenseite zaborona.com das Heimatkundemuseum von Bachmut. Auch ihnen fiel das Stück Tapete auf. Es enthält die Namen von 93 Soldaten, die seit Debalzewe als vermisst gelten sowie die Telefonnummern von Verwandten und Freunden, die weiter hofften, sie zu finden. Die Journalisten riefen diese Nummern an. In den meisten Fällen war dies der erste Anruf, der sich nach dem Schicksal der Vermissten erkundigte.

Daneben hängt das „Wappen der Ukraine, abgerissen von DNR-Kämpfern vom Artemiwsker Rathaus am 23.5.2014. Übergeben von Petro Subar".
Der Junge war damals 17 Jahre alt.
In einem Interview erklärte er: „Das Wappen lag neben einer Mülltonne. Es war stark verbogen und der Dreizack in Stücke zerbrochen, als wenn man ihn zertrampelt hätte." Petro und ein

Freund schleppten das zwei Meter große Wappen zu einem Bekannten und versteckten es dort.

„Eine andere Geschichte ist, wie das intellektuelle Bachmut nach den Kämpfen nach dem Ende des Ersten Weltkriegs zu einem industriellen Zentrum wurde. Innerhalb von 10 Jahren veränderte sich alles."

„In der Stadt gibt es einen oberen und einen unteren Park. Dort, wo der obere ist, gab es einen Friedhof mit Alleen. Das war ein jüdischer Friedhof. Später wurde hier der Stadtpark angelegt. Und ja, das Riesenrad hier wird ‚Teufelsrad' genannt."

– Wir haben einmal gehört, dass die Kinder hier Knochen gefunden haben und diese zu Skeletten zusammenlegt haben.
– Ihr müsst verstehen, dass die Stadt 445 Jahre alt ist. Egal wo man hier anfängt zu graben. Überall wird man etwas finden.

„1941 hat das Krankenhaus hier 3000 Verwundete versorgt. Später wurden alle erschossen und im Bergwerk verscharrt."

„14 000 Bewohner wurden getötet. Insgesamt waren sieben Hektar mit Leichen bedeckt. Es gibt hier eine ältere Frau, die damals ein kleines Mädchen war. Genau kann sie sich nicht erinnern. Aber sie weiß noch, wie die Überlebenden die Getöteten beweinten und klagten."

– Was ist eigentlich Bachmut?
– Eine Pufferzone.
– Zwischen wem?
– Zwischen uns selbst.

„Im Stadtzentrum gibt es zwei leere Sockel, auf denen die einstigen nun gestürzten Helden standen. Doch die Verwaltung lässt sich Zeit damit, etwas Neues aufzustellen, um es danach nicht nochmal abreißen zu müssen."

I. BACHMUT. 1.

„Bei Fahrten zwischen den Städten steht auf der Marschrutka: Bachmut — Tschistjakowe. Und darunter in kleinen Buchstaben: Artemiwsk — Tores."

„So lange ich lebe, haben wir diesen einen Bürgermeister."

„Als ich 13 Jahre alt war, habe ich das erste Mal einen Mann mit geschminkten Augen gesehen. Erst dachte ich, das wäre ein Perverser. Doch es war nur ein Bergarbeiter nach der Arbeit. Bachmut ist anders als andere Städte. Hier gibt es auch nicht diese Abraumhalden, die woanders mit ihrem Gestank die Luft verpesten."

„Wir sollten ein Denkmal einer liegenden Hake machen. Offenbar haben wir nichts aus der Geschichte gelernt."

Von Februar bis März 1918 existierte hier die Sowjetrepublik Donezk-Krywyj Rih. Sie bestand nur etwas mehr als einen Monat. Die ideologische Basis dieser Vereinigung war die Aufteilung des Landes nicht nach Nationalitäten, sondern nach Wirtschaftszonen. Aus Donbass und Krywbas sollte eine gemeinsame Republik entstehen.

Dabei eroberten sie ein gutes Stück Land von Luhansk über Altschewsk, Jusiwka, Bachmut, Starobilsk, Taganrog, Mariupol, Katerinoslaw bis nach Sumy. Die Hauptstadt war natürlich Charkiw.

Der jungen Republik stand der Revolutionär Fedir Serhejew vor, den man Artem nannte. Zu seinen Ehren benannte man Bachmut später in Artemiwsk. Er schuf jenen Präzedenzfall, an den die Polittechnologen und Ideologen des Separatismus heute anknüpfen, um ihren Sonderweg im Donbass zu legitimieren.

„Als der Krieg begann, kamen die Binnengeflüchteten durch Bachmut. Man verstand kaum, wer warum wohin fuhr."

„Bachmut wurde seiner Zeit ‚Stadt der Soldaten im Ruhestand und der Rentner' genannt. Hier war es so ruhig und gemütlich, dass niemand nirgendwo hinfahren wollte."

- Das alles befindet sich auf der Straße des Vaters, des Sohnes und des Heiligen Geistes.
- Entschuldigung? Was ist die Straße des Vaters, des Sohnes und des Heiligen Geistes? [Alle lachen]
- Das ist die Straße zwischen dem oberen und unteren Park. Hier hat sich der Sohn des Bürgermeisters eine Villa gebaut. Danach auch sein Vater. Gegenüber den beiden Häusern steht eine Kirche, die auch die beiden gebaut haben.

„Wir haben hier eine besondere Tradition. Zu Ostern gehen alle auf den Friedhof, um zu saufen. Das stammt noch aus Sowjetzeiten, denn nur zu religiösen Feiertagen, konnte man den Leuten dort nicht beikommen. Diese Tradition hat sich gehalten."

„Die Bergarbeiter sind selbst schuld an Unfällen. Sie kleben die Sensoren ab und ignorieren sie, denn sie müssen ja die Norm erfüllen."

- Bachmut träumt davon, für seine vielen Rosen im Stadtgebiet ins Guinnessbuch der Rekorde zu kommen.
- Warum Rosen? Ist das etwa ein Versuch, sich mit Donezk zu messen?
- Nein. Rosen sind einfach eine gute Möglichkeit, um Geld zu waschen.

VON DREI SPRINGBRUNNEN UND ZWEIEINHALB AUSSTELLUNGEN

Die New Yorker Weltausstellung wurde am 30. April 1939 eröffnet und erstreckte sich über rekordverdächtige 492 Hektar. Ihr Thema lautete: „Die Welt von morgen." In der offiziellen Ankündigung konkretisierten die Organisatoren: „Der Blick der Ausstellung ist gen Zukunft gerichtet. Es geht uns mitnichten darum, künftige Ereignisse vorherzusagen oder die Form ihrer Entwicklung zu bestimmen. Uns geht es darum, einen neuen und klaren Blick auf das Heute zu präsentieren, und uns so auf das Morgen vorzubereiten [...]. Die Erforschung des Jetzt ist die beste Vorbereitung auf die Zukunft."

Ein besonderes Merkmal, welches die Ankunft der Zukunft verkörperte war die Fernsehübertragung des Auftritts Theodore Roosevelts bei der Eröffnung vor fast 200 000 Menschen. Die Übertragung sahen fast 1000 Zuschauer auf knapp 200 Fernsehgeräten, welche in der Stadt verteilt waren. Es war der Beginn des modernen Fernsehens in New York.

Die Sowjetunion präsentierte ebenfalls ihre innovativen Errungenschaften. Dazu zählte die gigantische 24 Meter hohe und 30 Tonnen schwere Stahlskulptur „Der neue sowjetische Mensch", die auf einem 60 Meter hohen Sockel stand. Ein Abklatsch der Freiheitsstatue, die statt der Fackel einen Stern trägt. Es wird berichtet, dass die Amerikaner ihre Fahnen noch höher hängen mussten, damit sie über dem Stern wehten. Ebenfalls sehenswert sind die Bilder der Demontage dieses Sterns mit einem Durchmesser von 3,6 Metern.

Die Sowjets präsentierten außerdem eine neuartige Karte des Landes im Maßstab 1:500 000, die mit Diamanten, Rubinen, Silber und allerlei anderem teuren Schnickschnack besetzt ist. Die große und doch so kleine Heimat ist 3,5 Tonnen schwer.

Ebenso wurde eine Leninstatue aus rotem Marmor des Bildhauers Merkurow präsentiert. 1946 wird dieses Denkmal auf den Bessarabska-Platz nach Kyjiw versetzt, genau an den Ort, wo die

Deutschen während der Okkupation einen Galgen für öffentliche Hinrichtungen errichtet hatten. Auf dem Sockel stand: „Nur in der Einheit des Schaffens von großrussischem und ukrainischem Proletariat ist eine freie Ukraine möglich. Ohne diese Einheit kann von ihr keine Rede sein. Lenin."

Auf der Weltausstellung wurde im sowjetischen Pavillon zudem ein Springbrunnen aus Kostjantyniwka gezeigt, der später das Wappen und die Flagge der Stadt zieren sollte.

Zwei Jahre zuvor, auf der Pariser Weltausstellung 1937, war ein anderer Springbrunnen präsentiert worden. Dieser ging jedoch in die Geschichte ein, anstatt im Museumsdepot zu verschwinden oder im Wirbel undurchsichtiger staatlicher Machenschaften unterzugehen, wie dies mit dem Brunnen aus Kostjantyniwka geschah.

In jenem Jahr entschied sich das vom Bürgerkrieg erschütterte Spanien dazu, seine Lage in künstlerischer Form auszudrücken. Das Resultat schlug international wie eine Bombe ein. Der Maler Picasso schuf das Bild „Guernica", welches die dreistündige Bombardierung der spanischen Kleinstadt Guernica durch die deutsche Luftwaffe thematisiert. Wie immer schwanken die Schätzungen über die Opferzahlen. Sie reichen von 256 bis 1650.

Es ist schwer das Pathos zu vermeiden, doch unabhängig der Zahlen und emotionslosen Statistiken, wird Guernica zu Picassos „Guernica". Die Tragödie wird zum Symbol, zu Kunst, zur Waffe und die Realität zum Mythos.

Picassos Arbeit wurde zusammen mit dem Springbrunnen Alexander Calders ausgestellt, aus dem statt Wasser Quecksilber floss. Das Werk war der spanischen Kleinstadt Almadén gewidmet, in der zur Zeit des Bürgerkriegs circa 80 Prozent des weltweiten Quecksilberabbaus stattfand. Die Armee Francos eroberte das Städtchen und raubte damit der republikanischen Regierung eine wichtige Einnahmequelle. Calder erschuf eine außergewöhnliche und experimentelle Skulptur mit einer starken politischen Botschaft. Heute befindet sich der Brunnen im Fundació Joan Miró in Barcelona. Allerdings ist die Gefahr gebannt und der Brunnen für Besucher harmlos, denn er steht hinter dickem Glas, was dem Konzept seiner Erstausstellung widerspricht. Damals hatten die Menschen keinerlei Schutz im Kontakt mit dem Gift.

I. Von Springbrunnen und Ausstellungen

Auch 1937 stand der sowjetische Pavillon dem Rest der Welt in nichts nach und präsentierte ein Meisterwerk des Sozrealismus: die Skulptur „Arbeiter und Kolchosbäuerin" von Wera Muchina.
Kommen wir zurück auf das Jahr 1939.
Die Ausstellung eröffnete am 30. April in New York. Von den führenden Staaten fehlte damals nur Deutschland. In nur fünf Monaten sollte es in Polen einfallen und damit die Welt von morgen in Flammen aufgehen lassen.
Die Weltausstellung dauerte bis zum 27. Oktober 1940 und wurde zum Atavismus der alten Welt, zu einer überkommenen Prophezeiung. Die Organisatoren mussten Konkurs anmelden und selbst 44 Millionen Zuschauer konnten dieses Schicksal nicht abwenden. Nach Beginn des Krieges baute die Sowjetunion ihren Pavillon ab, während andere Länder ihre Hallen weiter zur Verbreitung ihrer Botschaften und Wahrheiten nutzten. Ein Großteil der Delegationen verblieb in den USA, als sie merkten, dass eine Rückkehr in die alte Welt unmöglich war.
Der zerbrechliche Springbrunnen kehrt erst 2010 in die Geschichte zurück, als der Stadtrat von Kostjantyniwka ihn auf dem neuen Wappen und der Flagge der Stadt bestätigen. Laut Wappenkundlern soll er die „hohe Professionalität der Einwohner und ihre Fähigkeit einzigartige Gegenstände zu erschaffen" unterstreichen. Das vorige Wappen war 1981 eingeführt worden. Es symbolisierte die wichtigsten Industriezweige der Stadt: Einen Hochofen, eine Destille mit Kornähre und einen Glasschneider.
Wenn uns die Geschichte Kostjantyniwkas eines lehrt, dann dass man Symbole überdenken und seinen eigenen Mythos selbst entwerfen kann. Wenn die Industrie zusammenbricht und die Stadt zu einer Nekropole ihrer kommunistischen Vergangenheit wird, müssen neue alte Symbole der Zerbrechlichkeit gefunden werden. Und noch etwas.
Zwischen den Weltausstellungen von 1937 und 1939 gab es noch eine weitere. Eine, die den Zeitgeist einfing und eine Epochengrenze markierte.
Vom 17. Januar bis zum 24. Februar 1938 fand in Paris die Exposition Internationale du Surréalisme statt. Mehr als 200 Bilder, Collagen, Fotografien und Installationen von 60 Künstlern aus 14

Ländern, darunter Dalí, Magritte, Duchamp, Miró, Tanguy und Man Ray, waren ausgestellt. Kurz gesagt, all jene, deren Arbeiten ein Jahr zuvor auf der Münchener Ausstellung „Entartete Kunst" hätten gezeigt werden können.

Bei der Eröffnung funktionierte die von Man Ray erdachte Beleuchtung nicht, weshalb man Taschenlampen an die Zuschauer verteilte, damit diese sich selbst ihren Weg leuchteten und die Albträume aus der Dunkelheit verscheuchten.

Im zentralen Ausstellungssaal reichte die von Marcel Duchamp geschaffene Installation des bekanntesten aller Springbrunnen in der Kunstgeschichte bis unter die Decke. Sie bestand aus 1200 Kohlesäcken, gefüllt mit Zeitungspapier.

Die Eruption bahnte sich an.

Der Geruch einer Epoche zerkrümelt in einzelne Tage und den Staub der Geschichte.

Wir riechen ihn und er bedeckt uns.

IHOR KOSLOWSKYJ:

„Die regionalen Mythen wurden angepasst wie ein Anzug, um die Ideenlosigkeit zu verdecken und mythische Parallelwelten zu erschaffen"

Ihor Koslowskyj ist eine der wichtigsten Stimmen ukrainischer Intellektueller. Der Historiker, Schriftsteller, Theologe und zivilgesellschaftliche Aktivist wurde 1954 in Makijiwka, in der Oblast Donezk, geboren. Er ist Autor von fast 50 Büchern und 200 wissenschaftlichen Artikeln und arbeitete mehr als 25 Jahre in der Donezker Gebietsverwaltung als Leiter der Abteilung für Religionsgemeinschaften.
Am 27. Januar 2016 wurde er von Kämpfern der „Donezker Volksrepublik" aufgrund seiner pro-ukrainischen Einstellung entführt, die er vielen seiner Studenten weitergegeben hatte. Er verbrachte 700 Tage in Gefangenschaft. Am 27. Dezember 2017 kam er im Rahmen eines Gefangenenaustauschs frei.
Wir trafen uns in Kyjiw im Januar 2020 und sprachen über Angst und Sorgen, Totalitarismus und Konformismus, das geisteswissenschaftliche Defizit und die Psychologie des Geldverdienens. Außerdem ging es um Mythen, die mit der Zeit in sich zusammenfallen, sobald man sich bemüht herauszufinden, wie die Dinge wirklich gewesen sind.
Auch wenn dieses Gespräch chronologisch am Ende der Recherche für dieses Buch steht, scheint es mir angemessen, es an den Beginn der Einführung in die Ostukraine zu setzen.

Ich möchte nicht behaupten, dass dieses Theater um die Donezker Identität grundfalsch ist, doch es verallgemeinert wichtige Dinge, die es nicht wert sind, so reduziert zu werden. Vor einiger Zeit habe ich einen Artikel über die muslimische Identität verfasst. Die verschiedenen religiösen Zentren des Islam haben unterschiedliche Identitäten, obwohl es am Ende alles Muslime sind. Warum ist das so? Sie waren unterschiedlichen Einflüssen ausgesetzt, folgten anderen Führern, und hatten abweichende Identitäten. Bei den einen ist sie rein religiös geprägt, bei anderen ist sie das Zusammenspiel von ethnischer und religiöser Identität. Wieder andere stellen die ethnische Zugehörigkeit viel höher als die religiöse, und dann gibt es welche, bei denen gesellschaftliche und nationale Identitäten vermischt sind und die sich als Patrioten hervortun. Deshalb ist es falsch zu verallgemeinern und von „allen Muslimen" zu sprechen, denn „die Muslime" gibt es nicht.

Auch regional gibt es keine homogenen Gruppen. Es gibt subkulturelle Gemeinschaften, die sich vereinen, weil sie eine gemeinsame Vorstellung vom Leben und ihrem Platz darin haben.

Während meiner Zeit in den Gefängniskellern sah ich Leute, mit denen ich Jahrzehnte in derselben Nachbarschaft gelebt hatte. Wir sprachen zwar dieselbe Sprache, doch hatten wir komplett unterschiedliche Ansichten hinsichtlich unseres Platzes in dieser Welt und unserer Umgebung. Gänzlich gegensätzliche Werte und Prinzipien. Sie waren wie Außerirdische für mich und ich für sie. Warum war das so? Es zeigt, dass sie, aus verschiedenen Siedlungen stammen, mit unterschiedlichen Identitäten.

In meinem Haus wohnte bis zur Revolution 1917 nur eine Familie, in meiner Kindheit waren es dann schon 13, eine wohnte sogar im Keller. Doch sie alle vereinte die gemeinsame Erinnerung an den Krieg. Später dann, 1956–57, kamen Menschen aus dem Gulag zurück. Es kam vor, dass in einem Innenhof ehemalige Machno[21]-Leute, Anhänger Petljuras[22] und Rotarmisten Tür an Tür wohnten.

---

[21] Anm. d. Übers.: Nestor Machno (1888–1934) war ein ukrainischer Anarchist, der während des Bürgerkriegs (1917–1921) die nach ihm benannte Bauern- und Partisanenbewegung anführte.

[22] Anm. d. Übers.: Symon Petljura (1879–1926) war ein ukrainischer Politiker, Truppenkommandant während des Bürgerkriegs und von 1919 bis 1920 Präsident der Ukrainischen Volksrepublik (UNR).

Sie stritten sich und spielten gemeinsam Domino. So war das Leben nach dem Krieg.

Wenn man nach Slowjansk, Swjatohirsk oder Mariupol fährt, fällt einem bald auf, dass dies ganz andere Städte sind.
Diese Region ist vielfältiger und weniger gleichförmig. Die Oblast Donezk zum Beispiel besteht aus sehr verschiedenen Landstrichen. Der „Donbass" ist ein wirtschaftlicher und in seiner Aussagekraft begrenzter Begriff. Welche Beziehung haben denn bitte Slowjansk oder Bachmut zum Donbass? Diese Gebiete westlich des Kalmius von Bachmut bis Mariupol gehörten im 19. Jahrhundert zum Gouvernement Jekaterinoslaw und bildeten zwei eigene Landkreise.

Den Kreis Mariupol hier nannte man einst Griechenland, denn Ende des 18. Jahrhunderts wurden hier Griechen angesiedelt. Bei der Umsiedlung, oder Deportation, wie ich es nenne, starb ein Drittel von ihnen. Dies war ein Genozid. Sie wurden von dort vertrieben, wo sie jahrhundertelang gelebt hatten. Zunächst siedelte man sie in die Oblast Saporischja um und später auf dem Gebiet der heutigen Oblast Donezk. Nicht alle zogen hierher. Die meisten, die kamen, waren Vertreter der Urum und ein kleiner Teil Romei. Die turksprachigen Griechen sprachen verschiedene Dialekte: Kiptschakisch, Kiptschakisch-Oghusisch, Oghusisch-Kiptschakisch oder einfach Oghusisch. Ihre Sprache ähnelte also denen der Krimtataren, Karäer und Krimtschaken. Sie wurden hier in der Steppe angesiedelt, obwohl das ganz andere klimatische Bedingungen sind, doch irgendwie mussten sie ja überleben. Ende des 19. Jahrhunderts gab es in Mariupol eine griechische Polizei, griechische Schulen und einen Teil Armenier und Juden.
Das 20. Jahrhundert brachte große Umbrüche. Die Städte veränderten sich. Es verschwand die Kultur, die Mariupol und umliegenden Dörfer geprägt hatte. Nach und nach wurde hier alles sowjetisch. Es entstanden die Hochöfen und Metallurgie-Fabriken. Die Arbeitskräfte wurden jedoch nicht unter den Einheimischen rekrutiert. Man holte Leute aus anderen Regionen, die sich mit der Zeit an der Nordküste des Asowschen Meeres niederließen.

Den Kreis Bachmut zeichnet die Besonderheit aus, dass er komplett ukrainischsprachig ist. Hier gab es historisch viele Mennoniten, denen Katharina II. per Erlass die Ansiedlung erlaubte. Die meisten Mennoniten waren Lutheraner und kamen aus Preußen.

Mit der Unterwerfung der Saporoger Kosaken wurden die Bedingungen für die Ansiedlung geschaffen. Die neuen Siedler kamen, um hier ihr eigenes New York zu gründen. Noch heute kann man dies teils an der Architektur und der Straßenführung erkennen, denn sie verwirklichten in diesen Weiten ihre eigene Vorstellung von einer Stadt. Nach dem Zweiten Weltkrieg verschwand sie, doch manches ist im kulturellen Kontext bis heute erhalten geblieben erhalten. Die Einwohnerschaft kann sich ändern, doch der kulturelle Code wird stets auch die beeinflussen, die hierherziehen.

Der nördliche Teil der Oblast Donezk gehörte früher zum Kreis Isjum im Gouvernement Charkiw und davor zur Sloboda-Ukraine. Diesen Einfluss spürt man dort viel stärker, als den von Donezk.

Jusiwka lag westlich des Kalmius, während Makijiwka und Tores, die früher unter dem Einfluss der Don-Kosaken standen, auf der anderen Seite lagen. Da galten ganz andere Regeln. Heute ist dort die „DNR".

Im 19. Jahrhundert war Makijiwka eine große Stadt und Jusiwka nur ein Kaff. Es entstand am Ort der ehemaligen Kosaken-Winterquartiere Mandrykyne und Jasinuwate. John Hughes[23] war der erste, der hier eine Fabrik baute. Sie befand sich in der Nähe Oleniwkas, wo sie durch einen Kanal mit dem Kalmius verbunden war. Diese Stelle bot sich an, da sich hier mehrere Handelswege kreuzten. Nun brauchte nun nur noch Wasser und Kohle für die Metallurgie, und die waren hier vorhanden.

Ein Blick in die Kirchenbücher beweist, dass Jusiwka auch als Schtetl, also eine jüdische Kleinstadt, bezeichnet wurde. Der Kalmius war die östliche Grenze des Ansiedlungsrayons. Jusiwka war also ein Schtetl wie es im Buche steht. Hier lebten 11 000 Orthodoxe Christen und 16 000 Juden. Die drei Synagogen wurden so

---

[23] Anm. d. Übers.: John Hughes (1815–1889) war ein walisischer Geschäftsmann, der die Industrialisierung im Russischen Reich in der zweiten Hälfte des 19. Jh. vorantrieb. Nach ihm wurde Jusiwka, das spätere Donezk und Stalino, benannt.

errichtet, dass man von einer zur anderen nie mehr als 900 Meter ging.
Auch wenn die Straßennamen schon lange nicht mehr dieselben sind, werden die Prospekte immer noch „Erste Linie" bis „Neunte Linie" genannt. Das hat auch einen Einfluss auf die Herausbildung einer gewissen Mentalität.

Das, was sich hier im 19. Jahrhundert herausbildet, lässt sich nur schwer als Identität bezeichnen. Viel eher waren es verschiedene Enklaven mit einer eigenen kulturellen Existenz und Mundart.

Später zog die Industrialisierung dann all jene an, die Arbeit suchten oder auch solche, die kamen, um reich zu werden.

Später kamen Leute, die sich vor dem Holodomor retten wollten.

Auch kamen Menschen, die ihren Nachnamen änderten und ihre früheren Wohnorte aus den unterschiedlichsten Gründen hinter sich lassen wollten. Hier wurde man nicht danach gefragt. Niemand wollte deine Dokumente sehen.

Dann kam der Krieg und anschließend der Aufruf zum Wiederaufbau des Donbass. Massenweise strömten die Leute hierher. Der Wiederaufbau begann schon 1943–44. Es kamen Leute aus der Ukraine, aus Poltawa und Tschernihiw.

Seit den 1950er Jahren kamen auch Leute aus der Westukraine.

Sie kamen entweder mit dem Interesse, Geld zu verdienen, oder um sich vor Repressionen zu retten. Und dann waren da noch diejenigen, die aus der Deportation oder Gefangenschaft wiederkamen. Vielen von Ihnen wurde verboten, in der Ukraine zu leben und dies war die erste Gegend, in der ihnen Ansiedlung wieder gestattet wurde.

Während der Massenumsiedlungen kamen im Rahmen der „Aktion Weichsel" Ende der 1940er Jahre auch Lemken hierher. Nun gibt es im Kreis Bachmut mehrere lemkische Dörfer.

Statt ins Gefängnis zu müssen, gab man den Menschen die Möglichkeit, ihre Schuld in den Bergwerken „abzuarbeiten", wo es besonders hart und gefährlich für die Gesundheit war. Auch dies hatte gewisse Auswirkungen auf das ein oder andere Viertel.

Diejenigen, die im Zentrum wohnten, waren ganz andere Menschen und nicht mit jenen zu vergleichen, die in einem der Außenbezirke Donezks lebten.

Erst in den 1960er Jahren begann man mit der Einrichtung von Hochschulen. Die Akademiker brachte man aus der ganzen Sowjetunion, von Nowosibirsk bis Lwiw. Es wurden Wissenschafts- und Forschungsinstitute gegründet, in denen Physiker und Chemiker für die Region arbeiten sollten.

Die Urbanisierung und Russifizierung nahm ihren Lauf und in der Stadt war die Arbeiterklasse in der Mehrzahl. Heute leben mehr als 90 Prozent der Bevölkerung in Städten. Damals lebten in den Dörfern ukrainischsprachige Menschen oder Griechen, die sich immer weniger ethnisch definierten und ihre Sprache mit der Zeit vergaßen. Nur die Älteren bewahrten sie. Auch dies hinterließ Spuren in der Bevölkerung.

Diese Konzentration von Menschen mit den verschiedensten Ansichten und Prinzipien und ist wie ein großer Kessel, in dem die alles zu einer Masse zerkocht wird. Die gewaltige Metall- und Kohleindustrie brauchte stets neue Kräfte, neue Menschen.

Und die gab es hier.

Für die Stiftung regionaler Identität braucht es ein starkes Dorf- und Landleben. In Galizien, zum Beispiel, waren die Städte jüdisch und polnisch geprägt, doch die Dörfer waren größtenteils ukrainisch. Nach dem Zweiten Weltkrieg wurde Lwiw neu besiedelt und die Menschen kamen aus den umliegenden Dörfern in die Stadt.

Wenn diese Menschen heute an die Geschichte Lwiws denken, werden sie wehmütig. Dabei haben die heutigen Bewohner der Stadt nichts mit dieser Geschichte zu tun.

Mein Vater kam aus Polesien in der Region Tschernihiw in den Donbass. Hier trafen verschiedenste kulturelle Vorstellungen der Menschen aufeinander, die sich im Einfachen ausdrückten. Wie esse ich? Wie betreibe ich Körperpflege? An diese Besonderheiten erinnere ich mich aus der Kindheit.

Natürlich gab es in der Sowjetunion Versuche, alle gleich zu machen. Ein gewisses Maß an Gleichheit erreichte man jedoch erst in den 1970er Jahren, als es kaum noch Zuzug gab.

I. Ihor Koslowskyj

In den 1980er Jahren kamen die Umbrüche der Glasnost und Perestroika. Die 1990er brachten kriminelle Clans hervor, aus denen später Oligarchen hervorgingen.

Dieses Rowdytum wurde zu einem Element der lokalen Psyche. Wenn du nicht für dich selbst sorgen kannst, gehst du unter. Dreistigkeit und Prinzipienlosigkeit äußerten sich im Slang der Straße.

Dennoch würde ich noch immer nicht von einer Identität sprechen. Nicht alle waren gleich. Jeder traf seine eigene Wahl.

Wenn ich von mir berichte, sagt man mir oft, dass ich nur als schlechtes Beispiel tauge, denn ich sei ja anders.

Doch ich wuchs zusammen mit ihnen auf, auch wenn ich nie den Geschmack von Bier oder Wodka kennengelernt habe. Das war der einzige Unterschied zwischen uns.

Ich praktiziere seit meiner Kindheit Yoga. Mittlerweile sind es 60 Jahre. Diese jahrelange Gewohnheit versetzt mich in die Lage, die Dinge ruhig zu beobachten und zu reflektieren und gewisse Schlüsse zu ziehen. Ich habe eine Vorstellung von dem, was um mich herum passiert.

Bei den Menschen, die während des Krieges aus den Regionen Donezk und Luhansk flüchteten, kann man gewisse psychologische Eigenschaften beobachten. Sie sind zum Beispiel aktiver und flexibler. So wie sie dort überlebten, müssen sie nun hier überleben. Obwohl dies natürlich charakteristisch für alle ist, die aus der Provinz in die Hauptstadt kommen. Das Kann man auch in Moskau oder in Paris beobachten. Es ist ein normaler Prozess. Wer aus der Provinz kommt, ist im Überlebensmodus und auf der Suche nach seinem Platz. Das geht nur, wenn man aktiv und in Bewegung bleibt und nicht indem man andere verdrängt, sondern sie überholt.

Man spielt nach den eigenen Spielregeln.

Schließen sich die Binnengeflüchteten untereinander zusammen? Ja, aber nur, wenn sie sich bereits vorher kannten.

Binnengeflüchtete aus Donezk und Luhansk unterscheiden sich von denen von der Krim. Letztere haben eine einheitliche Position, anders als jene aus Donezk und Luhansk, wo jeder sein eigenes Süppchen kocht. Wenn die sich zusammentun, dann nur, um ein konkretes Ziel zu erreichen. Ansonsten sind sie Individualisten. Diese Art und Weise sich zu entwickeln, ist charakteristisch für Amerika.

In vielen stecken noch die Gene der Kosaken. Außerdem mussten Leute, die ihre Städte und Dörfer verließen und in den Donbass emigrierten, weitaus aktiver sein, um zu überleben.

Binnengeflüchtete aus Donezk gehen lieber zu Friseuren, zu Ärzten oder zu Kosmetikerinnen, die ebenfalls aus Donezk sind.

In der Fremde kann man nur hervorstechen, wenn man seine Arbeit noch professioneller macht und dabei noch versessener ist, als alle anderen.

In der intellektuellen Elite der Region dominierten seit jeher die technisch-naturwissenschaftlichen Disziplinen. Die Geisteswissenschaften waren immer in der Minderheit. Obwohl dies für die gesamte Ukraine zutrifft, fällt es hier besonders auf.

Die ersten geisteswissenschaftlichen Fakultäten, insbesondere eine philosophische Fakultät, habe ich persönlich mit eingerichtet.

Das geisteswissenschaftliche Defizit erzeugt Ignoranz.

Auch hat es Auswirkungen auf die Erinnerungskultur, denn das Unvermögen zu reflektieren, nachzudenken und eigene Schlüsse zu ziehen, erzeugt eine Abhängigkeit des Menschen von Dritten. Und wenn ein Mensch keine eigene Meinung hat, sucht es sich Quellen, welche ihm diese liefert.

Die Kunst seine Umwelt zu reflektieren, muss erlernt werden.

Früher hat die Mehrheit technische Berufe erlernt oder studiert. Seit den neunziger Jahren wählen die meisten Recht oder Wirtschaft. Nach ihrer Überzeugung kann man mit Geisteswissenschaften einfach kein Geld verdienen. Die Psychologie des Geldverdienens zwang die meisten dazu, Leute wie mich als Sonderlinge zu betrachten. Hinter dieser Haltung verbirgt sich nichts als Ignoranz, Utilitarismus und Infantilismus.

Stattdessen wurden die regionalen Mythen aktiv befeuert und in eine passende Form gegossen, um die eigene Ideenlosigkeit zu verschleiern und mythische Parallelwelten zu erschaffen.

Die Identität einer jeden Gemeinschaft beginnt mit der Einteilung in ein „wir" und ein „sie", schreibt Nikolai Gumiljow. „Aus welchem Dorf kommst du? Aus welchem Bezirk? Hier bei uns kommen auch jeden Monat 60 Leute ums Leben." Viele sind stolz auf „ihre" Kriminellen und „ihre" Banditen. Aus diesem Grund haben so viele Menschen Janukowytsch gewählt, denn der kam von hier. Er war einer von „uns".

Es klingt primitiv und unterkomplex, doch so etwas gibt es in jeder Region.

Wenn man schon leiden muss, dann lieber unter den eigenen Leuten.

Genau dies führte zu den Problemen 2014. Auf dem Maidan stand der pro-ukrainische, gebildete Teil der Bevölkerung. Leute, die Geisteswissenschaften studiert und klare Werte hatten oder einfach in einer freien Ukraine leben wollten.

Doch es gab auch einen anderen, indifferenten Teil der Bevölkerung, der weiter nur materielle Interessen verfolgte.

Als man ihnen sagte, dass es in Russland mehr zu holen gäbe, wirkte das überzeugender als jedes andere Argument. Darauf aufbauend servierte man ihnen dann die Ideologeme der „Russkij Mir"[24].

Man muss jedoch die Künstlichkeit dieser Ideologeme verstehen, denn so wirklich hatte sich vorher niemand für Russland interessiert.

Leute, die Verwandte dort hatten, standen natürlich mit ihnen in Kontakt. Aber die anderen hatten doch schon fast vergessen, dass hier einmal Russland regiert hatte.

---

[24] Anm. d. Übers.: Die Russische Welt (rus.: Russkij Mir) ist ein historischer und (kultur-)politischer Begriff, mit dem die Zusammengehörigkeit aller Russisch-Sprechenden, orthodoxen Gläubigen, oder Einwohner von ehemals zur Sowjetunion gehörenden Territorien behauptet wird.

Wir sind Zeugen der Rekonstruierung sowjetischer Mythen in Teilen der Ostukraine. Dabei geht es noch nicht einmal um die echte Sowjetunion, sondern ausschließlich um ihre Mythen. Faktisch exportiert man ein ideologisches Klima aus Russland, das gar nicht charakteristisch für diese Region ist.

Neben Arbeitern gab es hier auch Dissidenten wie Iwan Dsjuba, Wasyl Stus, Oleksa Tychyj und Mykola Rudenko.

Doch im Sinne des neuen Mythos wird alles zu einer Masse zerkocht. Das russische Imperium wird dekoriert mit Elementen des Großen Terrors von 1937 und schließlich gibt man noch eine Prise Entwickelter Sozialismus hinzu. Das war von Anfang an zu spüren, als diese Kämpfer und Ideologen den hier Boden betraten.

Alle, die dies nicht hinnehmen wollten, zogen weg. Geblieben sind nur jene, die es sich nicht leisten können wegzufahren, oder eben solche, die besagte Positionen unterstützen. Und dann sind da noch diejenigen, die Verbindungen zu Russland und somit tatsächlich eine andere Identität haben.

Die orthodoxe Kirche war in dieser Region nie die dominante Glaubensrichtung. Hier siedelten vor allem Sieben-Tags-Adventisten, Pfingstler oder Baptisten. Die gibt es mittlerweile schon in der fünften Generation. Das hier war ein neues Land, ihr eigenes Amerika, ein Ort, an den man fliehen konnte.

Als in den neunziger Jahren Missionare kamen, fanden sie hier Traumbedingungen vor. Sie nannten die Ostukraine sogar analog zum amerikanischen Süden „Bible Belt". Das ist kein Zufall, denn hier gab es mehr protestantische Gemeinden als orthodoxe.

Die Zeugen Jehovas gab es hier seit den 1940er Jahren und nun werden sie auf einmal verboten.

Dass dies orthodoxes Territorium sei, ist ein neuer Mythos.

Die wichtigste Aufgabe eines jeden Mythos besteht in der Erklärung der Dinge. Es will erklärt werden, wie die Erde entstand und warum sie sich dreht.

Tiere haben Angst. Der Mensch kennt außer der Angst noch das Gefühl der Sorge. Angst erfordert Reaktion. Entweder weglaufen oder sich mit der Waffe in der Hand verteidigen. Die Sorge jedoch basiert auf unserer Vorstellungskraft. Wir sorgen uns, da wir nicht wissen, was morgen wird. Um uns diesen Stress zu nehmen, brauchen wir Mythen.

Also schließen wir den Pakt mit dem Teufel.

Es gibt künstlich erschaffene Mythen, um Dinge zu erklären.
Einer davon war die privilegierte Stellung der Arbeiterklasse in der Sowjetunion. In der Realität war sie das nicht. Deshalb brauchte es Auserwählte aus den Reihen dieser Klasse.

Dazu erkor man den Bergarbeiter. Er ist ein Held, wenn er sich auf den Weg ins Erdinnere macht. Denn ob er es zurück ans Tageslicht schafft, ist ungewiss. Worin drückt sich sein Heldentum also aus? In dem hohen Lohn und dem Mythos, der sich um ihn rankt. Um eine ganze Generation von Menschen, ganze Familien zu dieser Arbeit zu bewegen, musste der Mythos mit Leben gefüllt werden.

Kultiviert wurde er seit den 1930er Jahren. Heldentum, Bergmanns-Ehre und die Stachanow-Bewegung. Das ist nichts Ungewöhnliches. Irgendwie müssen die Leute ja motiviert werden. Doch der Mythos verbreitete sich in der ganzen Region und auch in Kreisen, die eigentlich über gar keine Bergbauindustrie verfügten.

In meinem Umfeld, zum Beispiel, gibt es gar keine Bergarbeiter, dabei ich bin schon 66 Jahre alt. Ich weiß, dass viele Leute auch gar keine Bergarbeiter persönlich kennen, oder nur sehr flüchtig. In meiner Familie gab es Metallarbeiter, die ihren eigenen Mythos hatten, denn das ist auch harte Arbeit.

Doch gerade der Bergarbeitermythos wurde zum wirkmächtigsten.

Mit der Zeit begannen die Bergarbeiter selbst an den Mythos zu glauben und ihn in ihre Erzählungen aufzunehmen. Der „Tormosok"[25] kommt aus dem Jargon der Bergleute.

Doch dieser Mythos ist zu allgemein und lässt sich nicht auf die ganze Region anwenden.

Als der Krieg ausbrach, war ein Teil der Bergwerke bereits geschlossen und die Arbeit dort wurde immer weniger geschätzt. Das idealisierte Bild des Bergarbeiters ist eine Folge dieses Mythos.

---

[25] Anm. d. Übers.: Pausenbrot

Man kann nicht sagen, dass die Bergarbeiter die Besetzung unterstützten.
Die Mehrheit von ihnen bewegte sich einfach nicht vom Fleck.
Zu den Waffen griffen nur einzelne. Oft waren es Drogen- oder Alkoholabhängige, die darin eine Möglichkeit sahen, kostenlos an Stoff zu kommen.
Als ich später im Gefängnis war, traf ich auf Leute, die gleich zu Beginn Waffen bekommen hatten. Das waren kranke Menschen.
Das ist ein Problem, denn der Staat versäumte es, Ideen und Ressourcen aufzubringen und mit den Menschen zu arbeiten und überließ die Region einfach den Clans der Oligarchen. Die meisten Leute lebten in großer Unwissenheit, sodass man jedes beliebige Samenkorn in die nackte Erde hätte pflanzen können.
Hier und dort werden Mythen erschaffen. Der Philosoph Wasilij Nalimow schrieb, dass der Mensch nicht ohne Mythen auskommt. Alles, was wir wissen, ist ein Mythos. Auch die Wissenschaft ist mythologisiert. Das ist der einzige Weg, Stress und Druck abzubauen. So entsteht der Glaube, den der Mythos benötigt. Gerade überwiegen hier Mythen, die mit dem Krieg zu tun haben. Sie heben den Marginalisierten, der zur Waffe greift, in den Rang eines Helden.

Meine Großmutter erzählte uns einst ihre Kindheitserinnerungen an das frühe 20. Jahrhundert. Damals tummelte sich hier die ukrainische Intelligenzija der Sloboda-Ukraine. Zusammen mit ihren Schwestern sangen sie ukrainische Lieder und mit der Zeit auch russische.
Ein weiteres Element der Zerstörung des nationalen Bewusstseins und der Schaffung einer sowjetischen Gesellschaft war der Übergang der Region zur russischen Sprache. Alle Bergwerke und das technische Personal waren russischsprachig. Das wurde so verlangt.
Zu Hause konnten sie Ukrainisch sprechen, doch auf der Arbeit sprach man Russisch.

Ich lese seit meiner Kindheit und habe einmal gezählt, wie viele Bücher ich pro Jahr lese. Von 1965 bis 1969 waren es fast 2500 Bücher, die meisten davon ukrainische, die mir meine Großmutter aus

der Bibliothek mitbrachte. Ich selbst war in drei Bibliotheken angemeldet.
Bücher waren das wichtigste, was es bei uns im Hause gab. Sie spielten eine immense Rolle für meine Entwicklung. Manche Nachbarn lasen gar nicht und hatten auch keine Bücher zuhause.

Bei meiner Zusammenarbeit mit den Religionsgemeinschaften hatte ich mit sehr verschiedenen Menschen zu tun. Unter ihnen waren Analphabeten aber auch hoch gebildete Menschen. Die Bücher erweiterten meinen geistigen Horizont. Vor meinem Büro trafen sich Orthodoxe und Pfingstkirchler, Baptisten und Juden, Muslime, Buddhisten, Satanisten und Zeugen Jehovas. Mit allen sprach ich in ihrer Sprache. Ansonsten hätten sie mich nicht als Experten akzeptiert.

Das sowjetische System arbeitete laut Viktor Frankl mit nur zwei Zutaten. Es stoppte die Persönlichkeitsentwicklung mithilfe von Totalitarismus und Konformismus.
Der Totalitarismus zwingt den Menschen dazu, die vorhandenen Gegebenheiten zu akzeptieren. Der Konformismus ist dagegen der Versuch, jedes Individuum zum Teil des Systems zu machen.
Diese zwei Aspekte sind auch heute noch im ukrainischen Kontext zu finden.

Die Leute wollen, wenn nicht einen Diktator, so doch jemanden, der alles für sie entscheidet. Eine Person, auf die sie ihre Probleme abwälzen können, und der nebenbei auch noch ihre Renten und Löhne garantiert. Ein Rundumversorger.
Der Konformismus äußert sich darin, dass die Leute keine Verantwortung übernehmen wollen. Ihr Lebensziel besteht darin, so zu werden, wie alle anderen auch.

Die Sowjetunion hat uns diese Geringschätzung der Geisteswissenschaften hinterlassen. Und obwohl wir die Auswirkungen dieser Entwicklung im Osten sehen, werden diesen Disziplinen an ukrainischen Universitäten die Mittel immer weiter gekürzt.

Wir fragen nach einer nationalen Erinnerungskultur, jedoch nicht sehr geschickt.

Wenn ein Mensch zum Patrioten wird, dann nur aus eigenem Antrieb und nicht durch eine national orientierte Politik.

Eine solche Politik führt zu einem Phänomen, das ich „Infantilismus" nennen möchte.

Wissen Sie, wie ein Hund sein muss, um ihn zu dressieren? Er hat psychologisch im Welpenstadium zu verharren. Wenn dieses Alter überschritten wird, ist eine Dressur nicht mehr möglich.

Infantil zu bleiben bedeutet, dass das Bewusstsein manipuliert werden kann.

Der Ausgang der Wahlen 2019 sind eine Folge einer Politik des Infantilismus und Utilitarismus. Mit Pragmatismus hat das nichts zu tun, denn für pragmatische Entscheidungen braucht es die Fähigkeit der Reflexion.

Wir verharren in unserer eigenen Blase und wollen, bewusst oder unbewusst, nicht mehr mit Leuten aus einer anderen Blase in Kontakt treten. Dieses Phänomen lässt sich selbst zu Friedenszeiten in jedem Land beobachten.

Der Krieg hat uns lediglich vor Augen geführt, dass die eigene Blase deutlich kleiner ist als die Gesellschaft als Ganzes. Aus diesem Grund hört man die Leute nun so oft lamentieren, „die da oben" seien vom einfachen Volk ja ach so weit entfernt.

Der Mensch hat seine Grenzen, denn er ist psychologisch empfindsam und Krieg bedeutet Dauerstress. Viele Menschen hat der Krieg vor schwerwiegende Gewissensentscheidungen gestellt. Es hat sich herausgestellt, dass viel zu Verrat und Denunziation bereit war. Leute, denen du einst vertraut hast, wurden zu Feinden. Traurig ist das.

Doch ich trage es mit Fassung. Der Mensch ist schließlich kein perfektes Wesen.

Wir haben enormes Potenzial, und gleichzeitig sind wir faul und verlogen. Vor allem haben wir Angst.

Wir erschaffen verschiedene Mythen, mit denen wir das eigene Bewusstsein und Gewissen zu schützen suchen. Damit er auf die Fragen „Warum hast du das getan?" oder „Warum hast du ihn verraten?" eine Erklärung und eine Ausrede für sich bereit hat.

Wenn du weise bist, kannst du vergeben, denn auch du musstest der Versuchung widerstehen. Die Mehrheit der Menschen hält der Versuchung nicht stand.

Gerade weil du verstehst, wie zerbrechlich und infantil die Menschen sind, kannst du sie nicht verurteilen.

Stattdessen gilt es, auf den eigenen Mythos zu verzichten und auch keinem bereits Bestehenden zu folgen. Denn wir erschaffen ihn einzig zu dem Zweck, nicht verstehen zu müssen. Wären wir ehrlich mit uns selbst, müssten wir mit seiner Zerstörung beginnen.

KOSTJANTYNIWKA. 2.

In der Redaktion der Zeitung „Prowinzija" sagt Wolodymyr Beresin: „Wir haben uns nicht unterkriegen lassen und haben stets die ukrainische Position vertreten." Er holt zwei Flugblätter hervor, die am Morgen an der Tür der Redaktion hingen. Das eine trägt die Überschrift „Programm des Volkswiderstands des Donbass" und beginnt mit folgenden Worten:
„Die Ereignisse nach der Machtergreifung in Kiew durch eine Gruppe Marginalisierter, nämlich den ethnischen Minderheiten aus dem Westen, haben bestätigt, dass sie prinzipiell keinen friedlichen Protest als politisches Argument anerkennen und nur auf Gewalt reagieren. Deshalb behält sich der Volkswiderstand des Donbass das Recht vor, seine politische Unabhängigkeit sowie kulturelle und zivilisatorische Identität mit allen zur Verfügung stehenden Mitteln, notfalls durch bewaffneten Widerstand, zu verteidigen."
Weiter folgen einige „ULTIMATEN" an die Vertreter der staatlichen Verwaltung auf allen Ebenen der Oblast Donezk:

- Nichtanerkennung der Kiewer Machthaber
- REFERENDUM
- Ende der politischen Repressionen gegen die Patrioten des Donbass
- Anerkennung des RUSSISCHEN ALS STAATSSPRACHE im Donbass
- Rettung der Wirtschaft und der Lebensgrundlagen der Region durch Eintritt in die Zollunion mit Russland
- Im Falle der Nichterfüllung werde man die Verantwortlichen als Anhänger der Kiewer Junta betrachten.

Das zweite Flugblatt zeigt eine Faust, die ein Hakenkreuz zerschlägt: „Anleitung zum Widerstand gegen die Volksverräter der Oblast Donezk". Es folgen konkrete Instruktionen, wie mit den „Verrätern" zu verfahren sei:

- öffentliches Auspfeifen, Überschütten mit Wasser (Feuerlöschschaum oder Farbe), Bewerfen mit faulen Lebensmitteln (Eier, Tomaten, usw.)
- Verbreitung von Flugblättern, Stickern oder Graffiti am Wohnort oder Arbeitsplatz des Volksverräters, die von dessen Verbindungen mit der Kiewer Junta und den ausländischen Geheimdiensten berichten
- Blockade des Volksverräters durch Unterbindung der Fortbewegung mit dem eigenen- oder Dienstwagen
- Verbreitung von Videos und Fotos des Volksverräters im Internet und den sozialen Netzwerken, welche deren Handlungen verurteilen und durch Karikaturen verspotten

Die Nachricht scheint klar.
Bleibt nur noch zu klären, wer ist das „Volk des Donbass"?

„Der Donbass hat dreifachen Verrat begangen. Erstens hat er die Natur betrogen. Solche Misshandlungen wie hier, muss man erstmal finden. Zweitens hat er Gott betrogen. Nirgends ist man derart gegen die Kirche vorgegangen wie hier. Und drittens hat der Donbass die Ukraine verraten. Nun müssen wir Buße tun."

„Die Leute benennen die Kirchen nach den Unternehmen, die ihren Bau finanziert haben. Die Sankt-Konditorkirche, Sanctus Altmetall, Heilig-Blei und Sankt Megatextil."

Auf der Fassade eines verfallenen Hauses prangt jene Aufschrift, die jeder Tourist fotografiert: „Die Ideen Lenins sind unsterblich".

Auf einer Wand steht: „Frieden für die Welt. Scheiß auf den Krieg".

Der scheinbar einzige Wertekanon, der in der Region funktioniert, heißt Neofeudalismus. Dieses Gefühl verstärkt sich, als wir zum lokalen Ehrenfriedhof, oder „Arlington Friedhof" kommen, wie Wolodymyr Beresin, unser Fremdenführer, ihn nennt. Gesäumt von kleinen Bäumen liegt hier die „Allee der Metallbezwinger". Neben jedem Baum steht ein Granitpfosten mit den eingravierten Namen der Spender und Mäzene des zukünftigen Gartens.

I. Kostjantyniwka 2.

„Ich war einer der Initiatoren des Referendums von 1991 in Bachmut. Doch man erlaubte uns nicht, die Frage auf dem Stimmzettel korrekt zu stellen. Denn es ging ja nicht nur um die Umbenennung, sondern um die Rückkehr zum historischen, zum echten Namen. Damals unterstützten uns 25 Prozent der Bevölkerung."

Die Körper und Seelen der Bevölkerung standen von Anfang an zur freien Verfügung. Der Gutsherr Panteleimon Nomikosow kaufte 1812 im Gouvernement Kursk knapp 30 leibeigene Familien und übersiedelte sie in den Donbass. Die Siedlung nannte er Santuryniwka. Später teilte er seine Ländereien auf und übergab einen Teil seinem Sohn Kostjantyn. Daraus wurde Kostjantyniwka.

„Alles begann 1870, als Kostjantyniwka an die Eisenbahn angeschlossen wurde. Den Status einer Stadt erhielten wir im Jahre 1932."

„Die Technologie der bekannten Sterne auf den Kremltürmen wurde in Moskau entwickelt. Hergestellt wurden sie dann in unserem ‚Awtosklo'-Werk. Während eines Jahres wurden 300 Güsse vorgenommen. Die fünf Sterne sind kurz vor dem Krieg auf dem Kreml installiert worden. Später wurden sie zerstört und in einem anderen Werk neu hergestellt."

„Es sind keine Erinnerungen oder Dokumente an die Herstellung des Lenin-Sarkophags überliefert. Es ist nicht zu beweisen, dass er hier produziert wurde. Viel wichtiger ist jedoch der Stolz darauf, dass wir ihn hier hätten produzieren *können*."
 Wahrscheinlichkeiten, Möglichkeiten und das Potenzial sind wichtiger als reale Fakten. Das Konstrukt einer alternativen Geschichte ohne bestätigte Fakten ist überzeugender als die gelebte Realität.

„Vor dem Zweiten Weltkrieg gab es hier einen Flugverein. Die Werke kauften je ein Flugzeug, damit ihre Arbeiter im Verein fliegen konnten. Während des Krieges waren viele von ihnen Piloten."

„Ich wohne seit 70 Jahren hier. Ja, es gab Viertel, in denen keine Vögel mehr lebten, doch ganz weg waren sie nie."

Die Museumsausstellung über die Erfolge der lokalen Sportler und Vereine muss verkleinert werden, um Platz für eine Ausstellung über die verschiedenen Konfessionen zu schaffen, die sich in der Stadt ausbreiten.

Bei meiner Rückkehr nach Kyjiw von dieser ersten Reise steige ich am Bahnhof zusammen mit einer Truppe erschöpfter Soldaten aus. Mit einem Ohr vernehme ich ein paar Wortfetzen, die sie zusammen mit den ersten Zügen ihrer Zigaretten ausstoßen:
„Krass, ey! Sogar die Luft hier ist so anders."

KYJIW. 1.

Ausstellung „Wie heißt du?", Mystetskyi Arsenal, 9.12.-25.12.2016. Kuratorin Kateryna Taylor.

Alles beginnt mit den Statistiken. Jede Null wie ein Fadenkreuz.
1 700 000 Binnengeflüchtete
230 000 binnengeflüchtete Kinder
580 000 durch den Konflikt betroffene Kinder
Mehr als 200 000 Kinder leben entlang der Frontlinie

Im Zentrum des Saales steht eine Installation mit dem Titel „Ankunftshalle". Es handelt sich um einen riesigen transparenten Würfel, vollgestopft mit Kleidung. Wie viele Sachen schaffst du mitzunehmen, wenn du Hals über Kopf dein Haus verlassen musst?

„Ich bin unter Beschuss zur Arbeit gegangen, denn es musste ja irgendwie weitergehen. Aber als dann unser Haus getroffen wurde, musste ich weg. Das versteht kein Mensch, der so etwas nicht selbst erlebt hat."

Ein Exponat erzählt die Geschichte einer älteren Frau, die während des Zweiten Weltkrieges aus deutscher Gefangenschaft floh und heute in einem Transitlager für Binnengeflüchtete lebt, das die Deutschen gebaut haben.

„Früher war ‚Zuhause' eher ein geografischer Begriff. Jetzt ist er ein psychologischer."

Das Projekt „Zeit auf Augenhöhe zu reden" von Serhij Morhunow funktioniert auf mehreren Ebenen. Auf niedrig installierten Bildschirmen erzählen Kinder von sich, sodass Erwachsene sich setzen müssen, um den Geschichten der Kinder auf Augenhöhe zu folgen und sie in ihrer kindlichen Offenheit und Authentizität wahrzunehmen.

Anhelina aus Mariupol sagt: „Bald werde ich 8, aber jetzt gerade bin ich noch 7."

Das Projekt „Erinnere dich an mich" von Oksana Parafenjuk zeigt eine Collage aus neuen Fotos aus dem Familienalbum. Eine Collage aus Erinnerungen. Die Künstlerin lädt eine geflüchtete Familie aus Luhansk ein, ihre Lieblingsorte in Korostyschew zu besuchen und sie zu dort fotografieren. Dabei stellt sie ihre eigenen Kinderfotos nach und macht damit die eigene Stadt für Fremde zum Zuhause. Gemeinsame Geschichte erschaffen. Raum und Zeit verweben.

Das Projekt „Sachbeweis" besteht aus Fotografien von Sachen, die Binnengeflüchtete mitgenommen haben. Das Allerwichtigste. Das, was sie mit auf die Arche nehmen konnten. Und ihre Monologe.

Rita Woloschkowa: „Ich brauche diese Sachen als Erinnerung um mich herum. Wir alle haben unser Zuhause im Sommer oder Herbst verlassen. Für den Winter schickte man uns Wintersachen nach. Mit diesen Paketen kam auch der Geruch von Zuhause."

Eldar Chalilow: „Wir haben Erfahrungen gemacht, die viele in ihrem ganzen Leben nicht machen. Die Menschen verhärten und fürchten danach nichts mehr."

Katja Bondarenko: „Für mich bleibt Donezk so, wie ich es im Frühling 2014 verlassen habe. Ich bin froh, die Stadt nicht in ihrem jetzigen Zustand zu kennen."

Das Projekt „Palast der Nicht- Kindermärchen" hat die Künstlerin Darija Kolzowa zusammen mit Kindern entwickelt. Tausende von Kinderzeichnungen bilden eine sieben Meter hohe Fassade aus Papier. Gemeinsam mit ihren Unterstützern sammelte die Künstlerin die Bilder in Unterkünften für Binnengeflüchtete und Zentren, die mit den Kindern arbeiten.

An den Rändern des fragilen Palastes stehen die wichtigsten Phrasen aus Interviews der Künstlerin mit den Kindern. Zwei weitere Zitate stammen von Psychologen, die mit Kindern aus dem Frontgebiet gemalt haben.

I. Kyjiw 1.

„Eine Granate hat unser Haus getroffen und unseren Hund getötet. Danach haben wir schnell unsere Sachen gepackt und sind hierhergefahren. Unser Hund hieß Hilsa."

„Ich wünsche mir, dass Papa aus dem Osten zurückkehrt."

„Ich möchte nach Hause, aber ich habe Angst."

„Der Krieg hat mich verändert. Ich bin jetzt erwachsen."

СЛАВЬСЯ ШАХТЕРСКОЕ
ПЛЕМЯ,
СЛАВЬСЯ ШАХТЕРСКИЙ
ТРУД!

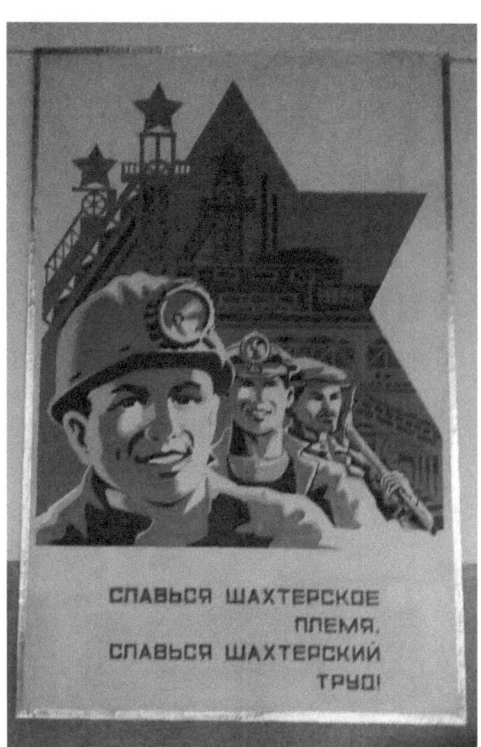

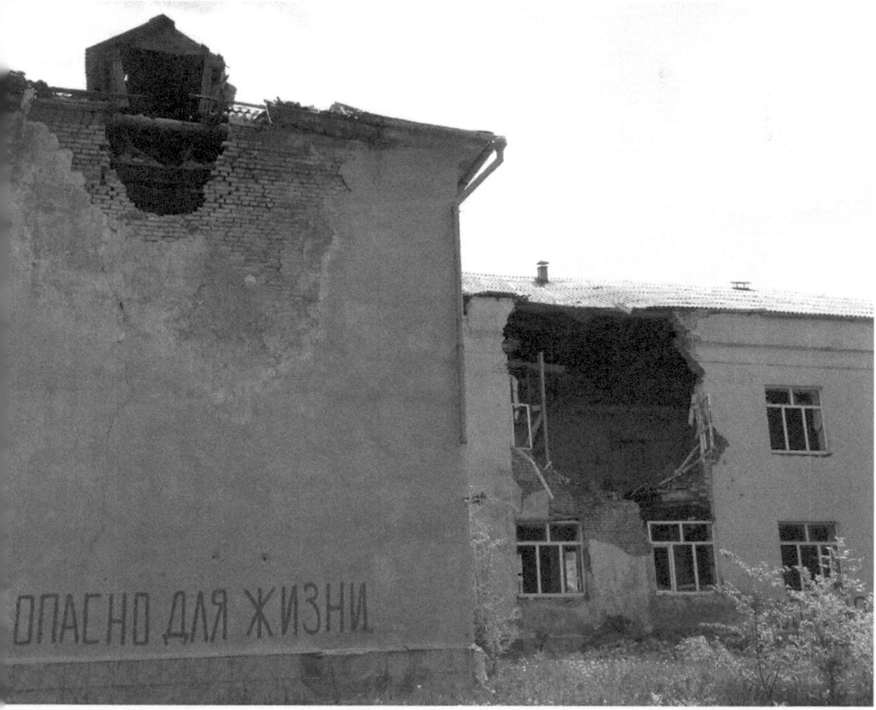
ОПАСНО ДЛЯ ЖИЗНИ

обітника
...чкіна В.

Кришталевий фонтан.
Всесвітня промислова виставка.
Нью-Йорк. 1939р.
Виготовлений на заводі «Автоскло»

II.

KOSTJANTYNIWKA. 3.

Ein Spaziergang durch das Industriegebiet. Die verfallenen Fabriken nennt man hier den „Friedhof des Kommunismus". Es fühlt sich allerdings weniger wie ein Spaziergang über einen Friedhof an, sondern vielmehr wie die Besichtigung eines paläontologischen Museums. Die Skelette urzeitlicher Riesenwesen, Knochen vergangener Umbrüche und Gerippe alter Fabriken sind die Zeichen einer uralten Epoche, die schon lange vorbei ist. Mit der wir nichts zu tun haben.

Das Hotel „Osten". Über der Tür prangt die russische Aufschrift. Auf der rechten Tür steht der ukrainische Name, links der russische. Der rechte Flügel des Hotels ist komplett verfallen. Herabhängender Stuck, herumliegende Spritzen, und verheddderte Kabel. Der linke Flügel hält sich gerade noch irgendwie. Ein Hotel. Zwei Identitäten.

„Es war ein Schock für mich, als Leute, die ich mein ganzes Leben lang gekannt hatte, die Masken ablegten und sich in Tiere verwandelten. Ich wurde beschimpft, bedroht und ins Gesicht gespuckt. Das muss doch schon in ihnen geschlummert haben. Oder hat es erst die Propaganda von außen bewirkt? Ich habe keine Antwort."

„Promille", „Gläschen", „Ein Kurzer", „Alkomarket" bezeugen die Vielfalt der Läden in der Stadt.

Informiert man sich über das Kostjantyniwka nach dem Maidan, so stößt man unweigerlich auf die Geschichte des Freespace „Druzi" von Natalka Sosnyzka und ihrem tollen Team, die die Stadt und die ganze Region verändern. Wir haben uns mit Natalka in den gerade eröffneten Räumen von „Druzi" verabredet. In diesem Buch soll auch sie zu Wort kommen.

„Mein Vater nennt Kostjantyniwka die Stadt der Angst. Warum? Die Bewohner haben Angst davor zu träumen, Angst davor, das zu verlieren, was sie noch haben."

„Freiheit bedeutet Verantwortung. Das bringen wir den Jüngeren ständig bei."

An dieser Stelle bedarf es eines flüchtigen Exkurses über die Belgier, die belgische Provinz und ihre Kolonien.

Anfang des 20. Jahrhunderts gab es im Russischen Reich mehr als 200 ausländische Aktiengesellschaften, darunter englische, belgische, deutsche und französische. Gemessen an ihrer Anzahl und ihrem Aktienkapital lagen die Belgier an erster Stelle. Allein 54 belgische Aktiengesellschaften waren in der Ukraine aktiv, 38 von ihnen im Gouvernement Jekaterinoslaw. Hinzu kamen noch russische Gesellschaften, die mit belgischem Kapital finanziert waren.

Bei der Lektüre des Buches „Stahl in der Steppe" des belgischen Diplomaten Wim Peters stößt man auf einige interessante Fakten.[26] Im Russischen Reich lebten knapp 20 000 Belgier, die in fast 170 Unternehmen arbeiteten. Die meisten davon befanden sich in der Ostukraine. Insgesamt waren in den belgischen Unternehmen 13 000 einheimische Arbeiter beschäftigt.

Von Brüssel konnte man die Städte der Ostukraine innerhalb von 65 Stunden erreichen. Wie wäre es wohl, mit den Passagieren dieser langen Reise zu reden? Worüber sprachen, wovon träumten sie?

In ihren Briefen in die Heimat schrieben die Belgier über die Steppe, die Leere und das Gefühl am Ende der Zivilisation angelangt zu sein. Es begegneten ihnen Barbaren zu Pferde und der romantisierte und lange Schatten Iwan Masepas aus dem Gedicht Lord Byrons. Ein echter Eastern.

Das Gefühl der Einsamkeit konnte den falschen Eindruck erwecken, dass hier tatsächlich eine einzige Leere herrschte. Doch das stimmte nicht ganz. Laut eines Zensus hatte Belgien im Jahre 1857 4 529 000 Einwohner. Der Zensus von 1897 zählte für das Gouvernement Jekaterinoslaw 2 113 000 Einwohner, also knapp die Hälfte der Einwohnerzahl Belgiens.

---

[26] Peeters, Wim: Steel on the steppe. 2009.

II. KOSTJANTYNIWKA 3.

Die Belgier entwickelten das kulturelle Leben, das ihnen hier fehlte. Neben ihren Unternehmen eröffneten sie Theater, Tanzlokale, Kasinos und Kegelbahnen. Wie die Lokalblätter berichteten, spielten die Mannschaften der verschiedenen Fabriken gegeneinander Tennis oder Croquet.

Das Auffälligste war jedoch die durch die Belgier hierher gebrachte Straßenbahntechnik. In insgesamt 25 Städten des Russischen Reiches fuhren belgische Straßenbahnen. Peeters bemerkt, wie die Tram von den Armen und Landlosen vom Dorf als Symbol der Macht wahrgenommen wurde. Jene Macht und Obrigkeit, die man verachtete.

Die Presse tat ihr eigenes durch das Aufheizen von feindlichen Gesinnungen in der Bevölkerung gegenüber den „ausländischen Geiern".

Im August 1900 plünderten 200 einheimische Arbeiter der Glasfabrik das Hab und Gut ihrer ausländischen Kollegen und setzten deren Häuser in Brand. 60 verängstigte Belgier suchten das Weite und kehrten nach Hause zurück.[27]

Diese Form der Vergesellschaftung wurde später durch die Sowjetunion erfolgreich zu Ende geführt, fweshalb Belgien sich erst 1935 zu einer offiziellen Anerkennung entschied.

Die belgischen Unternehmer waren enteignet worden. Praktisch ausgeraubt. Ihre Fabriken, Häuser und alles andere einfach weg. Entschädigungen gab es nicht. Nach welchen Gesetzen denn auch?

Die Belgier hatten sich nicht nur im Osten, sondern auch im Süden kolonisiert.

Dort verfolgten sie eine andere Politik. Während man die Expansion im Osten „industrielle Kolonisation" nannte, ließ man in Afrika den Bewohnern einfach die Hände abhacken.

1876 lud König Leopold II. zu einer geographischen Konferenz nach Brüssel. Auf ihr wurde der Vorschlag unterbreitet, ein

---

[27] McKay, John P.: Pioneers for Profit: Foreign Entrepreneurship and Russian Industrialization, 1885–1913. University of Chicago Press. 1970. S. 257.

internationales Komitee zur Einführung zivilisatorischer Ordnung unter den Völkern Zentralafrikas zu schaffen.

Die Internationale Afrika-Gesellschaft wurde als zwischenstaatliche, wissenschaftliche, humanitäre Versammlung gegründet, die später in eine Gesellschaft umgewandelt wurde und allein Leopold II. unterstand.

1884 fand in Berlin die sogenannte Kongokonferenz statt, die zum Katalysator der europäischen Expansion auf dem afrikanischen Kontinent wurde. Während der Konferenz legitimierte Leopold II. seine Ansprüche auf den Kongo. Er schwor den Sklavenhandel zu bekämpfen und eine humanitäre Politik zu verfolgen, um damit den freien Handel in den Kolonien sicherzustellen.

Ein Gebiet 76-mal größer als Belgien wurde für 85 Jahre zur belgischen Kolonie, die man Kongo-Freistaat nannte.

Hauptsächlich war man am Kautschukan- und Edelsteinabbau interessiert.

Zwischen 1884 und 1908 fiel die Bevölkerungszahl im Kongo um 8 Millionen. Gleichzeitig schnellte die Zahl verstümmelter Menschen in die Höhe. Auf den Fotos jener Zeit sind besonders oft Menschen mit abgehackten Händen zu sehen, wodurch die Kolonisatoren ihre Macht über die Einheimischen demonstrieren wollten. Aber es gab noch einen anderen Grund. Die Belgier führten strenge Regeln für den Munitionsverbrauch ein, nach denen für jede verschossene Patrone ein Getöteter vorzuweisen war. Als Nachweis wurden abgetrennte Extremitäten akzeptiert. Hierüber berichtet unter anderem Mark Twain ausführlich in seinem 1905 veröffentlichten satirischen Werk „König Leopolds Selbstgespräch": „Immer wenn der Korporal den Kautschuk abholte, bekam er Patronen, wobei er alle nicht verschossenen abliefern musste und für jede verschossene eine rechte Hand." Wenn man nun also auf ein Tier oder vor Schreck in die Luft geschossen hatte, musste trotzdem eine Hand als Nachweis her.

Anfang der 1900er Jahre wurde in alarmierenden Berichten auf verschiedenen diplomatischen Ebenen auf die Situation im Kongo aufmerksam gemacht. Sir Roger Casement, britischer Konsul im Freistaat Kongo, schrieb 1904 in seinem Report: „Die Wurzel des ganzen Übels ist, dass die Regierung des Kongos in erster Linie

II. KOSTJANTYNIWKA 3.

eine kommerzielle Struktur ist und das gesamte System nur auf Profit ausgerichtet ist."

Als unmittelbare Reaktion auf den Casement-Report wurde 1904 in Großbritannien die Congo Reform Association gegründet. Die Gründer hatten das Ziel, Aufmerksamkeit auf die grausame Kolonialpolitik Leopolds II. im Kongo-Freistaat zu lenken. Auch dank der Tätigkeit der Association wurde der Kongo 1908 aus dem Eigentum Leopolds II. ausgegliedert und der Regierung Belgiens unterstellt. Offiziell wurde diese Änderung durch die Namensänderung in Belgisch-Kongo besiegelt. Doch substantiellen Veränderungen in den Herrschaftsmethoden gab es keine.

Wenn es so scheint, als sei diese Geschichte lange her, werft einen Blick in die Comics von „Tim und Struppi und ihre Abenteuer im Kongo" (1930) und achtet auf die beschriebenen Vorurteile über die „primitiven Eingeborenen".

Die Geschichte des Belgisch-Kongo dauerte länger als die der „zehnten Provinz" auf ukrainischem Boden. Erst 1960 wurde das Land unabhängig, worauf sogleich ein Bürgerkrieg folgte, der 100 000 Menschen das Leben kostete.

Fünf Jahre später wurde das Land erneut versklavt. Joseph Mobutus herrschte 30 Jahre mit eiserner Hand und hinterließ einen extensiven Personenkult, je fünf Milliarden Dollar Staats- und persönliche Schulden. Er baute sich einen Palast im Norden des Landes und mietete die Concorde für seine Flüge nach Europa.

Lehrt uns die Geschichte noch etwas, außer, dass es keine Grenzen für das Leid gibt, dass sich Menschen einander antun?

Und noch etwas: Freiheit bedeutet Verantwortung.

BACHMUT. 2.

Die Blockade der Kohlelieferungen aus dem besetzten Donbass dauert an. Verschiedene Politiker kommen in die Stadt, um zu vermitteln.

Auf einer Hauswand hat jemand ein Graffito hinterlassen: „Scheiß auf Bachmut. Dein Artjomowsk."

Endlich sehe ich die legendäre Rosenallee, bedeckt von einer zarten Schneeschicht. Der Stolz der Stadt. Ort des Ruhmes und Lokalpatriotismus. Ein Ort für Hochzeitsfotos. Die Architektur des Ensembles unterstreicht die ruhmreiche sowjetische Tradition. Säulen und rote Buchstaben.

Im Museumsarchiv lagert ein beeindruckendes Dokument mit dem Titel „Hinzuziehung von sowjetischen Bürgern zur Arbeit zum Wohle der Heimat während der deutschen Besatzungszeit".

Ein weiteres interessantes Fundstück aus dem Juli 1944 ist die „Erklärung über die Arbeit des Chirurgen H. S. Chajlow während der deutschen Besatzungszeit vom 31.Oktober 1941 bis 5. September 1943".[28]

Am 13. Oktober 1941 wurde Chajlow zum Chefarzt in einem Bachmuter Krankenhaus ernannt, musste jedoch bereits am nächsten Tag wegen einer schweren Krankheit pausieren. Siebzehn Tage später besetzten die Deutschen Artemiwsk. Der junge Arzt hatte einen Peritonsillarabszess und eine starke Entzündung der Lymphknoten mit geschwollenem Bindegewebe. Meist treten diese Abszesse bei Kindern unter fünf Jahren auf. Bei Erwachsenen sind diese (weitaus) seltener, doch in manchen Fällen tödlich.

Die Kollegen gaben Chajlow Operationsinstrumente, mit denen dieser vor dem Spiegel erfolglos versuchte, den Abszess selbst

---

[28] Mein allergrößter Dank an Olena Smirnowa und Switlana Sykwarowa für die Möglichkeit dieses Dokument zu sichten.

zu entfernen. Aufgrund seiner Erkrankung sah man von einer Einberufung ab. Als sich die Armee gen Osten zurückzog konnte man ihn aber nicht mitnehmen.

Drei Tage später fiel Artemiwsk den Deutschen in die Hände.

Erst einige Monate später, im Februar 1942, fand Chajlow eine Stelle, nachdem er die Zeit ohne Lohn und Brot irgendwie überstanden hatte. Er sollte verletzte Rotarmisten versorgen. Nach zehn Tagen war er wieder krank. Er hatte sich mit Typhus angesteckt, später kam eine Lungenentzündung hinzu.

Von Mai 1942 bis zum 5. September 1943 arbeitete Chajlow als Chirurg in einer Poliklinik, in der sowjetische Kriegsgefangene und Zivilisten behandelt wurden.

Neben seiner Tätigkeit als Mediziner arbeitete er nach eigenen Angaben stets als „sowjetischer Arzt und -Bürger, der unfreiwillig auf besetztes Territorium geraten war".

Wichtig ist dabei das Wort „unfreiwillig", denn der sowjetische Geheimdienst machte später Jagd auf all jene, die in den besetzten Gebieten verblieben waren.

Am Ende seiner Erklärung bittet er nochmals um Verzeihung dafür, dass er aufgrund seiner schweren Krankheit vor Ort bleiben musste.

Die Menschen, die im deutschen Besatzungsgebiet geblieben waren, standen unter dem Generalverdacht, Verräter zu sein, und wurden genau überprüft. Man machte es Ihnen zum Vorwurf, dass sie nicht den Märtyrertod gewählt hatten. Diese Denkweise scheint sich bis in die Gegenwart fortzusetzen.

Chajlow beschreibt ausführlich, wie er den Kriegsgefangenen das Leben rettete.

Manchen diagnostizierte er Krankheiten, die sie gar nicht hatten und zeigte ihnen, wie sie zum Beispiel Tuberkulose simulieren oder Blindheit vorgaukeln konnten. Anderen Soldaten besorgte er

II. BACHMUT 2.

gefälschte Dokumente, wenn diese nach ihrer Genesung zum Arbeitseinsatz eingezogen wurden. Wieder andere versteckte er mehrere Monate in seiner Abteilung.

Gesondert beschreibt Chajlow, wie er Juden rettete, unter ihnen Asja Steinberg aus Saporischja. Der Rotarmistin stellte er ein Dokument auf den Namen Hanna Schynkarenko aus und rettete ihr so das Leben.

Bei einer anderen Gelegenheit bemerkte er, dass es für eine gewisse Zeit keine deutschen Patrouillen und auch Polizeihilfskräfte mehr auf den Straßen gab. Das nutzte er aus und bat die noch dagebliebenen Stadtbewohner ihm Kleidung zu bringen. Wenn einer der Soldaten wieder zu Kräften kam, wurde er in Zivilkleidung entlassen. Wenn sich später jemand nach der Person erkundigte, sagte Chajlow, dass er die Personen auf Veranlassung des Polizeichefs entlassen hatte, der natürlich längst nicht mehr auf diesem Posten saß.

Als die Gestapo kam, um nach Offizieren und politischen Kommissaren zu suchen, versteckte er die Uniformen der Verletzten in einer Kammer. Chajlow hatte dies geahnt und zusammen mit den Krankenschwestern einige Durchgänge verstellt und Türschilder entfernt. Ein anderes Mal sammelte er Wundbinden und Medikamente und versteckte sie in deutschen Mülleimern.

Als die Deutschen aus Artemiwsk abzogen, holte er säckeweise Medikamente aus der deutschen Apotheke. So gelang es ihm viele tausend Binden, Tabletten und Arm- und Beinschienen in seinem Büro zu sammeln und nach der Befreiung an das Krankenhaus zu übergeben.

Wieder andere Episoden in der Erklärung erinnern an Actionfilme.

Die Hilfspolizei ermittelte zwischenzeitlich gegen Chajlow, aber man hielt dicht.

Schließlich wurde das Verfahren eingestellt.

Besonders an dieser Erklärung ist, dass jede einzelne Episode mit einer Aufzählung von Menschen endet, die das Geschilderte bezeugen konnten. Genannt wurden auch ihre Adressen oder Arbeitsplätze. In manchen Fällen schreibt Chajlow nach einigen Namen einfach nur: „Sowie alle anderen, die ich hier nicht aufgezählt habe."

Im Krankenhaus hätten sich er und alle Pfleger, Krankenschwestern und Sanitäter sofort verstanden und alles gemeinsam gemacht ohne sich groß abzusprechen.

Er erinnert sich weiter: „Als ich später Briefe von jenen bekam, die ich gerettet habe oder sie persönlich traf, dachte ich oft daran, dass ich nicht nur ihr Arzt war, sondern auch ihr Retter. Den Krieg über habe ich nur gearbeitet, gewartet und darauf gehofft, dass unsere Armee bald kommt und auch alle anderen davon überzeugt, dass er so kommen würde. Mir ist es unangenehm, all das aufzuzählen, aber so war es wirklich. Die Lebenden wissen dies am besten."

Zum Schluss gesteht er: „Ich schreibe zu viel und zu ausführlich, doch das muss so sein. Ich lebte mit meinen Patienten zusammen und erinnere mich an fast jeden von ihnen. Vom Anfang bis zum Ende."

Am Ende des Dokuments steht:

H. Chajlow.
Leiter der Abteilung für Chirurgie, „Michajl Frunse"- Krankenhaus Nr. 1 der Stadt Artemiwsk, Stalinska Oblast.

Hryhorij Stepanowitsch Chajlow

Wie viele weitere Menschen sind in Vergessenheit geraten?

Wie viele Geschichten noch unerzählt?

Und viele Helden auf den besetzten Gebieten unbekannt?

ALEWTINA KACHIDSE:

„Hier ist die Künstlerin aus dem Donbass" – Wenn man mich so vorstellt, würde ich am liebsten sagen: „Hallo, wie ihr seht, habe ich keine Hörner"

Alewtina Kachidse ist eine der bekanntesten ukrainischen Künstlerinnen. Die Performancekünstlerin, Kuratorin und Kunstlehrerin wurde 1973 in Schdaniwka, in der Oblast Donezk geboren.
Im April 2014 begann sie ihr Projekt „Klubnika Andrijiwna", in dem sie durch Zeichnungen, Texte und Tonaufnahmen über das Leben ihrer Mutter in Schdaniwka berichtete, das durch die „Volksrepublik Donezk" besetzt worden war. Alewtina besuchte die Gerichtsverhandlungen gegen die Polizisten, die auf dem Maidan geschossen hatten und hielt sie grafisch fest. Seit vielen Jahren beobachtet sie die Tier- und Pflanzenwelt und versucht soziale Phänomene durch eigene Beobachtungen im Garten und der Arbeit in ihm zu erklären. Wir trafen uns im Januar 2018 im Mystetskyi Arsenal. Zu unserem Gespräch brachte sie ihr Archiv des „Widerstands gegen die Besatzung" mit, das aus Zeitungsausschnitten, transkribierten Videos und Gesprächen sowie DNR-Propagandamaterial besteht von unschätzbarem Wert für weitere Recherchen.
Zum Abschied schenkte mir Alewtina ihr Buch „Schdaniwka" aus dem Jahr 2006 und signierte es mit: „Über meine Stadt wurde nie ein Buch geschrieben. Ich habe das gemacht. A. Kachidse."

Gibt es eine Donbass-Identität? Ja und nein. Der Donbass ist kein hermetisch abgeschlossener Raum. Identität macht sich zumeist in Krisen bemerkbar, wenn einem jemand sagt: „Du bist so und so…" Und man darauf antwortet: „Nein, so bin ich nicht." Dabei ist das ein nie endender Prozess, denn Identitäten verändern sich.

Meine Herkunft ruft bei Bekannten und Verwandten ungewöhnliche Fragen hervor. Wenn die Familie einmal zu Besuch kam, hieß es: „Oh, guckt mal, die Berge dort!" Dabei sind das doch die Abraumhalden der Kohleförderung. Oder wenn sie einen Bergarbeiter sahen, sagten sie: „Guckt mal, der Mann hat sich die Augen geschminkt." Dabei ist das der Kohlestaub, den man sich natürlich abwaschen könnte, doch nach zwei Tagen wäre wieder alles voll damit. Wenn man das immer wieder hört, beginnt man zu glauben, dass die Region wirklich etwas Besonderes ist.

Als der Krieg begann, wurde einer Nachbarin die Hand von einem Geschoss weggefetzt, eine andere Frau wurde getötet. Plötzlich wurde ich wieder in meine Kindheit zurückgeschleudert, denn damals war ständig jemand gestorben. Das war ein Teil meines Lebens. In Schdaniwka erhielten viele Leute eine Invalidenrente, weil Arbeitsunfälle an der Tagesordnung waren, weshalb man nach dem Motto lebte: „wenn nichts planbar ist, muss man im Hier und Jetzt leben." Dies erzeugt Passivität und Zukunftspessimismus.

In Schdaniwka war man der Meinung, dass man es zu was gebracht hat, wenn man von hier weggezogen ist. Doch wenn man dann hierher zurückkehrte, war das noch schlimmer, als wenn man es nie probiert hatte. Meine Mutter und die Nachbarn glaubten nicht daran, dass ich studieren könnte. Niemand glaubte daran, etwas aus eigener Kraft erreichen zu können.

In der Region herrscht ein strenges Gesetz: Jeder musste so sein wie alle anderen. Doch manche können das nicht. Vielleicht, weil man eine Frau ist oder eine Behinderung hat. Aus diesen Dissonanzen entstand ein sehr spezifisches Gemeinschaftsgefühl. Alle müssen zusammenlegen und alles gemeinsam und gleichzeitig machen. Das Herdengefühl ist so stark, dass es keinen Blick für das Individuum gibt und man es deshalb nicht verstand. Deshalb sind die Menschen gezwungen, an die Kraft der Gerechtigkeit zu glauben.

Ich verließ Schdaniwka 1991 und kam nur in den Sommerferien zurück, um die Familie und alte Klassenkameraden zu treffen.

II. Alewtina Kachidse

1998 verdiente ich mir beim Verlag „Dnipro" etwas dazu und staunte nicht schlecht darüber, dass es Leute gab, die auch außerhalb der Arbeit Ukrainisch redeten. Ich dachte, dass sie es nur sprachen, weil es so vorgeschrieben war. In meinen ersten 18 Lebensjahren hatte ich in Schdaniwka gelebt und nie daran gedacht, dass Ukrainisch eine Sprache im Alltag sein könnte. Meine Oma hatte zwar noch Ukrainisch gesprochen, meine Mutter aber schon nicht mehr. Innerhalb einer Generation verschwand die Sprache.

Bis 2004 hörte man Sprüche wie „Den Donbass zwingt niemand in die Knie", „Der Donbass macht keine halben Sachen", oder „Der Donbass füttert die ganze Ukraine durch" nicht. Ich zumindest kann mich nicht daran erinnern. Alle hatten das Gefühl an einem gottvergessenen Ort zu leben. Niemand war stolz darauf von hier zu sein. Meinen Bekannten fiel es leicht zu sagen, dass sie aus Lwiw oder sonst woher kamen. Ich konnte das nicht. Solange mich niemand danach fragte, erzählte ich nicht, woher ich kam. Ich verstehe, dass ich mich damit selbst kleinmachte.

Doch wenn man mich heute als „Alewtina, die Künstlerin aus dem Donbass" vorstellt, würde ich am liebsten entgegnen: „Hallo. Wie ihr seht, trage ich keine Hörner".

Meine Mutter sagte immer: „Wir sind doch in der Versorgungskategorie 1". Und tatsächlich gab es bei uns zu Sowjetzeiten keinen Mangel. In jener Hinsicht wurde dem Donbass eine besondere Aufmerksamkeit zuteil.

Warum mussten die Bergarbeiter denn 1990 nach Kyjiw ziehen, um gegen die Lohnrückrückstände zu protestieren? Weil sie nichts mehr vom Ackerbau verstanden. Die Eltern meines Mannes hatten damals etwas Land und einen großen Garten in der Nähe von Krywji Rih. Dank dieser Flächen überlebten sie die Zeiten unter Krawtschuk und Kutschma. Doch die Bergarbeiter waren auf sich allein gestellt. Meine Mutter erzählte, dass sie so elementare Dinge wie, zum Beispiel, Kartoffeln anzupflanzen, verlernt hatten. Deshalb mussten sie sich das erneut beibringen, als man ihnen später etwas Land nahe der stillgelegten Bergwerke zuteilte. Doch die Leute hatten keine Geduld und ließen das Land schon bald verwildern. Die

Städter hatten jegliche Vorstellung davon verloren, dass Viehhaltung und Pflanzenzucht je wieder notwendig werden könnten. Die vorangeschrittene Urbanisierung tötete jegliche Form von Selbstständigkeit ab.

Wer hier geboren wurde, wurde Bergarbeiter. Andere Berufe gab es praktisch nicht. Das Bergwerk war immer ein besonderer Ort. In der Kindheit liefen wir dorthin, um zu schauen, was passiert. Stell dir vor du kommst dahin, drehst an einem Wasserhahn und daraus strömt salziges Sprudelwasser. Durch die Bergarbeit konnte man eine Menge Vergünstigungen bekommen. Mein Bruder weigerte sich jedoch unter Tage zu gehen und schaffte es in anderen Bereichen Arbeit zu finden. Denn allen war klar, dass viele von dort unten nicht mehr zurückzukehren.

Die Kohle war überall. Wenn der Schnee fiel, war er am nächsten Tag bereits grau. Als unsere Oma starb, die im Bergwerk gearbeitet hatte, bekam meine Mutter keine Kohle mehr, weil sie ja nicht dort arbeitete. Ich wuchs in einem Haus ohne Gasanschluss auf. Jede Nacht heizte meine Mutter den Ofen. Später sagte sie mir „Wie konnte ich mich überhaupt darauf einlassen?" Jeden Herbst musste sie einen Bergarbeiter auftreiben, der bereit war, ihr Kohle zu liefern. Andere Möglichkeiten gab es nicht. Da war sie also, die Kohle. Überall. Auf unseren Zähnen, auf dem Schnee. Doch wenn man nicht Teil des Systems war, war sie kaum bekommen.

Vor den Bergwerken gab es stets die schönsten Blumenrabatten und Straßenlaternen. Hätte man nicht gewusst, dass diese Siedlung aus Verwaltungsgebäuden und anderen Häusern um das Bergwerk zu Schdaniwka gehörte, hätte man sie nicht mit der Stadt in Verbindung gebracht, so viel besser sah es dort aus.

Meine Familie zog in den 1930er Jahren in den Donbass, um sich vor dem Holodomor zu retten. Schdaniwka begann man in den 1950er Jahren zu bauen, als das Bergwerk vergrößert wurde. Dann erst kamen die meisten Einwohner hierher. Die Zeit brachte zwei Kategorien von Menschen hervor, die heute eine Schlüsselrolle in

II. ALEWTINA KACHIDSE

diesem Krieg spielen. Warum unterstützt, zum Beispiel, meine Mutter die Ukraine? Weil ihre persönlichen Erinnerungen in Konflikt mit dem stehen, was ihr Nachbarland zu erzählen und ihr aufzuzwingen versucht.

Wenn man Slowjansk oder Druschkiwka mit ihrer Töpferei und Keramiktradition betrachtet und mit Schdaniwka vergleicht, so hat letzteres nichts anzubieten. Nichts außer Kohle. Dies ist eine absolut künstlich erschaffene Siedlung um ein Kohlebergwerk, das die Menschen hier selbst noch nicht einmal bräuchten.
16 000 Menschen verbrauchen doch niemals so viel Kohle.

Ich kann mir den jetzigen Krieg immer noch nicht vollends erklären. Die Hauptfrage für mich bleibt: ist die Bevölkerung daran schuld?
Mein Mann Wowa sagt ja, es sei ihre Schuld.
Immerhin verläuft die Front nun hier zwischen Majorsk und Sajzewe und nicht etwas bei Pokrowsk. Doch warum sollte Pokrowsk keine Schuld an diesem Krieg haben?

Alles, was ich über den Krieg weiß, habe ich von meiner Mutter und ihren Freundinnen, unter denen es auch einige Anhängerinnen der „DNR" gibt. In der Straße, in der ich aufwuchs, stehen etwa 20 Häuser. Nur drei Familien sind dort für die Ukraine. Der Rest... nun ja. Nachdem die schweren Kämpfe etwas abklangen und meine Tante mit Familie aus Horliwka zu Besuch kam, sagte meine Mutter ihr sofort: „Lass uns nicht um den heißen Brei herumreden. Unterstützt ihr die Donezker Volksrepublik?" Sie sagten: „Ja, wir sind für die ‚DNR". Worauf meine Mutter antworte: „Alles klar. Und ich bin für die Ukraine. Jetzt lasst uns Tee trinken."

Doch selbst jene, die die „DNR" unterstützen, tun das mit unterschiedlicher Leidenschaft. Wenn ein Mann für 3000 Hrywnja an einem Checkpoint Wache schiebt, ist das das eine. Wenn man wirklich mit ganzem Herzen für die „DNR" brennt, ist das schon etwas Anderes.
    Wenn wir die Bevölkerung betrachten, dann haben meines Erachtens 30 Prozent der Leute pro-ukrainische Ansichten und nochmal 30 pro-russische. Denn im ukrainisch-kontrollierten Slowjansk,

wie auch in Schdaniwka gibt es jene, die gegen die jeweiligen Machthaber sind. Den anderen 30 Prozent ist es egal, von wem sie regiert werden. Die restlichen 10 Prozent finden einen anderen Weg.

Zwischen anti-ukrainischen und pro-russischen Positionen gibt es einen entscheidenden Unterschied. Anti-ukrainische Positionen sind aggressiv gegen die Souveränität und Existenz der Ukraine an sich gerichtet. Doch das bedeutet noch lange nicht, dass man automatisch für Russland ist und in ihm einen „großen Bruder" sieht. Für diese Leute verkörpert die „DNR" ihre Zukunft. Diese 30 Prozent sagen: „Dann schaffen wir hier eben unsere Schweiz." Die mit pro-russischen Positionen glauben an die Stärke Russlands und daran, dass es seinen kleinen Brüdern und Schwestern Zuflucht und Unterstützung gewähren wird.

In den letzten Jahren ist mir etwas an mir selbst aufgefallen. Mein russischer Akzent begann mich zu nerven. So wie wenn eine alte Wunde wieder aufbricht.

Ich verstehe jetzt sehr gut den Unterschied zwischen der ukrainischen und russischen Mentalität. Ein Beispiel ist die Einstellung der Menschen zur Regierung. Die Ukrainer glauben daran, dass sie sie verändern können. Die Russen nicht.

Bei einem Treffen in der Nähe von Kyjiw vor einem Monat war eine Künstlerin aus Russland anwesend. Während unserer Unterhaltung spürte ich, wie schmerzhaft einige ihrer Wörter waren. Nur weil eine Person gegen Putin ist, bedeutet dies noch lange nicht, dass sie auch pro-ukrainisch ist. Dieses Erlebnis hat mir vor Augen geführt, dass vielen Russen das Schicksal der Ukrainer scheinbar vollkommen egal ist.

Am schwersten tobt der Krieg in den Familien. Folgende Geschichte ist mir zu Ohren gekommen. Eine gebürtige Russin bestand darauf, dass sie und ihr Mann mit den Kindern aus Donezk nach Russland ziehen. Sie sagte, dass sie nicht wolle, dass ihre Kinder in Bandera-Land aufwüchsen. Der Vater des Mannes stammte aus der Region

Kuban, doch hatte sein ganzes Leben in der Ukraine gelebt. Er sagte ihm: „Geh nur, mein Sohn, und bezahl' dort schön deine Steuern, mit denen man uns hier tötet."

Es ist egal wie sehr man sich anstrengt, von selbst wird man nie Bergwerksdirektor. Es werden nämlich nur die Auserwählten ernannt. Der Großteil der Bevölkerung in diesen Städten folgt einem vorbestimmten Lebensweg mit wenigen Optionen, was die Berufswahl betrifft. Entweder Bergarbeiter oder in wenigen Fällen auch Lehrer. Das ist auch schon die ganze gesellschaftliche Vielfalt, die man sich für diese Region ausgedacht hat.

Ich war einmal im belgischen Liège. Das kam dem Donbass, wie ich ihn kannte, am nächsten. Eine sich im Abstieg befindliche Bergarbeiterstadt, die niemand mehr braucht.

Wenn nun auf einmal alle davon berichten, wie friedlich und freundschaftlich wir hier im Donbass zusammenlebten, dann ist das nicht wahr. Im eigentlich multiethnischen Donbass war es für mich stets ein Problem, meinen Freunden beizubringen, meinen Nachnamen korrekt auszusprechen. Die Kinder, mit denen ich zusammenspielte, nannten mich immer „Kikabidse", nach dem bekannten Schauspieler. Einen Georgier zu kennen, reichte ihnen aus. Xenophobie wie aus dem Bilderbuch. Du bist doch so, wie alle von denen. „Die" bekommen alle ein gleiches Gesicht.

Ich habe mich mit dem Problem der Rentenzahlungen beschäftigt. Leute, die in den besetzten Gebieten leben und ihre Rente bekommen wollen, müssen lügen und beweisen, dass sie eigentlich Binnengeflüchtete sind. Das hat einen Einfluss auf ihre Identität. Fast alle waren gezwungen zu lügen und ihren Status durch gefälschte Bescheinigungen nachzuweisen, um ihre rechtmäßige Rente zu bekommen. Ich habe nur zwei Menschen getroffen, die das nicht machten. Ein anderer sagte: „Ich brauche keine ukrainische Rente." Ein anderer verkaufte seine Wohnung in Donezk und kaufte sich dafür eine in Poltawa. Als man ihm sagte, er hätte auch einfach eine Bescheinigung kaufen können, antwortete er: „Nein, ich wollte einfach umziehen."

Wir stecken in einer Situation, in der Menschen ihr ganzes Leben in der (Sowjet-)Ukraine gearbeitet haben und ihnen deshalb hier eine Rente zusteht. Und obwohl die „DNR"-Sympathisanten unter ihnen der Ukraine nun alles Schlechte und den Tod wünschen, soll dort bitte alles funktionieren, denn wer bezahlt sonst ihre Renten.

Meine Mutter war nie sowjetnostalgisch. Dafür trauerte ihre Nachbarin, die aus Poltawa stammt und stets Ukrainisch redete, der Sowjetunion umso mehr hinterher. Sie sagte meiner Mutter: „Warum kommen ‚die' denn hierher?" „Wer?", fragte meine Mutter. „Na die ukrainische Armee. Wir wollten doch nur unabhängig sein", sagte sie. Auf die Frage, ob sie wisse, was Separatismus ist, lacht sie nur.

Für die Nachbarin ist die „DNR" ein Nachklang der Sowjetunion. Eine etwas blasse Ausgabe der Sowjetunion in der Oblast Donezk.

POKROWSK. 2.

Ich bin zurück in Pokrowsk und arbeitete einige Tage mit dem Nachlass von Marko Salisnjak, der als Fotograf und Chronist fast ein ganzes Jahrhundert lang das Leben seiner Heimat dokumentierte.

Dieses Notizbuch
gehört
Marko Mykytowitsch
Salisnjak
1917

Damals war Salisnjak 24 Jahre alt. Das Notizbuch beginnt mit einem Gebet, einer Rechentafel, den Adressen von Bekannten in verschiedenen Städten, arabischen und römischen Zahlen. Wie Wasserzeichen erscheinen auf den Seiten die Notizen verschiedener Epochen.

Salisnjak arbeitete während des Zweiten Weltkriegs als Schreiber. Unter anderem musste er in folgenden Kategorien Statistik führen:

Getötete:
Verletzte:
Vermisste:
In Gefangenschaft geraten:
Im Fronturlaub:
Reservisten:
Fußsoldaten:
Offiziere:

Seine Handschrift verschwimmt.

Endlose Zahlenreihen legen Zeugnis über den Krieg ab. Meldungen über unerlaubtes Entfernen von der Truppe. Waffenfund (zwei Gewehre, die unbewaffneten Soldaten übergeben wurden). Ein Gesuch um die Ausgabe neuer Revolver und Patronen.

Pläne von Schützengräben. Eigene Notizen. Grundlagen der Neuen Russischen Vereinfachten Rechtschreibung. Ein englisches Alphabet. Notizen zu einem Foto. Ein Abschnitt aus dem Buch „Über die Einrichtung des Hauses." Verschiedene Realitätsebenen in unterschiedliche Handschriften, zwischen Leben und Tod und den Routinen des Alltags.

Ein Imkerkalender. Geometrische Formen. Fünf herausgerissene Seiten. Einige Seiten haben Ausschnitte, in denen einst Fotos steckten. Nur noch die Bildunterschriften sind erhalten: „Aufnahme der Abendmagie im Dezember 1912", „Aufnahme 1914", „Aufnahme 1910".

Die Seite 345 ist fett durchgestrichen. „Lohn für den Oktober".

Salisnjak interessierte sich für alles. Fremdsprachen, Hausbau, Fotografie. Er, der Schreiber, Chronist und Bewahrer.
Ich hoffe, dass auch seine anderen Notizen gefunden werden.

Seite 344:
Anna wurde 1918 geboren.
Am 31. Oktober, einem Mittwoch. [...]
Matrona starb am 7. November 1918, einem Mittwoch.
Marko heiratete 1911 zum ersten Mal
Marko heiratete 1919 zum zweiten Mal.
Marko wurde am 29. März 1893 geboren.

Unter den Dokumenten sind auch Briefe aus dem Krankenhaus, ein Mutterschaftsorden, eine Wehrurkunde, und ein Brief seiner Tochter an Stalin.
Ich stoße auf eine Reihe durchnummerierter Hefte, deren Wert sich, wie es mir scheint, mit jeder weiteren Lektüre erhöht.

Autobiografie von Marko Mykytowitsch Salisnjak
Eigenhändig verfasst im Jahre 1967.
Alle Angaben entsprechen der Wahrheit.
Kapitel:
10. In der Heimatkolchose

II. POKROWSK. 2.

11. *Großer Vaterländischer Krieg*
12. *Familienhobby. Söhne, Töchter und Enkelkinder*
13. *Für die Geschichte und für die Zukunft*
14. *Fotos von gestern und heute*
15. *Spuren im Leben*
16. *Kommentare zu Fotos*
17. *Gutes und Schlechtes aus dem Fotografenhobby*

Die Erzählung dieses langen Lebens und Schaffens besteht aus Fotos und Fragmenten in verschiedenen Heften. Während ich sie zusammenfüge komme ich aus dem Staunen über sein Erzähltalent nicht heraus. Scheinbar können nicht nur Fotos selbst erzählen. Der Mensch hinter der Kamera ist ein Mensch in der Geschichte.

Das Heft Nummer 10 enthält einen Bericht darüber, wie er und seine Kameraden nach Verletzungen im Zweiten Weltkrieg im Lazarett lagen und Geschenke von amerikanischen Mädchen und Frauen erhielten. Handschuhe, Medikamente, Uhren und Tütchen mit Suppen oder Brei.

„Die persönlichen Briefe auf Amerikanisch konnten wir leider nicht lesen. Im Krankenhaus gab es keinen Übersetzer. In jedem Päckchen gab es ein Namensschild des Absenders. Für meine Arbeit in der Gewerkschaft bekam ich einen Anzug, den ich fast 10 Jahre lang auch zuhause trug."

Zu Neujahr 1945 besuchte Salisnjak eine Kirche auf dem Litejnij Prospekt in Leningrad, in der der allrussische Bischof Aleksej predigte.

„Es waren so viele Leute da, dass nicht alle hineinpassten und manchen draußen stehen mussten. Ich dachte, dass es in der Stadt Lenins keine Gläubigen mehr gäbe, doch da hatte ich mich wohl geirrt."

Die Soldaten wurden direkt nach vorn zum Altar geholt.

„Aleksej trug einen Orden für die Verteidigung Leningrads auf der Brust mit einem kostbaren Edelstein besetzt, der das Licht in Regenbogenfarben brach. Es las die Liturgie und bat uns Soldaten zu Ende der Messe als erste nach vorn, um von diesem sympathischen Bischof den Segen zu empfangen."

Auf dem Gelände des Lazaretts, in dem er lag, gab es eine größere brachliegende Fläche. Die Klinikleitung wollte hier einen Acker anlegen und bat die Patienten um Hilfe. Die Ärzte boten jedem, der half, ein Glas Wodka an. „Da jedoch niemand damit beginnen wollte, fingen Jemeljan und ich damit an, den Boden umzugraben. Zum Mittag bekamen wir demonstrativ ein Glas Wodka. Hiernach schlossen sich uns noch drei weitere an, die auch je ein Glas bekamen. Und dann nochmal fünf."

Salisnjak führte die kleine an die Klinik angeschlossene Landwirtschaft. Insgesamt circa sieben Hektar Land, ungefähr 75 Kilometer nördlich von Leningrad. Zunächst erhielt er eine Rüge der Leitung, da er zu viele Tomaten gepflanzt habe. Als die Tomaten jedoch rot und reif wurden, präsentierten sie den Garten voller Stolz der Öffentlichkeit. Salisnjak sprachen sie ein Lob aus, das ukrainische Historiker später gerne zu zitierten pflegten: „Unser lieber Salisnjak hat uns einen Flecken Ukraine geschaffen."

Da er nicht in Leningrad bleiben wollte, fuhr er nach Hause, denn er vermisste seine Bienen und die Imkerei. Er kehrte im Oktober 1945 zurück, doch Imkern ließ man ihn erst einige Jahre später.
    Ein Bauer im Dorf behauptete, dass er gesehen hätte, wie Salisnjak die deutschen Faschisten persönlich mit Honig verköstigt habe.
    Laut Salisnjak sei dies ein Geheimauftrag der Roten Armee gewesen. Er sollte die Okkupanten bewirten und mit ihnen Zigaretten tauschen um sich merken, wie viele Soldaten dort waren und welches Gerät sie mit sich führten.

Das zehnte Heft endet, wie jede große Geschichte, mit einem ebenso wichtigen wie banalen Ereignis. Seine Familie wurde mit höheren Steuern belegt und musste deshalb fast hungern.

II. Pokrowsk. 2.

Später wurde er auch des Diebstahls bezichtigt. Während der Besatzung hatte der spätere Kolchosvorsitzende Salisnjaks Frau um zehn Kilogramm Honig und Eier gebeten, um seinen Sohn aus deutscher Gefangenschaft freizukaufen. Später war die Familie auf sich alleingestellt und der Kolchosvorsitzende weigerte sich zu helfen. „Nichts als Kälte und Dummheit erhielten meine Frau und ich als Dank für unsere Gutmütigkeit, Offenheit und das Vertrauen."

Ab dem Moment, als Salisnjak sich zum Kolchosvorsitzenden aufmacht, um die Diebstahl-Anschuldigungen zu bestreiten, bricht die Erzählung ab.

Aber was passierte danach?

Was alles durchlebte jener Mann, der nur zwei Jahr vor den Gebrüdern Lumière geboren wurde? Er, der in dem Jahr starb, in welchem an seinem Geburtstag, dem 29. März 1982 „Indiana Jones" der Oskar verliehen wurde. Der „Jäger des verlorenen Schatzes" war in insgesamt neun Kategorien nominiert.

Die Mitarbeiterinnen des Museums sagen, dass es ein ganzes Buch über Salisnjak gäbe. Einer seiner Verwandten habe es geschrieben. Man habe es auch einmal in den Händen gehabt und einen Scan angefertigt. Man wolle danach suchen.

Wie das Buch denn heiße, frage ich.

„Mit einem Schutzengel und einem Foto aus dem Leben."

DOBROPILLJA. 2.

Endlich sind alle Genehmigungen da und wir dürfen in das Museum des Bergwerks.
Ich schnappe einige Wortfetzen der Museumsführerin auf: „Ich hoffe, sie haben nichts dagegen, wenn ich Russisch spreche, der Sprache des Donbass"
Doch welcher Donbass ist hier gemeint?

Während sie über einen der Helden der Ausstellung spricht, sagt sie über dessen Familie: „Die kam zwar aus der Westukraine, war aber trotzdem sehr achtenswert."

1925 wurde die Aktiengesellschaft, welche das Bergwerk betrieb in „Schacht 17–18 RSTschA"[29] umbenannt. Die Vorliebe der Sowjetunion für Abkürzungen ist ein Thema für sich. Diese allgegenwärtigen Kürzel hatten die Magie und Kraft eine ganze Welt neuzuordnen. Seit 1997 heißt das Bergwerk „Diamant".

Es hängen Fotos ganzer Bergarbeiterdynastien, die über 181 Jahre bestand. Auf einem anderen gibt es eine noch längere. 360 Jahre Bergarbeit vereinigt in einer Familie. Dreihundertsechzig Jahre. Ich spreche die Zahlen laut aus, um sie zu verstehen, sie zu fühlen, real zu machen.

Ich betrachte eine Tabelle der „Allgemeinen technisch-ökonomischen Parameter des Bergwerks RSTschA 1940–1985". Die Statistik reicht bis in die Jahre 2000, 2001, 2002... Danach reißt sie ab. Wie in den meisten Chroniken, Alben oder Statistiken bricht die Geschichte einfach ab.

---

[29] Amn. d. Übers.: Rote Armee der Arbeiter und Bauern (ukr.: Robitnytscho-seljanska Tscherwona Armija).

"DEIN BLUT WIRD DIE KOHLE TRÄNKEN"

Vor dem Museum stehen leere Fahnenmasten. Sie sind Zeichen der erzwungenen Dekommunisierung. Abwarten. Vielleicht wird schon bald eine neue Regierung ihre Beflaggung wieder anordnen. Es wäre nicht das erste Mal in der Geschichte.
Es ist besser, vorbereitet zu sein.
Die ganze Ausstellung scheint uns zuzuflüstern: „Flaggen kann man verbrennen. Doch die Erinnerung nicht."

Am Ausgang des Museums steht in goldenen Buchstaben auf rotem Grund:
„Wir studieren unsere Vergangenheit nicht aus reiner Neugier; wir studieren sie, um ein tieferes Verständnis der Gegenwart zu erlangen..."
N.K. Krupskaja

Es geht zu einem Treffen mit einem Lokalhistoriker und Aktivisten. Unerwartet präsentiert er uns kein offizielles Geschichtsnarrativ der Stadt. Vermutlich ist dies dem Umstand geschuldet, dass die Geschichte dieses Ortes zu widersprüchlich ist, als dass man sie einheitlich betrachten und zeigen könnte.

Deshalb engagieren sich hier Aktivisten, die Scherben der Geschichte ihrer Heimatregion wie ein Puzzle zu einem eigenen Narrativ zusammenzufügen.

„Die Gutsherren wählten die Ortsnamen bewusst aus, um die Arbeiter in die Irre zu führen. Gutstadt, Grünland oder Korngabe.[30]" Die Ortsnamen klingen wie Marken, die wie Köder ausgelegt wurden, damit die Armen ihnen auf den Leim gehen.

Es erinnert an die „Früchte des Zorns" von John Steinbeck und den Traum der Siedler vom gelobten Land Kalifornien, wo es Arbeit gibt und das fruchtbare Land nur auf sie wartet. Man muss es nur dorthin schaffen und dann beginnt ein neues Leben.

---

[30] Anm. d. Übers.: ukr.: Dobropillja, Selenopillja, Chlibodariwka.

II. Dobropillja. 2.

Es ist Februar und der Winter geht zu Ende. Modriger Geruch liegt in der Luft. Die ganze Stadt erinnert an ein Bestattungsunternehmen in der Provinz. Es könnte „Bestattungshaus ‚Requiem" heißen. Oder einfach „Trauer". Ein Begräbnis mit billigem Blumengesteck, betrunkenem Priester und der hoffnungslosen Einsamkeit inklusive.

Das Gespräch zwischen dem Taxifahrer und der Taxizentrale endet mit einem Ultimatum über Funk:
„Ey, Fahrer! Das ist jetzt die letzte Warnung!"
Jedes Gespräch ist ein Kampf um Selbstbehauptung.

Es gibt zwei Arten von Tragödien. Zwei Arten von Beerdigungen.
Nach der einen möchte man das Leben leben und es voll ausschöpfen, solange es geht.
Das folgende Beispiel gehört zur anderen Sorte. Ein betrunkener Bergarbeiter erstach seine ganze Familie und erbrach sich über den Leichen mit selbstgebranntem Wodka und unverdauten Makkaroni.
In so einem Moment scheint es, als hätte Kultur keinerlei Bedeutung. Wir haben sie uns nur ausgedacht. Der Flug ins Weltall, Mülltrennung, Etikette, Diskurs und Achtung. Liebe. Alles Lüge.
Stattdessen Grausamkeit und nacktes Überleben.

Der beißende Geruch von verbrannter Kohle liegt in der Luft. Es ist wie durch einen endlosen ukrainischen Eisenbahnwaggon zu laufen, in dem der Ofen noch mit Kohle geheizt wird, aber mehr Rauch als Wärme produziert.

Auf dem Territorium der Donezker und Luhansker Oblast gibt es 127 Kohlebergwerke. Davon sind zwei Drittel in staatlicher Hand, von denen wiederum knapp zwei Drittel Verluste einfahren. 2015 arbeiteten in der Ukraine 122 000 Menschen in der Kohleindustrie, 51 000 von ihnen in staatlichen Bergwerken. 1991 waren es noch 961 000 Beschäftigte gewesen.
Als der Krieg begann, fanden sich 97 Bergwerke auf okkupiertem Territorium wieder. Doch tat dies dem Handel und Transport

auf das ukrainisch kontrollierte Territorium zunächst keinen Abbruch. In den ersten 10 Monaten 2016 wurden die Kohlekraftwerke mit 7,2 Tonnen Kohleprodukten der Marke „A" (Anthrazit) im Wert von circa 11 Milliarden Hrywnja von nicht ukrainisch kontrolliertem Gebiet der Oblast Donezk und Luhansk beliefert.

Eine ausgezeichnete Publikation wirft Licht ins Dunkel der Kohlegrube.

Barbara Freeses Buch „Coal: A Human History" präsentiert einen etwas anderen Blick auf das, was wir der Kohle zu verdanken haben und wie lange diese Geschichte des gegenseitigen Verbrennens bereits andauert.

Die Geschichte der Kohle beginnt die Autorin mit der Beschreibung Londons, eingehüllt in schrecklichen Smog voller toxischer Gase. Immer mehr Einwohner beschweren sich über den neuen Brennstoff und fordern die Regierenden auf zu handeln.

Schließlich müssen die Machthaber reagieren und König Edward verbietet die Kohle. Wir schreiben das Jahr 1306.

Doch nichts kann die Kohle stoppen, denn ihre Zeit ist endgültig gekommen. Sie tritt ihren Siegeszug an. Und trotzdem sie auf ihrem Weg schmutzige Spuren hinterlässt, führt dieser geradewegs in die Moderne. Ihrer Asche entsteigt die Industrialisierung und das, was wir als moderne Stadt verstehen.

1700 erschien das Buch „City Gardener", in welchem Pflanzenarten aufgezählt werden, die auch gut in einer städtischen Umgebung gedeihen und dabei dem aggressiven Kohlestaub trotzen. Nach dem Motto: wenn der Wandel nicht mehr aufzuhalten ist, baut muss man anbauen, was unter diesen Bedingungen noch wächst.

Anfangs galten die Kohlearbeiter noch als Eigentum der Unternehmen. Wenn ein Bergwerk verkauft wurde, so wurden die Arbeiter mitverkauft. Ausreißer aus den Bergwerken wurden mit heißem Eisen gefoltert, so wie einst Hexen und bekannte Verbrecher.

Es gab Debatten um die Luftreinheit und Vorschläge weniger Kohle zu nutzen. Manche meinten, dass der Staub und Dreck Verbrechen und Mord anziehe.

Im Streik wird stattdessen ein besonders starkes Element für den Erhalt der Tradition gesehen. Etwas, das von Urgroßvater zum Großvater und von diesem an die nächste Generation weitergegeben wurde. Zu streiken bedeutet, sich selbst zu beweisen, dass man seinen Vorfahren würdig ist. Man zählt sich zum „Stamm der Bergarbeiter". Ihn eint ein besonderes Gefühl der Solidarität und gegenseitigen Unterstützung.

Die Bergarbeit zählt zu den ganz wenigen Professionen, in welchen der Mensch allen vier Elementen ausgeliefert ist: Erde, Feuer, Luft und Wasser.

Auf die ewige Frage „*Warum Nationen scheitern?*" hatten schon die Propheten eine Antwort. In der Verteilung von Rohstoffen sahen sie einen Ausdruck des Willens Gottes. Höhere Kräfte schenkten den Christen diese Schätze, damit sie die Kraft der Kohle entfesseln konnten. Die Kohle wird so zu einem mächtigen Symbol. Dank der Kohle gibt es Strom, Wohlstand und Zivilisation. Doch sät Kohle auch Dunkelheit, Schwäche, Armut und Barbarei.

Barbara Freese nennt unsere Welt eine „coal-shaped world". Die Kohle war Entstehungsfaktor für Imperien, die industrielle Revolution und die folgende Aufteilung der Welt. Sie sagt, dass es die beiden Weltkriege ohne den Kohleboom in Deutschland womöglich nicht gegeben hätte. Die kolonialen Ausbeutungen wären ganz anders verlaufen. Andererseits halfen Öl und Kohle, die Wale zu retten, die für ihr Fett gejagt wurden. Genauso wie ein Jahrhundert zuvor die Steinkohle den Wald vor dem unwiederbringlichen Kahlschlag bewahrte.

Freese prophezeit, dass nach einer Abkehr von der Kohle Asthma und andere Lungenkrankheiten zurückgehen werden und damit auch die Sterblichkeit als Folge diese Krankheiten. Vielmehr noch: „Eine Abkehr von der Kohle rettet in den entwickelten Ländern Zehntausenden und in China wahrscheinlich hunderttausenden jährlich das Leben. Und diese Schätzungen berücksichtigen noch nicht die tausenden Leben, die durch die Schließung der Bergwerke gerettet werden würden."[31]

---

[31] Freese B. Coal: A Human History. — Arrow Books, 2006. S. 262.

Sie beschließt ihre Geschichte der Kohle mit einer starken ökologischen Botschaft und Hoffnung: „Die Kohle gab uns die Kraft, eine Welt zu erschaffen, in der die Kohle selbst nicht mehr benötigt wird."[32]

An der Kohle fasziniert mich am meisten, dass sie aus Überresten längst verschwundener Lebensformen besteht. Eine Zeitkapsel zum Verbrennen. Doch was wird man nach uns verbrennen? Welche Energieträger hinterlassen wir den folgenden Generationen außer recycelte Plastikdeckel und Friedhöfe voller Elektroschrott?

Im Februar 2017 versuchen wir zusammen mit dem Künstler Witalij Kochan das Mythologem Dobropillja zu entschlüsseln. Wieder stoßen wir auf nicht existente Geschichte, was die Möglichkeit eröffnet, sie einfach zu konstruieren und sie aus ihrem Nichtsein zu erwecken.

Witalij Kochan: „Wenn es hier nichts gibt, dann gibt es hier auch nichts." Was soll in dieser Leere, diesem schwarzen Loch, schon entstehen.

Oder es kommt anders und das schwarze Loch wird alles verschlingen.

Noch ein Atemzug, der im Hals kratzt. Dann sagt er: 1952 versank London im Smog.

London war schon immer für seinen Nebel bekannt. 1873 hatte er 270 bis 700 Einwohner leise gemeuchelt. Eine andere Nebelwoche hatte 1892 weitere 1100 Menschen getötet.

Die giftige Masse verschlang alles: Busse, Straßen und Fußgänger. Schon nach kurzer Zeit war der Verkehr kollabiert. Krankenwagen fuhren nicht mehr, sodass die Kranken selbst zu den Kliniken kommen mussten. Der Smog drang in Theater und Kinos und bildete einen schweren stinkenden Vorhang vor den Zuschauern. Schließlich musste man alles schließen, denn selbst die Musiker des Orchesters konnten ihren Dirigenten nicht mehr erkennen.

---

[32] Ebd. S. 272

II. Dobropillja. 2.

Wenn man die Fotos jener Tage anschaut, beschleicht einen das Gefühl, Schwarz und Weiß seien eins geworden. Und so wie man mit Kohle zeichnen kann, scheinen diese Bilder mit Kohle gedruckt worden zu sein. Auf einem hält ein Mann die Flügel eines toten Schwans, ein zweiter den leblosen Kopf an dem langen Hals. Der weiße tote Körper des Vogels ist der einzige weiße Fleck in diesem undurchdringlichen Grau. Liebende, die sich mit riesigen Masken küssen. Das schwache Scheinwerferlicht der Doppeldecker frisst sich durch die boshafte Dunkelheit. Und in diesem Leiden erwachte der Irrsinn.

Am letzten Nebeltag trieben Räuber und Banditen ihr Unwesen. *The Telegraph* berichtete von mehr als 100 Überfällen in der Stadt.

Später ist von „Zufall", einem „Hochdruckgebiet", einer „Inversionswetterlage" die Rede.

Unmittelbar durch die Smog-Katastrophe starben circa 4000 Einwohner der Stadt. Nach neuesten Erkenntnissen blieb es jedoch nicht dabei und in den folgenden Monaten starben noch weitere tausende von Menschen. Die Gesamtzahl der durch den Smog erkrankten betrug circa 100 000.

Der „Große-Smog" dauerte nur ganze fünf Tage, vom 5. Bis 9. Dezember 1952.

Er begann gleich einen Tag nach dem Feiertag der Heiligen Barbara, der Schutzheiligen der Bergarbeiter und Artilleristen. Der Beschützerin vor dem unerwarteten und hinterhältigen Tod.

VON CHTONISCHEN GÖTTERN UND DER HEILIGEN BARBARA

0.

Woran glauben die Bergarbeiter? Wer vermag es, sie zu schützen? Was sagen uns die vorchristlichen Tiefen der Erde? Und was der christliche Glaube? Wer ist heilig? Und wer ist Sünder? Wer ist gut? Und wer zählt zu den Chtonen?

1.

Eines der ersten Vorurteile über Island ist, dass man dort an Elfen und andere verborgene Lebewesen (isländisch: huldufólk) glaubt. Dabei ist unbedingt eine Studie der Universität von Island von 2007 zu erwähnen, die behauptete, 60 Prozent der Isländer glaubten, dass sich hinter jedem Stein ein magisches Wesen verberge. Wenn man mit einem Menschen aus Island spricht, lacht dieser über leichtgläubige Touristen, welche dem Vorurteil Glauben schenken und versichert, dass es natürlich nicht so sei. Nachdem man dann aufgehört hat zu lachen, fügt er hinzu: „Natürlich ist es so, dass niemand daran glaubt. Aber da ist zum Beispiel eine Frau, die mit mir Yoga macht, die nimmt stets auch eine Matte für die Elfen mit."

Mit dem Berggeist Schubin verhält es sich ähnlich. Heute wird ebenfalls meist über diese mickrige Gestalt gelacht, obwohl alle Vorfahren an ihn glaubten. Doch dann wird ohne eine Spur von Ironie hinzugefügt: „Weißt du, dort, unter der Erde, ist schon so einiges passiert."

Zwischen all den verborgenen Wesen dieser Welt und Schubin gibt es gar keine großen Unterschiede, denn in nahezu jedem Land glaubt man daran, dass dort unten etwas wohnt.

Entweder ein Berggeist, ein Mönch oder das Mädchen vom Berge, der Stollenzwerg oder eine entflohene Frau, Schatzhüter oder der gute Schubin.

Die Bergarbeiter der Regionen Donezk und Luhansk nennen ihn Berggeist. Eine schwarze beharrte Gestalt, die von Zeit zu Zeit mit ihren glühenden Augen blinzelt.

Es gibt einige Geschichten darüber, woher Schubin stammen soll. In ihnen geht es um unglückliche Liebe, Selbstmord und den Geist eines unter Tage zurückgelassenen Freundes. Wie es sich gehört, handeln sie alle von einer Existenz an der Grenze zwischen den Welten der Lebenden und der Toten, dem Alltag und dem Mystischen.

Jedoch steckt in der Geschichte Schubins ein Stück Wahrheit, die es einem kalt den Rücken hinunterlaufen lässt.

Der ukrainische Schriftsteller Dmytro Sawotschkin beschrieb sie in seinem Roman „Markscheider" am besten.

„In der Frühphase der Kohleindustrie im Donbass überlegten sich die Leute Techniken, die ihnen im Kampf mit den Naturgewalten halfen, da diese den Kohleabbau erschwerten. Diese Techniken waren so einfach wie effektiv. Damit zum Beispiel das Methan im Stollen nicht explodierte, wurde es verbrannt. Damals gab es noch keine Möglichkeiten, tief unter der Erde Zündschnüre zu legen, deshalb musste ein Mensch das Feuer eigenhändig herantragen.

Wenn dieser Fall eintrat, mussten alle den Abbauort verlassen. Nur einer nahm sich eine Öllampe und machte sich auf zum Ort, an dem das Methan austrat. Um diesen Arbeiter zu schützen, wickelte man ihn in nasse Lappen und hängte ihm teils mehrere Mäntel über und übergoss ihn mit Wasser. Dieser pitschnasse und eingewickelte Kerl musste nun eine Laterne nehmen und unter Tage gehen. Er konnte nur schwerlich gehen und atmen, auch die Laterne wog schwer in seiner Hand. Ebensolche Schwierigkeiten bereitete die Orientierung, denn die Austrittsstelle musste er nach der Beschreibung seiner Kameraden finden.

Trotz aller Vorkehrungen starb dieser Bergarbeiter in 50 Prozent der Fälle und blieb für immer unter Tage."[33]

Zwar weiß ich nicht, ob diese Statistik korrekt ist, doch ist sie Ausdruck einer bewussten Opfergabe und der Verzweiflung. Und

---

[33] Sawotschkin, D. Markschejder. Astrel. Sankt Peterburg. 2009.

selbst, wenn die Zahlen etwas anders aussehen, scheint ihre Botschaft zu stimmen. Die Chancen zu überleben standen 50/50.

Eine der ersten Erwähnungen eines solchen „Schubins" findet man aus dem Jahre 1554 in Belgien.[34]

Eine der wichtigsten Fragen in Bezug auf diese mystischen Figuren ist, ob sie mit den Bergarbeitern im Konflikt stehen oder ihnen helfen?

Schubin, je nach Tradition des konkreten Bergwerks, kann retten, aber auch Schaden anrichten. Häufiger jedoch warnt er die Bergarbeiter vor Verschüttung. Wenn sie ein kurzes Klopfen vernehmen, sagen sie, dass „Schubin mit den Füßen stampft", durch den das Geröll in Bewegung gerät und alles zu verschütten droht.

Deshalb nennt man ihn auch oft den „guten Schubin".

Noch vor dem Krieg gab es in Donezk einen Park aus geschmiedeten Skulpturen. In diesem Feuerwerk der Kreativität, die der Welt „Mad Max" zu entspringen scheint, gibt es auch eine Figur von Schubin. In Makijiwka steht sogar ein eigenes Schubin-Denkmal mit der Aufschrift „Dem Beschützer der Donbass-Erde".

2.

Émile Zola schreibt: „Selbst am letzten Barbarafeste, der großen Feier der Bergleute, die immer ein dreitägiges Nichtstun mit sich bringt, war das Kaninchen nicht so fett und zart gewesen."[35] Wer ist diese Barbara? Welche Heilige nimmt sich der hoffnungslosen Aufgabe an, Bergleute zu beschützen? Wer ist diese Wilde, deren Namen auch „Fremde" und „ausländisch" bedeutet?

Wenn man die Nuancen verschiedenster Quellen zusammenführt, ergibt sich das folgende Bild.

In Syrien oder der Türkei gab es um das Jahr 300 n. Chr. einen Mann, dessen Frau früh verstorben war, doch dessen Tochter Barbara zu voller Schönheit heranwuchs. Der Vater wollte ihr einen Ehemann auswählen, doch die Tochter entgegnete, dass sie noch nicht heiraten wolle. Der enttäuschte Vater baute einen Turm, in

---

[34] Freese B. Coal: A Human History. Arrow Books, 2006. S. 51.
[35] Émile Zola. Germinal. Universum Bücherei. 1930. S. 196.

dem er seine Tochter verbarg. Zum Spielen und gemeinsamen Lernen schickte der Vater noch einige Frauen in den Turm, die sie außerdem auf den rechten Pfad des Ehelebens bringen sollten.

Unter den Frauen befand sich eine Christin, die Barbara von Jesus erzählte.

Andere Quellen behaupten, dass sie selbst zur Christin wurde, als sie die Schönheit der Natur beobachtete und erkannte, dass es höhere Kräfte geben musste, die solche Pracht erschufen.

Eigentlich sollte der Turm zwei Fenster haben, doch bat Barbara ihren Vater um ein drittes, für die heilige Dreieinigkeit.

Als der Vater zurückkehrt, antwortet Barbara ihm auf jede Frage mit dem Zeichen des Kreuzes. Worauf der Vater sich auf sie stürzte.

Weiter gibt es in der Geschichte einen Wendepunkt. Barbara gelingt es, aus dem Turm zu fliehen und heiratet ihren Vater. Sie bittet um den Schutz Gottes, der vor ihr einen Berg öffnet und sie zu sich aufnimmt. Als ein Hirte sie später findet, bringt er sie zu ihrem wutentbrannten Vater. Dieser schleppt sie vor das Stadtoberhaupt als Richter, doch auch vor ihm will Barbara ihrem Glauben nicht entsagen.

Was danach passiert, beschreiben die Quellen wieder unterschiedlich. Wobei sie alle die schiere Grausamkeit der Bestrafung betonen. Barbara wurde mit Ochsensehnen ausgepeitscht, sodass ihr die Haut am ganzen Körper aufsprang. Oder man zündete sie an, bewarf sie mit Steinen (laut einigen Quellen hieben die Männer auch mit Hämmern auf sie ein).

Auf der Website der orthodoxen Gemeinde von Kolomija findet man die genauen Worte Gottes, die er nach diesen Torturen an die halbtote Barbara richtete: „Hab keine Angst, du Meine Frau, denn Ich bin bei Dir. Ich sehe Deine Taten und lindere Dein Leiden..."

Man warf Barbara ins Verlies, doch am nächsten Tag trat sie ohne eine einzige Schramme ins Freie. Bei diesem Anblick wurde der Vater noch wütender.

Später tauchte eine weitere Christin auf, Juliana, die ebenfalls die Wunder Gottes erblickt hatte und das Leid Barbaras teilen mochte.

II. Von chtonischen Göttern

Die beiden Frauen wurden nackt durch die Stadt getrieben und beschimpft. Doch stand Barbara dabei ein Schutzengel zur Seite, der sie vor bösen Blicken schützte.

Die „orthodoxe Enzyklopädie" ist die einzige Quelle, die die abgeschnittenen Brüste der Frau erwähnt. Die Mehrheit der Quellen berichtet vom Erhängen der zwei Frauen an einem Baum. Ihre Körper wurden mit Haken und Hämmern geschändet und mit Kerzen verbrannt. Doch die zwei blieben lebendig. Der Vater trennte ihr eigenhändig den Kopf ab. Später wurden er und das Stadtoberhaupt je von einem Blitz erschlagen.

Was lehrt uns diese Geschichte?

Erstens. Wenn man in ein Kunstmuseum mit alten Meistern kommt, erkennt man die Heilige Barbara sofort an dem Turm mit drei Fenstern auf ihrer Hand.

Zweitens wählten nicht nur die Bergarbeiter Barbara als ihre Schutzpatronin, sondern ebenso die Artilleristen, Geologen und Architekten. Die Artilleristen betonen besonders ihre Fähigkeit, die Feinde mit Blitzen zu strafen.

Drittens. Am 4. Dezember jedes Jahres gibt es in Polens Kohleregionen die Feiern zum Tag der Barbórka. Die Bergarbeiter ziehen mit Paraden und Orchester und Heiligenbildern durch die Straßen. In den sozialen Netzwerken trifft man heute allerdings auf einen billigen Abklatsch aus kitschigen Glückwünschen mit sexistischen Bildern.

Eines soll noch erwähnt werden.

In der Ostukraine habe ich keinerlei Hinweise auf die Heilige Barbara gefunden. Nur Schubin wird stets mit einem Lächeln auf den Lippen erwähnt. Doch auch wenn die Geschichte Barbaras fern erscheint, so finden wir sie doch in der Westukraine.

So berichtet die Frau eines in Tscherwonohrad bei Lwiw verstorbenen Bergmannes: „Taras war sehr stolz darauf, am 17. Dezember, dem Tag der Heiligen Barbara, Geburtstag zu haben. Er pflegte zu sagen: ‚Wir fahren ein und die Heilige Barbara wartet auf uns.' Sieben Jahre kam er ohne einen einzigen Kratzer zurück. Doch die Arbeit ist sehr schwer. Auf der Krankenstation habe ich das immer gesehen, wie sie husteten oder der Rücken Probleme machte.

Doch mein Mann glaubte daran, dass ihn die Heilige Barbara beschütze."

In einer ukrainischen Sage heißt es: „Barbara entriss der Nacht ein Stück und gab es dem Tag." Am Barbaratag wird es heller in dieser dunklen Welt. Und wenn Gerechtigkeit und Schutz noch so lange auf sich warten lassen, so kann zumindest ein Blitz alle Ziele treffen.

POKROWSK. 3.

Ich lese die eingescannten Seiten des Buches „Mit einem Schutzengel und einem Foto aus dem Leben" von W. Hawschuk. Über den Autor ist noch weniger bekannt als den Protagonisten. Weder Google noch die Bibliothekskataloge kennen seinen Namen.

Mit der Zeit nimmt Salisnjaks Biografie in meinem Kopf Form an.
Sein erstes Foto machte er 1905. Damals war er 12 Jahre alt.
Er kämpfte im Ersten Weltkrieg und wurde verwundet.
Später kämpfte er im Bürgerkrieg.
Die Enteignung der Kulaken hielt er für den NKWD fotografisch fest.
Er überlebte den Holodomor.
Und er überlebte die deutsche Besatzung.
Im Alter von über 50 wurde er 1944 mobilisiert, um Leningrad zu befreien und dort zum zweiten Mal verwundet.
Er legte einen Acker neben der Klinik an, sodass man ihn dabehalten wollte, doch er kehrte in seine Heimat zurück.
Bis zum Ende seiner Tage litt er unter der Kolchosführung im Dorf, die ihn mit Gemeinheiten überzog.
Salisnjak notierte sein Leben in dutzenden Heften und Briefen, kommentierten Zeitungsausschnitten und Magazinen.
Insgesamt soll er mehr als 5000 Fotos hinterlassen haben.

Ich finde zwei nahezu identische Hefte mit einer Autobiografie Marko Salisnjaks. Eine davon ist ein Brief vom 30. November 1968 an die Redaktion der illustrierten Wochenbeilage „Nedelja" bei der Zeitung „Iswestija". Die zweite findet sich in Heft Nummer 1 „Erinnerungen an erlebte Fakten und die Rolle des Fotografierens", geschrieben im Juni 1975 an die Redaktion des Fotojournals „Sowjetskoje Foto". Die Aufzeichnung hat er in einem besonderen Stil für seine Kinder und Enkel verfasst. „Auf dass sie meine Fehler im Leben erkennen und ihre Schlüsse daraus ziehen."

Über seine Mitmenschen sagt er: „Manche verbrachten ihr Leben als Kartoffelkäfer, andere als Iltis und wieder andere als Esel.

Wie die Welt funktionierte, interessierte sie nicht. Das Wichtigste war, genug Essen zu haben."

In einem anderen Brief nennt er sich selbstbewusst „Bürger der Sowjetunion und ebenso sicheren Schützen in den Reihen des russischen Reiches und des ukrainischen Staates zu Zeiten der Oktoberrevolution".

Zu Beginn des Briefes an die Zeitung widmet er den Klimaveränderungen einen großen Absatz. Er beobachtet die Erde und den Wandel der Natur und vergleicht das Früher mit dem Heute. Später hat er diesen Absatz durchgestrichen und dafür hinzugefügt: „Ich möchte zunächst festhalten, wie sehr sich in der von mir durchlebten Zeit die Menschen, ihre Überzeugungen, ihre Kultur, der Alltag und die Technik veränderten."

Ebenso ist ein Absatz durchgestrichen mit Verweis auf kranke Zähne, unter denen er 1943 zu leiden hatte. Die Zahnprobleme waren Folge der „Bestechung mit Süßigkeiten" durch seine faulen Mitschüler, den er bei den Aufgaben half.

Er sagt, dass der Vater ihn lehrte: „Es kann passieren, dass Gott dir einen Gedanken schenkt, den du dein ganzes Leben lang in deinem Herzen behältst und der dich leiten wird." Das passierte schon recht bald, als der 12-jährige Marko sich 1905 einen Fotoapparat kaufte. Vier Silberrubel hatte er dafür über die Weihnachtstage gespart.

Im Brief an die Redaktion der Zeitung „Landleben" aus dem Mai 1976 schreibt Salisnjak über seine Fotografien: „Auf meinen Ausstellungen in Donezk und Kyjiw bekam ich viele Siegerurkunden und Medaillen. So war ich einerseits unten den Fachleuten anerkannt. Doch in meiner Kolchose lachte man mich aus. Meine Familie und ich hörten: ‚Ha, da hat er sich in die Geschichtsbücher geschrieben, Fotos gemacht und bekommt nun eine Rente wie ein Weib.' In den Zeitungen wurde ich Chronist genannt oder ‚Urvater der Donezker Fotografie'. Ich, der ich als Soldat in drei Kriegen kämpfte, hatte mir so sehr gewünscht eine Reise in den Kaukasus oder auf die Krim zu machen, um selbst zu sehen, wofür wir unser Blut in den Kriegen für eine bessere Zukunft unserer Heimat vergossen hatten. Doch es stellte sich heraus, dass ich für die 20 Rubel aus meiner Rente gerade einmal in die Kreishauptstadt fahren konnte."

Wer ist nun dieser W. Hawschuk? Hat er die Antworten auf meine Fragen? Wo kann ich den Schutzengel der Erinnerung an Salisnjak nur finden?

ROMAN MININ:

„Am meisten sind die Bewohner des Donbass stolz auf ihre Fähigkeit zu überleben"

Roman Minin ist einer der bekanntesten ukrainischen Künstler. Der Gestalter von Monumentalkunst, VR-Installationen und Street-Art, Grafiker und Fotograf wurde 1981 in Dymytrowa, in der Oblast Donezk, geboren.
Seit den 2000er Jahren beschäftigt er sich mit dem Thema Bergbau, welches er mithilfe verschiedener Techniken und Formen darstellt. Minins Arbeiten sind bereits ein eigenes Phänomen zeitgenössischer ukrainischer Kunst und Gegenstand vieler Gespräche über Identität, Alltag und die Wirklichkeit in der Ostukraine.
Wir trafen uns im Dezember 2017 in Charkiw. Seitdem erinnere ich mich oft an seine Worte über den Stolz auf die Fähigkeit zu überleben und das Streben der Menschen, den Zeitgeist zu spüren. Seine Gedanken helfen nicht nur dabei, den Osten zu verstehen, sondern auch zu begreifen, was in der Welt passiert.

Wie alt ist der Donbass? Mehr als 70 Jahre. Also müsste es eine besondere Donbass-Identität wohl geben. Denn wenn an einem Ort mehr als drei Generationen geboren wurden, entsteht eine eigene Identität. Das ist ein Naturphänomen, das nicht ich mir ausgedacht habe. Unsere Mentalität wird stark von der Geografie beeinflusst, auch die Architektur formt uns und nicht zuletzt die Kommunikation mit unseren Mitmenschen. Hieraus bilden sich „lokale" Werte. Doch dass es die gibt, merkt man oft erst im Vergleich mit anderen. Menschen erfahren die Welt, indem sie vergleichen. Wenn sie keine Möglichkeit haben zu reisen, um die Welt zu sehen und zu vergleichen, bleibt der eigene Horizont begrenzt. Es ist schwer mit jemandem über seine Weltanschauung zu reden, wenn dieser die Welt nicht gesehen hat. Doch wenn die Weltanschauung beschränkt ist, wird sie zur Ansicht und schließlich zu einem einfachen Standpunkt, den man leicht manipulieren kann. Dies ist wichtig zu verstehen, wenn wir über die Besonderheiten der Mentalität sprechen.

Ich möchte jetzt nicht großbürgerlich daherkommen, doch eine Sache drängt sich mir auf. Wir sitzen hier also in einem Café, in dem es verschiedenste Dinge gibt. Heute gibt es sie einfach, doch einst waren sie Objekte von Stolz, Sachen von Wert. Mit diesen Attributen lässt sich vieles beschreiben. Bei manchen Leuten stehen beispielsweise Kristallgläser im Schrank oder Großmutters Uhr auf der Kommode. Solch eine Uhr aus dem achtzehnten oder neunzehnten Jahrhundert habe ich bislang nur bei Leuten in Charkiw gesehen. Sie stand bei einer gut situierten und gebildeten Familie, die Großmutters Uhr aufbewahrte. Im Donbass findet man so etwas nicht. Hier gibt es kaum solche alten Dinge und wenn dann liebt man sie nicht. Während sie für andere die Achtung der eigenen Vorfahren verkörpern, gibt diese Wurzeln im Donbass einfach nicht. Ich wage zu behaupten, dass bestimmt die Hälfte der Leute „freiwillig" oder unter Zwang, dorthin geschafft wurde.

Mein Großvater zum Beispiel kam aus Belarus. Dem sagte man damals: „entweder du gehst ins Gefängnis oder in den Bergbau". Einerseits war dies also eine Art Bestrafung, andererseits kamen auch viele hierher, um einfach Geld zu verdienen. Die Bergarbeiter bekamen einen guten Lohn. Im Grunde war Donezk eine Zeit lang eine Art Dubai. Von einem Monatslohn konnte man sich ein Motorrad kaufen. Man hatte es nicht nötig zu sparen. Auch kamen viele Kleinkriminelle, die zwar nicht gerne arbeiteten, doch Geld brauchten. Und weil man so leicht das Geld für ein Motorrad auf legale Weise verdienen konnte, ließen sie ihre kriminellen Machenschaften ruhen und gingen ins Bergwerk schuften. So hatten sie nun eine legale Arbeit und verdienten ihr Geld. Doch mit ihnen verbreitete sich in der Region eine romantisierte Vorstellung von Verbrechern. Von dort stammen die Statussymbole und der Slang, den viele Leute pflegen. So war es einfach.

Auch die Stufen des Erwachsenwerdens waren davon bestimmt. Schon die kleinen Jungs machten mit diesen Werten Bekanntschaft. So dominierte ein ganz bestimmtes Männlichkeitsbild, wie er zu sein habe und nicht anders. Auch musste jeder Heranwachsende gewisse Mutproben überstehen, die aus dem kriminellen Milieu stammten.

Im Jugendalter schauten wir amerikanische Filme, die man in Kellern von Videotheken und später im Kabelfernsehen zeigte. Das waren Action- oder Karatefilme. In unserer Clique überlegten wir uns verschiedene Mutproben. Die hatten Namen wie „Weg des Ninja". Mir gefiel das, denn es hatte etwas Heldenhaftes an sich wie in Märchen. Andere Jungs, die sich zur gleichen Zeit kriminellen Banden anschlossen, schlugen sich einander einfach auf die Fresse. Wer mehr aushielt und mehr Löcher im Kopf hatte, war der coolste. Die Löcher in Größe einer Münze bekam man durch die Bruchstücke von Metallstangen, die man in Handschuhen versteckte, wenn man sich zum Prügeln traf. Einfach eins gegen eins. Wenn man die Schläge auf den Kopf oder Streifschläge abbekam, blieben hiervon Narben in der beschriebenen Größe zurück. Klar lief dann viel Blut, denn es war ja der Kopf. Doch wenn sich die Wunde schloss, war die Narbe gar nicht so groß. Dort wuchsen später keine Haare mehr, weshalb sie stets sichtbar war. Manche schlugen so zu, dass sie nebeneinanderlagen, damit man gleich sehen konnte, wie viele Löcher jemand im Kopf hatte. Das hieß dann, dass der Kerl einiges wegstecken konnte. So einen hatte man zu fürchten und musste ihm Respekt zollen. Ich kann noch lange solche Regeln und Codes aufzählen. Zum Beispiel welche Hierarchien in diesen Gangs galten. Ihr Revier teilten die sich nach Vierteln auf.

Das Damanskyj-Viertel lag am weitesten draußen, deshalb nannte man es wie die Insel am Ussuri „Damanskyj", um welche die Sowjetunion und China einst einen Konflikt hatten. Ich lebte mit meiner Familie in Damanskyj, doch meine Großmutter im Zentrum. Da ich sie oft besuchte, ging ich diese Strecke oft und kam durch mehrere andere Viertel und konnte schrittweise Veränderungen spüren.

Damals Anfang der neunziger Jahre ging das mit den Banden los. Da gab es zum Beispiel die Jungs aus Karakowo, einer Siedlung, wo die Ukrainer wohnten. Ganze Viertel existierten nur als Schlafstädte für die Bergwerke. Die Häuser waren wie ein Ameisenhaufen,

in dem die Arbeiter übernachteten und dann wieder zur Arbeit gingen. Die Leute hier hatten keine Zeit und keine Kraft noch etwas nach der Arbeit im Garten zu tun. Außerdem ergab es keinen Sinn, denn man lebte ja mit diesem Gefühl alles gemeinsam, kollektiv zu tun.
Wir schuften alle zusammen. Fang hier nichts Eigenes an.

Mein Onkel Wowka war Brigadier im Bergwerk und mein Vater Schlosser unter Tage, meine beiden Cousins ebenso Bergarbeiter. Alle meine Großväter und -mütter arbeiteten im Bergwerk. Nur meine Mutter arbeitete nicht dort, dafür aber in der Buchhaltung, wo die Bergarbeiter ihren Lohn ausgezahlt bekamen. Dort hatten sie die ersten Computer. Und meine Mutter saß da und überprüfte die Fehler, die dem Computer unterliefen. Was für ein Schwachsinn. Hunderte von Leuten saßen da, um zu überprüfen, was der Computer rechnete. Wozu brauchte man den dann? Naja, was soll's. Wahrscheinlich beschleunigte er den Prozess und man konnte den Lohn auch überweisen. Manchmal ging ich zu ihr auf die Arbeit. Dort brummten diese riesigen Computer. Als ich all das sah, dachte ich nur: Hightech. Auch mein Vater nahm mich mit, hinunter in den Schacht in Stachanow, wo er arbeitete. Er arbeitete sehr viel. So viel kann man gar nicht erzählen. Das passt in kein Interview. Ein ganzes Buch könnte man darüber schreiben.

Nach meiner Auffassung beruht Identität auf Objekten von Stolz. Sie formen die Mentalität der Menschen und ihre kulturelle Prägung. Worauf ist denn ein Mensch stolz? Das kann man genau abzählen, indem man zu ihm nach Hause geht und schaut, was auf einem Ehrenplatz steht, was gezeigt wird und was einem jeden Tag ins Auge fällt und Geschichten erzählt und all das Wichtige abbildet, was in diesem Leben so passiert ist. Diese Objekte beschreiben am besten, was mit ihnen geschah und werden so zu Objekten von Stolz.

Ich meine, behaupten zu können, dass der größte Stolz der Menschen hier, ihre Überlebensfähigkeit ist. Von Geburt an ist man mit dieser Situation konfrontiert, egal ob man es will oder nicht. Denn man ist hier geboren und es ist es schwer von hier wegzugehen.

II. Roman Minin

In meinem Heimatort gab es nur eine Bushaltestelle, sodass es schon schwierig war, überhaupt nach Donezk zu kommen. Weder in der Schule, noch in der Gesellschaft erhielt man Anreize zu reisen wie: „Los, fahrt schon und entdeckt die Westukraine." Niemand hatte solche Gedanken. Schon der Gedanke sich überhaupt vom Fleck zu bewegen stieß meist auf völliges Unverständnis. „Wozu denn? Was für eine Dummheit." Alle gingen davon aus, dass in der Westukraine nur Bandera-Leute lebten. Und in Russland und Belarus lebten höchsten die Verwandten. Nur wenige meiner Bekannten auf der Arbeit oder nach der Armeezeit verließ je die Oblast Donezk. Die Zeit in der Armee war wohl für die meisten die einzige längere Reise in ihrem Leben.

Der Mensch braucht den Schaffensrausch. So wird von Psychologen der Zustand genannt, wenn der Mensch das Essen, den Körper und alles andere vergisst und sich auf eine wichtige, sakrale, Mission begibt, die so gefährlich ist, dass er dabei verletzt werden oder umkommen kann. Dazu zählt auch die Arbeit im Bergwerk unter härtesten Bedingungen. Heute kann man mit der Simulation dieses Rausches gutes Geld verdienen. Besonders die Computerspielindustrie verdient Milliarden damit, dass Menschen diesen Kick brauchen und die virtuellen Spiele ihn substituieren. Der Spieler rennt, er schießt und wird erschossen, denn er verfolgt die sakralste Tätigkeit überhaupt. Wenn ein Mann Krieg spielt, erreicht er den Höhepunkt seines Schaffensrausches, wenn es darauf ankommt: entweder ich oder er. Diesen mentalen Druck, diese Angespanntheit, wollen wir in unserem Leben spüren, denn wir brauchen ihn.

Doch nur Wenige verdienen mit diesem Zustand Geld. Das sind zum Beispiel Schauspieler oder Musiker, die eine Katharsis in ihrem Schaffensrausch erleben, wenn zum Beispiel auf ihren Konzerten die Menge in Ekstase gerät. Diese Menschen können sich glücklich schätzen. Aber nicht alle können bekannte Musiker oder Sportler sein, die mit ihrer Lieblingstätigkeit Geld verdienen.

Manche erreichen diesen Rausch auch, wenn sie unter extremen Bedingungen an der Grenze zwischen Leben und Tod schuften. Das ist echte Männerarbeit, denn ein Mann liebt das Risiko. Umso gefährlicher, desto besser die Geschichten danach. Sich am Lagerfeuer zu betrinken und sich dann zu prügeln, ist auch ein

Rausch, den ein echter Mann erleben muss. In entwickelten Ländern wird dieses Erlebnis zum Beispiel durch Extremsport ersetzt. Für andere sind es der Krieg, oder die Drogen.

Nach der schweren Arbeit unter Tage muss der Mann zuhause ganz normal sein, um nicht auch noch der Frau und den Kindern den letzten Nerv zu rauben. Um so zu sein, muss er am Ende eines Arbeitstages immer noch genug Kraft haben, um auch der Familie Liebe zu schenken. Doch wenn der Mann bereits betrunken von der Arbeit kommt und Aufmerksamkeit einfordert und sich dabei selbst bemitleidet, dann ist das wie Gift, das alles zersetzt. Und wenn sich zu diesem Selbstmitleid noch andere mit ihrem Leid gesellen, wird daraus ein Drama. Diese Konflikte bringen nur unglückliche Kinder hervor.

Die Bergarbeit selbst ist vielleicht nur für zehn Prozent der ganzen Probleme verantwortlich, die es hier gibt. Die Leute merken nicht, wie die Zeit vergeht. Nach und nach kommt immer mehr Selbstmitleid dazu, das sich verstärkt. Und es geht immer so weiter.

Stellen wir uns vor, dass ein Mann von irgendwoher zum ersten Mal in den Donbass kommt. Man empfängt ihn freundlich und bewirtet ihn, doch das Gespräch kommt nicht über einen gewissen Punkt hinaus. Wenn die Einheimischen dann anfangen von ihren Problemen zu berichten, kommen diese dem Gast komplett verrückt vor. Er kann die hiesigen Stolz-Objekte nicht verstehen, zu denen auch die Schwierigkeiten gezählt werden. Gerade gestern hat man einen Freund unter Tage verloren und ist mehrmals selbst fast gestorben. All das erfüllt die Einheimischen mit einem gewissen Stolz und sie erzählen es nicht, um zu vergessen, sondern um sich damit zu rühmen. Und doch erkennen die Leute hier noch nicht einmal, dass sie stolz darauf sind. Selbst wenn ich von den neunziger Jahren erzähle, berichte ich nicht ohne Stolz von all den Abenteuern, die wir damals erlebten. Zum Bespiel wohnten wir drei Jahre ohne Gasversorgung, mit teils mehrwöchigen Stromausfällen. Warmes Wasser gab es auch nicht. Aber das gibt es heute nach zwanzig Jahren immer noch nicht. Kaltes Wasser gab es jeden Abend für zwei Stunden von 8 bis 10, oder eben gar nicht. Stell dir vor, kein Gas, kein Strom, kein Wasser und draußen ist es Sommer und alle müssen ja irgendwann mal aufs Klo. Um wenigsten spülen zu können, musste man sich nach der Schule für zwei Stunden am Brunnen anstellen, wobei manchmal das Wasser auch hier ausblieb. Doch die Leute standen weiter an, teils auch nachts, bis es wieder Wasser im Brunnen gab. Dann setzte man sich aufs Fahrrad, um Brot zu kaufen, oder besser gesagt, um noch eins abzukriegen. Wenn das gelang, war man gut. Dann saß man bei Kerzenschein und machte seine Hausaufgaben, nebenan übte der Akkordeonlehrer „Bald kommt der Frühling..." Und an all das erinnert man sich bei Kerzenschein. Romantik.

Ich erinnere mich, dass meine Großmutter eine Zeit lang ihren Enkeln ihre Geschichte erzählte und ihre Objekte von Stolz mit uns teilte. Mir kam es einfach nur wie eine Überlebensstrategie vor. Man überlebte also bei Kerzenschein und obwohl man nicht kochen konnte, kochte man etwas. Wir hatten so einen Benzinkocher, mit dem wir auf dem Balkon kochten. Kartoffeln oder irgendeinen Brei. Außerdem hatten wir Hühner in der Garage. Auf die passte ich auf, wenn sie rauskamen. Ich lernte schnell, Hühner zu zerlegen. Einmal stellte ich eine Stoppuhr und nach zwanzig Minuten lag das Huhn im Topf. In zwanzig Minuten schaffte ich das Huhn abzubrühen, zu rupfen und es fertig für den Kochtopf zu machen. Dank der Hühner überlebten wir, denn in den Läden gab es nichts außer Brot und Margarine. Letztere habe ich damals bis zum Umfallen gegessen. Ich erinnere mich an die Regale voller Margarine. Und nun erzähle ich voller Stolz von dieser seltenen, einzigartigen Erfahrung. Heute ist mir bewusst, dass ich anstelle dieser Erfahrung, zum Beispiel, Englisch hätte lernen können oder irgendetwas Nützliches hätte machen können. Ich hätte mit Pinsel und Farbe etwas malen können, wenn die zu jener Zeit nicht so unglaublich teuer gewesen wären.

Als ich mich später für das Malen begeisterte, machte ich mir die Pinsel selbst aus Kuhohren, die wir kaufen und dann auskochten. Daran kann ich mich erinnern.

Unser Hof war bunt gemischt: Da gab es Tataren und Russen, Leute mit brauner, dunkler oder gelber Hautfarbe, aus Russland, aus

Perm, dem Krasnodarskij Kraj. Es hieß Ukrainer gäbe es nur in Karakowo. Wie gesagt, die Bergarbeiter besaßen keinen eigenen Boden, auf dem sie etwas hätten anbauen können, denn dafür fehlte ihnen die Kraft. Doch in Kurakowo arbeiteten die Leute auf ihren Äckern und in ihren Gärten. Dort hatten die Leute kein Problem damit, für sich selbst zu arbeiten. Im Bergwerk wählten sie dann lieber die leichten Arbeiten in der Belüftung, der Liftbedienung oder die Bedienung der Walzenlader. Dann kam man nach Schichtende schneller los und konnte zuhause weiterarbeiten. Es gab also verschiedene Mentalitäten.

In den Neunzigern ging es Letzteren viel besser und darauf waren sie stolz. Denn ums Überleben kämpften damals die Leute in den Plattenbauten, die keinen eigenen Garten hatten. Die Leute waren über diesen Umstand sehr böse und der Graben verlief zwischen den selbstständigen „Kulaken" und den Bergarbeitern, die überleben mussten. Die Leute aus Kurakowo sagten: „Warum quält ihr euch denn? Hier, nehmt etwas Land und baut dort etwas an." Dieses unterschiedliche Gefühl für Eigentum war der entscheidende Unterschied in der Mentalität. Die Ukrainer strebten nicht danach, Teil des Kollektivs zu sein, sie waren stolz auf ihr Eigentum und die Selbstständigkeit, ihre Unabhängigkeit.

Als ich das erste Mal nach Charkiw kam, war ich beeindruckt. Hier gab es zumindest einige ältere Häuser. Das gefiel mir sehr. Ich hatte es noch nie gesehen, dabei war es, wie ich später lernte, nur einfacher Petersburger Klassizismus, an dem eigentlich nichts besonders ist. Ich fand die Stadt schön, mit Donezk nicht zu vergleichen. Soll mir doch einer erzählen, dass er Donezk liebt. Ich meine dann: „Ihr seid einfach an die Stadt gewöhnt. Das ist es. Ich verstehe euch ja, denn die besten Jahre eures Lebens habt ihr dort verbracht, die erste Liebe, Trennungen und Emotionen sind damit verbunden. Doch seid mal ehrlich, wie kann man bitte Donezk lieben?". Ich sage ja auch nicht, dass ich mein Dymytrow liebe, nur weil dort meine Eltern wohnen und ich dort meine Kindheit verbracht habe.

Was ist ein Bergarbeiter? Für mich ist er ein Held, ein Heiliger. Doch für das sowjetische System war er nur ein lebender Roboter, der die Förderung von Energieressourcen für die Industrie sicherstellte.

II. Roman Minin

Alles, was schwer und kompliziert ist, mag ein Bergmann, denn umso mutiger sieht er dabei aus. Er fürchtet sich vor nichts, erst recht nicht vor dem Krieg. In Wirklichkeit hat nach seiner Ansicht der Krieg den Donbass sogar noch schöner gemacht. Man muss diese Leute verstehen, die nichts im Leben zu verlieren haben. Wenn die Bergwerke schließen, gibt es keine andere Arbeit. Aber ein Mann muss tun, was ein Mann tun muss. Und dann steht plötzlich der Krieg vor der Tür. Natürlich geht man hin, um es sich selbst und anderen zu beweisen. Das ist doch normal.

Die meisten Leute kennen keine Fremdsprachen und haben keine Erfahrung in anderen Berufen. Es ist etwas primitiv, so wie im Mittelalter als Papst Urban II. zum Kreuzzug aufrief: „Zieht ins Land, in dem Milch und Honig fließen. Werdet zu Kriegern auch ihr, die ihr gestohlen oder euch gegen eure Brüder gerichtet habt. Wer hier arm ist, wird dort Reichtum erlangen." Und die Menschen kamen mit Forken und Spaten, um diese Reden zu hören und zogen direkt in den Krieg. Sie dachten, Byzanz sei gleich um die Ecke und sie würden die Janitscharen und Türken mit Leichtigkeit vertreiben. Tausende starben so umsonst, nur um ins Paradies zu kommen und eine Heldentat zu vollbringen. Und der Krieg ist eine solche Heldentat. Doch statt innezuhalten und einmal nachzudenken, worum es hier eigentlich ging, zogen sie einfach weiter. Es gibt also scheinbar Kräfte, die eine Zivilisation und die Entwicklung zum Erliegen bringen kann. Diese Kräfte sind nicht an einer Umorientierung von Werten und Stolz-Objekten interessiert. Wenn man einmal gut mit ihnen gelebt hat, sollte man sie auf ewig verteidigen und für sie töten, denn in diesem Stolz und diesen Werten spiegelt sich die ganze Welt.

Die Kohle ist ein Fluch, der von klein auf an wirkt. Sie gibt sich als etwas Gutes, Nettes, Wichtiges, Warmes. Dabei ist sie ein Fluch, die das ganze Leben aussaugt, wie ein Tranquilizer.

Ich würde sagen, dass gerade ein Krieg gegen die Vergangenheit tobt. Dieser Krieg ist für mich persönlich gegen diesen Stolz gerichtet und er wird noch viele Jahre andauern. Es wird schwer sein, die Rache zu unterdrücken. Sie wird von Generation zu Generation weitergegeben. Was man mit diesen Rachegefühlen machen soll, weiß ich nicht. Wie kann man Leute nur davon abhalten an einander Rache zu üben.

Man muss dem Donbass wohl einen Vertrauensvorschuss als Symbol der Liebe schenken. Er verlangt danach. Er kämpft wie ein Teenager, der sich beweisen muss, da ihn niemand mag. „Ihr Schweine habt mich nie geliebt und euch nicht für mich interessiert. Jetzt zeig ich's euch!"

Von Hughes hörte ich das erste Mal, als ich schon älter war. Niemand machte sich hier um ihn Gedanken. Es war einfach irgendein Hughes. Erst als ich in Belgien in den Charleroi Museen war, erfuhr ich, dass hier einst viele Belgier lebten. Sie hatten ihre Technik hierhergebracht. So viele Engländer kamen zusammen mit Hughes und so viele von ihnen sind hier gestorben. Auch Italiener und andere Europäer kamen in den Donbass. Nun liegen sie hier unter der Erde. Zwar waren sie Kapitalisten, doch sie haben hier so viel aufgebaut. Dann kamen die Roten mit ihren Budjonny-Mützen und erzählten später allen, dass sie das alles gebaut hätten. So ein Unsinn.

Der Donbass denkt man, dass man so besonders ist, weil die Leute hier so leiden. Dabei haben sie noch nicht einmal gesehen, wie damals die Leute in Belgien lebten. Doch die Besonderheit ihres Leidens gibt ihnen das Recht noch mehr zu leiden. Die Menschen sind daran nicht schuld. Vielmehr hat das System sie nur dem gemacht, was sie sind.

Im Foyer eines Bergwerks gab es einst eine Installation. Ein riesiger Glaskäfig, in dem hunderte von Papageien lebten. Die Kumpel blieben immer davor stehen, betrachteten die Vögel und rauchten dabei eine Zigarette. Woran dachten sie? Haben sie sie gezählt? Der Prozess des Beobachtens, des Zur-Ruhe-Kommens, des Eintauchens in die Schönheit der Natur…das ist eine konzentrierte Portion Leben. Dort hinter dem Glas ist es gut, dort ist es schön, dort kann man leben. Die gemalten Palmen im Hintergrund des Käfigs lassen Assoziationen mit dem Paradies, Entspannung und Urlaub aufkommen. Die Vögel sind Teil des Paradieses. Das Schweigen und dieser Blick, mit dem der Bergmann die Vögel anschaut, ist so vielsagend und gibt doch keine Antwort. Er stellt in Wahrheit auch keine Frage. Hierin liegt das Geheimnis von der Erfülltheit des Bergarbeiterlebens im Donbass. Im Donezker Zen.

KYJIW. 2.

Zentrales staatliches ukrainisches Kino- und Fotoarchiv

Ich bin wieder im Archiv und suche nach Fotos von Salisnjak.

Mir werden zwei Stapel mit Fotos gebracht, über den Ersten Weltkrieg und das Dorfleben in den 1930er Jahren.

Im Stapel über den Ersten Weltkrieg gibt es drei Fotos von Salisnjak. Ich fahre langsam fort nach weiteren zu suchen. Ich betrachte jedes Foto ausführlich, auch wenn es nicht von Salisnjak ist. Beerdigungen von Gefallenen. Eine Segnung mit Weihwasser. Ein kaputtes russisches Leichtflugzeug. Deutsche Schützengräben, aus denen die Beine eines Toten ragen.

Jedes dieser Fotos könnte den Umschlag eines historischen Romans zieren.

Nach und nach suche ich immer schneller. Nun schaue ich nicht mehr nach den Abbildungen, sondern den Kurzbeschreibungen auf der Rückseite.

„Feldgottesdienst im Schützengraben des III. Kavallerie-Korpus der russischen Armee im 1.WK": Der Graben ist mit verwelkten Sonnenblumen geschmückt, wie ein verzerrtes Bild Van Goghs.

„Österreichische Kriegsgefangene": Ein gigantischer Mann mit großem Bauch.

Auf anderen Fotos sieht man Erhängte, Getötete, Gekreuzigte.

„Fahrrad-Bataillon" und „Giftgasopfer" sind zwei der eigenartigsten Fotos. Fahrradfahrer in einer Kolonne auf dem Schlachtfeld. Auf dem anderen eine Gruppe von Soldaten, die einander führen, da sie bei der Giftgasattacke ihr Augenlicht verloren.

Zeichen der Zeit. Chimären des Krieges.

Endlich finde ich drei Fotos von Salisnjak.

Eines der Fotos zeigt eine Gruppe von Soldaten, die im Kreis steht, jeder stützt einen anderen. Die Soldaten machen Witze und haben gute Laune. Für ein Moment ist die Jugend eingefroren.

Noch zwei Gruppenfotos. Auf einem liegt ein Teil der Soldaten auf dem Bauch und zielt mit den Gewehren auf den Betrachter. Der Alltag verändert die Gewohnheiten und die Art sich selbst zu präsentieren. Wären diese Männer wirklich im offenen Gelände für ein Foto über den Boden gerobbt?

Ein anderer Stapel enthält Fotos über das Dorfleben, die fast alle von Salisnjak sind.

Er liebte es, die Bauern zusammen mit den neuartigen Maschinen zu fotografieren. Mähdrescher, Traktoren und Drillmaschinen. Die eisernen Tiere einer neuen Zeit, die es zu bezwingen, zu zähmen galt.

Fast zehn Fotos zur Entkulakisierung. Auf einigen kann man die Gewalt erahnen und sieht die nachfolgende Verteilung des Eigentums. Die Macht zu konfiszieren, zu zerreißen, zerstören und entwurzeln.

„Der Verkauf von Kulaken-Eigentum auf dem ‚Roten Basar'": Die Dorfbewohner schleppen die Sachen eines Kulaken davon.

Enteignete Kulaken gehen mit ihren Familien und den Säcken ihrer Habseligkeiten durch den Schlamm.

„Entkulakisierte Bauern der Dörfer Udatschne und Hryschyne. Anfang der 1930er Jahre."

Das womöglich bekannteste Foto Salisnjaks ist oftmals in den Medien zum Holodomor-Gedenktag Ende November zu sehen.

Eine Mutter und ihre Tochter ziehen einen Handwagen, auf den sie alles geladen haben, was man ihnen mitzunehmen gestattete. Die Mutter hat sich ein Seil umgelegt, um den Wagen zu ziehen. Obenauf sind zwei Stühle gebunden. Unnötig erscheinende Dinge aus einem friedlichen Alltag, die vor den Ruinen ihrer Existenz absurd erscheinen. Im Hintergrund sind ein Mann, eine Frau und eine weitere Person zu sehen. Hinter dem Mann hängt ein umgedrehtes Hufeisen an der gerade verlassenen Hütte. Erfolg. Glück. Auf eine gute Reise.

Vor den beiden Frauen liegt der Rand des Fotos. Hier ist das alte Leben zu Ende und es beginnt die endlose Reise eines nationalen Traumas.

Dazwischen gibt es Bilder des Alltags auf dem Dorf. Lachende Frauen, Ährengarben, eifrige Feldarbeit. Lachen, Freude, Unterstützung, untrennbar miteinander vereint. Alles dreht sich im Kreis.

II. KYJIW. 2.

Einige Fotografien sind beschädigt. Mir scheint in einem Moment, dass gerade die schwarzen Punkte oder verschwommenen Teile der Bilder am Wichtigsten sind.

- Gut, dass Sie gekommen sind. Vor einigen Tagen war schonmal ein Mann hier, der sich nach Salisnjak erkundigt hat.
- Wirklich? – frage ich verdutzt.
- Ja, das war sein Enkel. Als er das Archiv durchging, erkannte er seine Großmutter auf den Fotos. Er versprach dem Archiv noch weitere Fotos zu vermachen. Dafür geben wir ihm für das Scannen der Fotos hier Rabatt.

Mir fehlen die Worte. Schließlich frage ich:

- Erinnern Sie sich zufällig, wie er hieß?
- Warten Sie kurz.

Die Arbeit an diesem Buch lehrt mich eins: Jede Antwort auf eine Frage ist Anfang und Ende zugleich. Neue Antwort, neue Frage.

- So. Verraten Sie bloß niemandem, dass ich es Ihnen gesagt habe.
- Natürlich.
- Er heißt Wolodymyr Antonowytsch Hawschuk.

BACHMUT. 3.

Intercity Nummer 712 Richtung Osten. In Kyjiw hat gerade der Eurovision Song Contest stattgefunden.
Die Stadt täuscht Veränderungen und Gepflegtheit vor. Schnell wurde alles neu gepflastert. Ich sehe einige Ausländer in der Metro.
In den sozialen Netzwerken rumort es wegen des nackten Pos eines Flitzers während der Final-Show.
Zwischendrin eine Liste von Soldaten, die im April und Mai in diesem russisch-ukrainischen Krieg starben.

Ich bin wieder bei der Rosenallee in Bachmut. Der noch kalte und winterliche Frühling führt einem nochmal die Instabilität der Konstruktion vor Augen. Als der Bogen geplant wurde, der auf acht Säulen ruht, vergaß man den unebenen Untergrund. Zwei der Säulen mussten mit Beton unterfüttert werden, um sie höher zu machen.

Nun beim zweiten Blick erschließt sich mir der Sinn der Allee. Der Komplex wurde scheinbar gebaut, um das Problem mit den Hochzeitsfotos zu beheben. Direkt daneben liegt ein Restaurant für Festlichkeiten. Ein zweckmäßiges Gebäude, das die Grundbedürfnisse der Einwohner zu befriedigen hat.

Ich komme an den leeren Denkmalsockeln von Lenin und Artem vorbei. Während ich sie anschaue, erinnere ich mich an die Gespräche mit den Einwohnern, die mir gegenüber den Wunsch äußerten, die leeren Sockel wieder zu bestücken. Die Leute brauchen Ikonen. Die Gegenwart bietet keinen Halt.
Alles soll wieder an seinen Platz. Lenin auf dem Sockel und Artemiwsk anstatt Bachmut.

Artemiwsk war 22 Monate von den Deutschen besetzt.
In jener Zeit passierten schreckliche Dinge. Fremde wie Einheimische waren daran beteiligt.

Anfang Januar 1942 wurden in der ganzen Stadt Bekanntmachungen verteilt. Alle jüdischen Bewohner der Stadt wurden angewiesen, sich am 9. Januar am angegebenen Ort um 8:00 Uhr einzufinden. Mitbringen sollten sie sämtlichen Schmuck, Gold und Silberbesteck, ihre Dokumente sowie ihre Haustürschlüssel mit einem Vermerk ihrer Adresse. Bei Nichtbefolgen des Befehls drohte Erschießen. Mehr als 3000 jüdische Einwohner fanden sich in den Kellern der ehemaligen NKWD-Wache am Bahnhof ein.

Drei Tage gab man den Gefangenen nichts zu essen und nichts zu trinken. Am 11. Januar wurde ein Großteil der Menschen zu einem Alabasterstollen gebracht. Frauen, Kinder, Ältere, ohne Ausnahme.

Sie wurden im Stollen Nummer 46 eingeschlossen. Anderthalb Jahre blieb die Höhle verschlossen.

Am 5. März 1943 wurde die Stadt befreit.

Den verschlossenen Stollen fand man erst nach einigen Wochen. Durch die dort herrschenden Bedingungen waren die meisten der Körper mumifiziert.

Später wurde während der Nürnberger Prozesse berichtet:

„Die gesamte Höhle war mit Leichen bedeckt, nur ein kleiner Teil am Eingang und ein Pfad in der Mitte waren frei. Alle Leichen lagen dicht an dicht und mit dem Rücken zum Eingang. Es waren so viele, dass es wie eine einzige Masse an Körpern wirkte."

Er war Mitte Oktober, als die Leichen geborgen und auf ein Feld gelegt wurden, damit Verwandte sie identifizieren konnten. Die Leichen wurden erst 1960 auf dem städtischen Friedhof beigesetzt.

Davor gab es Wichtigeres zu tun.

Zum Beispiel wurde 1950 in den Nachbarstollen derselben Fabrik eine Sektkellerei eingerichtet.

Der erste sowjetische Champagner lief 1954 vom Band.

Im Museum gibt es ein besonderes Artefakt. „Fotodokumente der Gräueltaten der deutsch-faschistischen Invasoren und ihren Helfern im Lazarett der sowjetischen Kriegsgefangenen während der Okkupation Artemiwsks, Stalinska Oblast. KGB UdSSR. 1944".

II. Bachmut. 3.

Unter anderem sind darin die Taten von Oleksandr Kamyschew dokumentiert.

Er wurde 1888 in der Nähe von Sankt Petersburg geboren. Der spätere Gefäßarzt hatte 1929 sein Medizinstudium in Charkiw abgeschlossen. Vorstrafen: keine.

Doch der Krieg verändert alles.

1942 wurde er zum Leiter des Kriegsgefangenenlazaretts ernannt. Die Ermittler beschreiben es später so: „Beihilfe zur Massentötung und Gräueltaten an Soldaten und Offizieren der Roten Armee durch die Herbeiführung von Hunger, der Ausbreitung epidemiologischer Krankheiten, Nicht-Behandlung von Verwundeten, Nötigung Kranker und Schwacher zu schwerster körperlicher Arbeit und Aussonderung von Juden, die er den Deutschen zum Erschießen übergab."

In dem Bericht gibt es eine Episode, nach der Kamyschew befahl, die Innereien einer toten Stute auf den Hof zu bringen. Die Kriegsgefangenen stürzten sich darauf und aßen die rohen Innereien.

Insgesamt getötet: 3000 Personen.

Kamyschew wurde nach dem Krieg zusammen mit zwei Anführern der Wachmannschaft und zwei Hilfspolizisten erschossen.

Was macht die Geschichte so besonders?

Der Kontrast zur Geschichte des Chirurgen Chajlow. Ein Arzt, der Leben rettete. Und ein anderer, der das Gegenteil tat.

In die Akte wurde ein Foto Kamyschews geklebt. Eine kleine doch eindrucksvolle Abbildung in der Größe eines Passfotos. Ein Drittel des Gesichts liegt im Dunkeln. Hohlen Wangen, ein durchdringender Blick.

Auf dem Weg nach Lyssytschansk sitze ich neben einem angetrunkenen Soldaten, der zum Dienst zurückkehrt.

Bevor er das Gespräch mit mir beginnt, fragt er zunächst: „Bruder, bist doch kein Separatist, oder?"

LYSSYTSCHANSK. 2.

Ich bin in der Stadt, die von sich im Konjunktiv redet:
„Niemand weiß es genau, doch..."
„Ich selbst habe es nicht gesehen, aber..."
„Was erzählen sie denn, das ist doch..."
Eine Stadt, in der alles nur so scheint, in der die Wirklichkeit verschwimmt.

Die Realität ist so schrecklich, dass jeder es vorzieht in seiner eigenen zu leben. Bedingt durch politische Ansichten, Weltanschauungen und Lebenserfahrung kann ein und dasselbe Ereignis komplett unterschiedlich wahrgenommen werden.

Wie sehen ein Gebäude des staatlichen Arbeitsdienstes mit Spuren von Panzergeschossen. Es steht da wie ein Kuchen mit zwei herausgerissenen Stücken. Hier wurde während der Kämpfe ein Scharfschützennest ausradiert. Auf den Wänden steht mit roter Farbe: „LEBENSGEFAHR". Drumherum sprießt das Unkraut, das mit Tautropfen bedeckt ist. Ich erinnere mich an die Minenwarnung, denn die sollen die Okkupanten in der ganzen Stadt verteilt haben.

Unter den Schuhen knirschen die Glasscherben und Steine.

Uns begegnet das vertraute Bild eines ausgeschlachteten Hauses. Herausgerissene Kabel, eingeschlagene Fenster.

Mein Begleiter deutet auf einige Dächer, die mit neuem Schiefer ausbessert wurden. Das sind Spuren des Krieges. Die Häuser bleiben mit Narben zurück.

In Lyssytschansk gibt es zwei Fabriken mit dem Namen „Proletarier". Die Separatisten-Kämpfer mit Moshowyj an der Spitze besetzten den Komplex „Proletarier-1".

Am 2. Juli 2014 attackierten Flugzeuge der ukrainischen Luftwaffe „Proletarier-2". Dort sollte laut offiziellen Informationen eine Autowerkstatt der Kämpfer untergebracht sein.

Einige Einheimische behaupten, dass die Armee einfach die „Proletarier" verwechselt habe. Laut ihrer Aussage soll sie eine Fabrik beschossen haben, in der gearbeitet wurde.
— Die Leute rannten nach Hause und ließen alles stehen und liegen.
— Weißt du vielleicht, wie viele Opfer es damals gab?
— Ich glaube eine Frau hat ihr Bein verloren.
Man glaubt. Andere erzählen. Es scheint so.

„Die Kämpfe dauerten zehn Tage. Wir waren hier einen Monat ohne Gas, Strom und Wasser."

Nachdem wir einen Kreis gedreht haben, kommen wir wieder zum ersten Gebäude zurück. Nun gehen wir auf die andere Seite in den Hof.
Hausnummer 173.
Wohnung 11.
Am 20. Juli, als die Kämpfe bereits vorbei waren, schlug hier ein „Schmertsch"-Geschoss ein.
Doch es explodierte nicht.
Es durchschlug das Dach des zweistöckigen Hauses und blieb im Fußboden des Erdgeschosses stecken.
Durch die Wucht wurde eine ältere Frau aus dem zweiten Stock ins Erdgeschoss geschleudert. Ihr Mann soll eine Hand verloren haben.
Das Geschoss mit einer Länge von fast vier Metern verband die beiden Stockwerke wie ein herabgestürzter Balken.
Einer der Kommentatoren unter dem Video zu dieser Geschichte, das ich später bei YouTube fand, erklärt, dass das der Raketenantrieb eines ‚Schmertsch'-Gefechtskopfs sei, der nicht mehr explodieren könne. Das Geschoss vorne drauf ist scheinbar woanders niedergegangen.
Die damals herbeigerufenen Soldaten rührten das Geschoss nicht an.
Es kam ein Fernsehteam, um zu fragen, aus welcher Richtung es gekommen sei. Ob es nicht die Separatisten waren? Die Bewoh-

II. Lyssytschansk. 2.

ner zeigten die ungefähre Flugbahn, die das Geschoss hätte nehmen können. Ihre Armbewegungen wirkten wie der wilde Salto eines abstürzenden Akrobaten. Die Reporter gaben nicht auf und fragen, ob nicht vielleicht im zweiten Stock Separatisten wohnten, die man mit einem Präzisionsschlag hatte ausschalten wollen. Die Anwohner entgegneten sarkastisch: „Wer? Die Alte mit dem Mann ohne Hand? Wenn die beide Separatisten gewesen sein sollen, dann eher im Zweiten Weltkrieg."

Schließlich wurde das Geschoß ganz einfach von einem Arbeiter zerteilt und mitgenommen.

Gegen 14 Uhr gehe ich ins Kino „Druschba" im Stadtzentrum. Zwei bereits angetrunkene Teenager suchen nach einem Kumpel, um Tickets für die Tagesvorstellung für „Guardians of the Galaxy 2" zu kaufen.

Ihnen wurde gesagt, dass ohne einen dritten Zuschauer die Vorstellung nicht stattfindet.

„So ein Schwachsinn. Lass uns nach Sjewjer fahren. Da finden wir einen", sagt einer die beiden.

In der ganzen Stadt sind die Werbetafeln in Blau getaucht. Der „Oppositionsblock[36]" lockt mit Georgsbändchen und bekannten sowjetnostalgischen Phrasen wie mit einer lang etablierten Marke, die man schon an der Farbe erkennt. Ihre Zielgruppe versteht sofort, worum es geht. Wieder spüre ich diese tiefempfundene Ungerechtigkeit darüber, dass man sich hier nun nach dem „Sieg im Großen Vaterländischen Krieg" auch von der jüngeren politischen Vergangenheit verabschieden muss, in der immerhin eine Kraft aus dem Donbass über die Ukraine herrschte.

Mein Begleiter ruft kurz den Bürgermeister an, um die Adresse unseres nächsten Ziels abzuklären.

---

[36] Anm. d. Übers.: Der Oppositionsblock war eine Partei, in der sich viele ehemalige Politiker und Anhänger der Partei der Regionen nach der Flucht Janukowytschs sammelten.

„Na was denn? Kannst du denn deinen Klitschko in Kyjiw auch einfach so anrufen? Wir hier können es. Der Bürgermeister ist ein guter Mann", sagt mir der Fahrer und winkt mit dem Telefon.

Während ich Erzählungen über die Taten der Separatisten lausche, tauchen vor meinem inneren Auge Assoziationen zu den Taten der Bolschewiken vor 100 Jahren auf. Damals ein Aufruhr der aufgepeitschten Massen, die schließlich zu den Waffen griffen. Heute Menschen, die Autos beschlagnahmen und Menschen in Keller verschleppen. Alte Regeln werden außer Kraft gesetzt.

Damals waren die ausländischen Kapitalisten und Kulaken das Feindbild. Heute ist es das Phantom des Westens und der Hass auf all jene, die es unter diesen Umständen zu etwas gebracht haben.

Erschwerend hinzu kommt, dass die Wirtschaft in der Region eingebrochen ist und viele Unternehmer wieder von Null anfangen und sich in der neuen Realität zurechtfinden müssen.

Es fühlt sich an, als durchqueren wir eine weitere Talsohle der Geschichte und bahnten uns zwischen den Geistern der Vergangenheit unseren Weg zurück zum Gipfel.

Wir fahren eine Weile bergauf und erreichen ein altes Haus eines belgischen Unternehmers, dem Ende des 19. Jahrhunderts hier eine Fabrik gehörte. Das Anwesen thront wie Hitchcocks „Bates Motel" über der Stadt. Heute ist hier ein Gymnasium untergebracht.

Später gehen wir in ein anderes Fabrikantenanwesen, in dem noch vor 20 Jahren ein Krankenhaus untergebracht war. Egal wo man in der Ostukraine Gebäude der Belgier findet, man stellt fest, dass alle später hinzugebauten Trakte und Anbauten, egal ob aus Sowjet- oder jüngeren Zeiten längst verfallen sind, aber das Haupthaus steht. Es ist, als baue man im Vergleich zu den Belgiern nur temporär.

Lyssytschansk ist ein perfekter Ort für Sammler von Altmetall.
Man erzählt sich, dass diese in den Neunzigern sogar mal eine ganze Brücke über den Fluss zersägt und abgebaut hätten.

II. Lyssytschansk. 2.

„Alles haben sie mitgenommen. Die Masten stehen hier nur deshalb noch, weil sie den Mobilfunkanbietern gehören."
Es werden die Schilder mit dem Baujahr der Brücken gestohlen. Zurück bleiben schwarze Rechtecke als Schatten einer ausgemerzten Erinnerung.

Wir fahren weiter, um das Sosjura-Museum zu besuchen.
- Wo war denn nun die „Tretja Rota"?[37]
   Der Fahrer lacht.
- Na, genau hier.

Im Museum liegen drei Hefte, in die Sosjura seine Gedichte schrieb. Eines von ihnen endet mit der Datierung „10/VIII — 60".
Das letzte Gedicht beginnt mit den Worten:
„Die Nacht noch nicht vorbei. Die Hunde werden gequält."

In einer weiteren Vitrine liegt eine Auswahl von Attributen, die den Autor und seine Persönlichkeit ausmachten:
Ein Mitgliedsausweis des Schriftstellerverbands.
Ein Plattenspieler.
Ein elektrischer Rasierer.
Ein Gedichtband Sosjuras, der in den Schützengräben Stalingrads im Frühling 1943 gefunden wurde.
Ein Mantel, über den eine Mitarbeiterin des Museums sagt: „Ich weiß nicht, wie er ihn getragen hat. Mit einer Hand krieg ich ihn nicht hochgehoben, so schwer ist der."

Wir fahren zu einem ruhigen Strand am Fluss. In den Augen meines Begleiters spiegelt sich Traurigkeit. Wie es wohl früher hier war, als die Brücke noch an ihrem Platz und der Sprungturm nicht so zerstört war? Er schlägt mir vor, dort hinaufzusteigen, von wo früher alle Jungs aus Lyssytschansk springen mussten. „Sonst warst du kein echter Mann."

---

[37] Anm. d. Übers.: „Tretja Rota" ist ein bekannter Roman des Schriftstellers Wolodymyr Sosjura.

Unbewusst erinnere ich mich an Gewaltszenen aus „Tretja Rota", in dem das Leben eines Teenagers als nie enden zu wollender Kampf erscheint.

Sosjura erzählt darin, wie ein Pferdedieb gefangen wurde. Die Deutschen hatten sich eine besondere Strafe für ihn ausgedacht. Sie legten den Dieb seitlich auf den Boden und banden ihm auf Rücken und Bauch zwei mannshohe Bretter. Danach richteten sie ihn auf und schlugen der Reihe nach mit Knüppeln auf ihn ein. Der Dieb, eingeklemmt zwischen den Brettern, stöhnte entsetzlich und ging zu Boden. Man richtet ihn abermals auf und schlug ihn weiter.

Sosjura erzählt von Wasyl Kostjantiw, der während des Krieges Freiwilliger in einem Todesbataillon war. Einmal tötete er am Dinez einen Hund. „Sie taten es voller Freude. Wasyl knurrte vor Vergnügen, als er mit dem Knüppel die Schnauze des bereits blutenden Tieres zerschmetterte..."

Bei ihm gibt es auch eine Geschichte von drei blinden Welpen, die der Held im Buch von den Klippen werfen will. Er holte aus und warf die noch „warmen Welpen" hinunter, die nicht sofort starben, sondern noch in der Dunkelheit jaulten.

Sosjura kann nicht anders und fügt hinzu: „Ich mochte es zum Misthaufen am Dinez zu kommen, wohin auch die Pferde zum Sterben kamen. Sie schnaubten und zuckten im Todeskrampf mit den Hufen, das nasse Fell zuckte. Später kamen die Hunde und fraßen sich satt."

Wir sind wieder unterwegs.

- Dort links sieht man die Schichten irgendeiner anderen Epoche. Dort liegen die Bodenschätze frei herum. Nimm dir etwas, wenn du willst. Irgendwann brachten sie auch mal die Teilnehmer eines internationalen Kongresses hierher.
- Und was gibt es da heute zu sehen?
- Unrat und Müll. (Pause) Doch das war schon zur Sowjetzeit so.

Es geht um die sogenannte „Kongressschlucht", die den Teilnehmenden des 27. Internationalen Geologenkongresses gezeigt

II. Lyssytschansk. 2.

wurde, der 1984 in Moskau stattfand. Exkursionen an bestimmte Orte fanden jedoch in der ganzen Sowjetunion statt. Auf Onlineplattformen kann man heute ein Teilnahmeabzeichen des Kongresses für nur 114 Dollar kaufen.

Man sagt, dass es Familien gibt, in denen der Hass auf die ukrainische Armee weiterleben wird, wie die Erinnerungen an die Vorfahren. Es wird von einer Familie berichtet, die gerade draußen im Garten war, als sie beschossen wurden. Innerhalb eines Augenblicks wurden drei Generationen ausgelöscht: Opa, Vater, Sohn.

Zurück blieben drei Generationen von Frauen: Oma, Mutter, Tochter.

Ist die Geschichte wahr?

Man weiß es nicht.

Ich rede mit Bewohnern über den Zusammenbruch der Sowjetunion. Statt Sentimentalitäten erklingen kritische Erinnerungen an die damalige Wirklichkeit, an jugendliche Leichtsinnigkeit und den obligatorischen Alkoholismus auf der Arbeit. Als die Hälfte der Arbeiter zu Schichtende betrunken war und die andere Hälfte auf dem Weg dahin.

Die Betrunkenen schliefen auf der Arbeit ein.

Manche verloren ihre Extremitäten durch Unvorsichtigkeit.

Tauschhandel, Mangel, Alkoholismus.

„Zum Hirsch" ist ein Café auf der Anhöhe, von der aus sich ein Panoramablick über Lyssytschansk bis nach Sjewjerodonezk erstreckt. Ein Schild gibt an, dass der Hirsch auf der Revolutionsstraße steht. Ein in Hinblick auf die Dekommunisierung gefährlicher Name. Doch jede Generation hat ihre eigenen Revolutionen.

Der Hirsch ist das Symbol der Stadt.

Die Situation rund um das Tier veranschaulicht wieder einmal die ukrainische Realität.

Vielleicht ist es in Wirklichkeit anders, doch von außen schildert sich die Geschichte wie folgt:

Es gibt ein Denkmal mit dem Symbol der Stadt. Teilweise verfällt es von allein, teils wird aktiv nachgeholfen. Letztendlich ist es allen egal. Ganz besonders der Stadtverwaltung. Nun hat sich ein Unternehmer gefunden, der rund um das Denkmal ein Café eröffnet hat. Die Skulptur restauriert er auf eigene Kosten und nach eigener Vorstellung. Um das Denkmal sind die Pflasterung und die Tische in Form eines «П» angelegt. Dabei wird das Hirsch-Denkmal nun durch das «П» von drei Seiten eingeschlossen und legt dem Wildtier eine Schlinge um den Hals. Sein Streifzug durch die Weiten des Raumes und das Atmen von Grenzenlosigkeit und Freiheit sind nun eingeschränkt. Gleichzeitig wird er nun beschützt, steht auf Privatgrund und ist kameraüberwacht.

Das Symbol der Stadt bleibt erhalten.

Mit einem Geschirr um seinen Hals.

Ein 1960 aufgestelltes Schild erinnert an das erste Bergwerk des Donbass: „Hier in LYSJA BALKA wurde auf Anordnung von KATHARINA II. am 14. November 1795 das ERSTE BERGWERK DES DONBASS errichtet".

Um das Schild herum wächst Gras, auf dem die Ziegen weiden.

Jeder Gesprächspartner hier und seine Aussagen bleiben mit Zweifeln behaftet.

Praktisch jede historische Gestalt, die meinen Weg kreuzt, ist streitbar.

Sie alle bilden ein einziges Simulakrum.

Symbolische Gestalten der sowjetischen Geschichte erscheinen mir wie ein Stück Erde, aus der alle Kohle gefördert und somit die Energie ihrer historischen Bedeutung verbraucht wurde. Zurück bleibt Leere. Asche. Wenn man auf diese Erde tritt, kann es passieren, dass man einbricht und in ein bodenloses Nichts stürzt.

Hryhorij Kapustin, der Entdecker der Donezker Kohle, wurde in einer leibeigenen Bauernfamilie in Danilowskij in Zentralrussland geboren.

Laut sowjetischer Geschichtsschreibung war er es, der die ersten Kohleschichten des Donbass in den 1720er Jahren entdeckte.

Doch war er wirklich jemals hier?

II. Lyssytschansk. 2.

Wir besuchen das Museum der Entwicklung der Kohleindustrie in der Lyssytschansker Region. Hier finden sich zwei meiner Lieblingszitate: „Gerühmt seiest du, Stamm der Bergarbeiter!" und Lenins „Kohle ist das Brot der Industrie".

Jedes Mal beeindruckt mich die besondere Zärtlichkeit und Liebe, auf die man in dieser rauen Bergbauwelt trifft.

Eine Vitrine mit Bergbauwerkzeugen:
Kohleschaufel
Presslufthammer
Pickel
Keilhaue
Fäustel

Danach folgt als weiterer Beweis für die stehengebliebene Zeit eine Vitrine mit Helmen, mit denen die Bergarbeiter gearbeitet haben.

„Mit diesem Helm arbeitete der Bergmann S. Sobkow von Januar 1955 bis August 1995."

Wie hat die Welt sich in 40 Jahren verändert?
Wie hat sie sich für den Bergarbeiter verändert?

Mein Begleiter erklärt mir an Beispielen die systematische Zerstörung von Unternehmen in der Region und wundert sich über meine naiven Nachfragen. Schließlich sagt er: „Das Geld ist einfach nicht von der Politik zu trennen. Vielleicht solltest du lieber darüber schreiben, mein guter Journalist."

Ich denke an die Neunziger Jahre im Donbass: Epochenwende, Chaos, Neuaufteilung und bisher ungekannter Raub und Reichtum. Das Versprechen eines neuen Wirtschaftssystems brachte Verwüstung bis tief unter die Erde.

In der Kohleindustrie der Ukraine arbeiteten 1991 insgesamt 961 000 Menschen.

1991 starben in China fast 10 000 Bergleute.

1992 gilt in den USA als tragisches Jahr für den Bergbau, weil 52 Bergleute sterben.

1992 war auch für die Ukraine schlimm.

Am 9. Juni 1992 gab es im Bergwerk „Suchodolska-Ost" in der Oblast Luhansk eine Explosion. Dabei kamen 63 Menschen ums Leben. In den Folgejahren kommt es zu vier weiteren tödlichen Vorfällen. Insgesamt fünf Unfälle fordern 111 Menschenleben.

21. August 1992: Explosion im Bergwerk „Skotschynskyj" in Donezk. Zwei Bergarbeiter und 15 Retter kommen ums Leben. Als der Schacht in den 1970er Jahren eröffnet wurde, galt er mit seinen 1200 bis 1300 Metern als der tiefste der Welt. Die ersten sechs Opfer gab es im Juli 1979. Nach elf Monaten der nächste Unfall mit elf Toten. Nach 1992 gab es hier sechs weitere Vorfälle, bei denen über 100 Menschen starben.

25. Oktober 1992: Explosion im Bergwerk „Nowodserschynska" in Dserschynsk. Vier Tote. Im Jahr 2009 starben sechs Bergarbeiter. Seit 2012 trägt das Bergwerk den Namen der Heiligen Matrjona Moskaus.

6. November 1992: Explosion im Bergwerk „Kindratiwka", Horliwka. Neun Tote.

Am 1. November 1992 erschüttert eine Serie von Explosionen das russische Bergwerk „Schewjakowa" in der Oblast Kemerewo. 25 Personen sterben, doch nur zwei Leichen werden geborgen. Die restlichen 23 bleiben unter Tage.

1996 wurde an jenem Ort ein Erinnerungskomplex geschaffen. Er steht genau an der Stelle, wo die Bergarbeiter auf immer in der Erde blieben.

Wir werfen einen Blick in das Geschichts- und Gedenkbuch „Preis des schwarzen Goldes. Lyssytschansk 2001":

„Das Lyssytschansker geologisch-industrielle Steinkohlebecken liegt im nördlichen Teil des Donbass. Es umfasst 350 km². Das Bassin ist etwa 35 Kilometer lang und 10 Kilometer breit. Seit Beginn des industriellen Abbaus gab es hier mehr als 300 kleine und große Schächte."

Es folgen die Namen der Bergarbeiter, die in den Bergwerken von „Lyssytschanskkohle" von 1944 bis 2000 ums Leben kamen.

Es sind Nachname, Vornahme, Vatersname, Geburtsdatum, das Bergwerk, der Beruf und das Todesjahr notiert.

Doch mit der Zeit bleibt von den Menschen nur noch:

II. Lyssytschansk. 2.

Kohle Kohle Kohle Kohle Kohle Kohle Kohle Kohle Kohle Kohle
Kohle Kohle Kohle Kohle Kohle Kohle Kohle Kohle Kohle Kohle
Kohle Kohle Kohle Kohle Kohle Kohle Kohle Kohle Kohle Kohle
Kohle Kohle Kohle Kohle Kohle Kohle Kohle Kohle Kohle Kohle
Kohle Kohle Kohle Kohle Kohle Kohle Kohle Kohle Kohle Kohle
Kohle Kohle Kohle Kohle Kohle Kohle Kohle Kohle Kohle Kohle
Kohle Kohle Kohle Kohle Kohle Kohle Kohle Kohle Kohle Kohle
Kohle Kohle Kohle Kohle Kohle Kohle Kohle Kohle Kohle Kohle
Kohle Kohle Kohle Kohle Kohle Kohle Kohle Kohle Kohle Kohle
Kohle Kohle Kohle Kohle Kohle Kohle Kohle Kohle Kohle Kohle
Kohle Kohle Kohle Kohle Kohle Kohle Kohle Kohle Kohle Kohle
Kohle Kohle Kohle Kohle Kohle Kohle Kohle Kohle Kohle Kohle
Kohle Kohle Kohle Kohle Kohle Kohle Kohle Kohle Kohle Kohle
Kohle Kohle Kohle Kohle Kohle Kohle Kohle Kohle Kohle Kohle
Kohle Kohle Kohle Kohle Kohle Kohle Kohle Kohle Kohle Kohle
Kohle Kohle Kohle Kohle Kohle Kohle Kohle Kohle Kohle Kohle
Kohle Kohle Kohle Kohle Kohle Kohle Kohle Kohle Kohle Kohle
Kohle Kohle Kohle Kohle Kohle Kohle Kohle Kohle Kohle Kohle
Kohle Kohle Kohle Kohle Kohle Kohle Kohle Kohle Kohle Kohle
Kohle Kohle Kohle Kohle Kohle Kohle Kohle Kohle Kohle Kohle
Kohle Kohle Kohle Kohle Kohle Kohle Kohle Kohle Kohle Kohle
Kohle Kohle Kohle Kohle Kohle Kohle Kohle Kohle Kohle Kohle
Kohle Kohle Kohle Kohle Kohle Kohle Kohle Kohle Kohle Kohle
Kohle Kohle Kohle Kohle Kohle Kohle Kohle Kohle Kohle Kohle
Kohle Kohle Kohle Kohle Kohle Kohle Kohle Kohle Kohle Kohle
Kohle Kohle Kohle Kohle Kohle Kohle Kohle Kohle Kohle Kohle
Kohle Kohle Kohle Kohle Kohle Kohle Kohle Kohle Kohle Kohle
Kohle Kohle Kohle Kohle Kohle Kohle Kohle Kohle Kohle Kohle
Kohle Kohle Kohle Kohle Kohle Kohle Kohle Kohle Kohle Kohle
Kohle Kohle Kohle Kohle Kohle Kohle Kohle Kohle Kohle Kohle
Kohle Kohle Kohle Kohle Kohle Kohle Kohle Kohle Kohle Kohle
Kohle Kohle Kohle Kohle Kohle Kohle Kohle Kohle Kohle Kohle

Kohle Kohle Kohle Kohle Kohle Kohle Kohle Kohle Kohle Kohle
Kohle Kohle Kohle Kohle Kohle Kohle Kohle Kohle Kohle Kohle
Kohle Kohle Kohle Kohle Kohle Kohle Kohle Kohle Kohle Kohle
Kohle Kohle Kohle Kohle Kohle Kohle Kohle Kohle Kohle Kohle
Kohle Kohle Kohle Kohle Kohle Kohle Kohle Kohle Kohle Kohle
Kohle Kohle Kohle Kohle Kohle Kohle Kohle Kohle Kohle Kohle
Kohle Kohle Kohle Kohle Kohle Kohle Kohle Kohle Kohle Kohle
Kohle Kohle Kohle Kohle Kohle Kohle Kohle Kohle Kohle Kohle
Kohle Kohle Kohle Kohle Kohle Kohle Kohle Kohle Kohle Kohle
Kohle Kohle Kohle Kohle Kohle Kohle Kohle Kohle Kohle Kohle
Kohle Kohle Kohle Kohle Kohle Kohle Kohle Kohle Kohle Kohle
Kohle Kohle Kohle Kohle Kohle Kohle Kohle Kohle Kohle Kohle
Kohle Kohle Kohle Kohle Kohle Kohle Kohle Kohle Kohle Kohle
Kohle Kohle Kohle Kohle Kohle Kohle Kohle Kohle Kohle Kohle
Kohle Kohle Kohle Kohle Kohle Kohle Kohle Kohle Kohle Kohle
Kohle Kohle Kohle Kohle Kohle Kohle Kohle Kohle Kohle Kohle
Kohle Kohle Kohle Kohle Kohle Kohle Kohle Kohle Kohle Kohle
Kohle Kohle Kohle Kohle Kohle Kohle Kohle Kohle Kohle Kohle
Kohle Kohle Kohle Kohle Kohle Kohle Kohle Kohle Kohle Kohle
Kohle Kohle Kohle Kohle Kohle Kohle Kohle Kohle Kohle Kohle
Kohle Kohle Kohle Kohle Kohle Kohle Kohle Kohle Kohle Kohle
Kohle Kohle Kohle Kohle Kohle Kohle Kohle Kohle Kohle Kohle
Kohle Kohle Kohle Kohle

Sechshundertvierunddreißig tote Bergarbeiter in sechsundfünfzig Jahren.

So steht es zumindest in den Akten.

Auf eine Million Tonnen Kohle kommen drei Menschenleben.

Jede zwanzigste Person auf der Liste ist eine Frau.

Die Erde rächt sich grausam. Sie fordert Opfer im Austausch für neue Kohleschichten, die unsere Nachkommen dann verbrennen, um ihre Häuser zu wärmen und die Metall-, Chemie- und Energie- und Leichtindustrie am Laufen zu halten.

634-mal steht hier das Wort Kohle,
hinter jedem einzelnen davon ein Leben.

ÜBER DEN KRIEG, DIE WALLISER UND DAS START-UP „WILD FIELDS"

1.

1853 entflammte ein Konflikt zwischen Russland und Frankreich um die Kontrolle über die christlichen Heiligtümer und Orte in Palästina. Des Weiteren strebte das Russische Reich nach einem Protektorat über die mehr als zehn Millionen orthodoxen Christen im Osmanischen Reich. Wo die erklärten christlichen Werte in Gefahr sind und die Orthodoxie auf dem Spiel steht, ist Krieg im Anmarsch.

Russland trat zusammen mit seinem einzigen Verbündeten Griechenland in den Krieg mit Frankreich, Großbritannien, dem Osmanischen Reich und dem Königreich Sardinien. So begann der Krimkrieg, in dem erstmals Telegraphen, die Eisenbahn und Schiffsartillerie zum Einsatz kamen. Auf Seiten der Alliierten versteht sich. Denn die Krim-Kampagne demonstrierte Russlands desolate technische Rückständigkeit im Vergleich mit dem Gegner. Auf dem Meer kämpfte man mit Segelschiffen gegen Dampfschiffe. Die Heeresführung war nicht in der Lage genügend Versorgung in Form von Waffen oder Verpflegung auf die Krim zu schicken.

Es entwickelte sich ein Positionskrieg, in dem die Kampfformation der Schützenreihe erstmals zum Einsatz kam.

Der Krimkrieg markierte einen Wendepunkt für die Kultur. So war es der erste Krieg, der fotografisch dokumentiert wurde. Mit Florence Nightingale veränderte sich die Rolle von Krankenschwestern im Krieg und die Versorgung von Verletzten. Dank ihrer Ideen konnte die Sterberate in den britischen Lazaretten von 42 auf 2 Prozent gesenkt werden. Im Russischen Reich entwickelte der Arzt Mykola Pyrohow die Methode der Amputation und begann als Erster, Gipsverbände zu nutzen.

Der Himmel über den britischen Städten war meist von dichtem Kohlerauch bedeckt, weshalb die Rachitis ein weitverbreitetes Problem war und deshalb auch „englische Krankheit" genannt wurde. 42 Prozent der Rekruten fielen bei der Musterung aufgrund physischer Schwäche durch. Bei Männern aus dem Dorf waren es nur 17 Prozent.[38] Ein hoher Preis für die Industrialisierung und den imperialen Fortschritt.

Während des Kriegs erlebte Großbritannien einen seiner schmerzhaftesten Verluste. Den berühmten Angriff der leichten Kavallerie bestehend auf 600 Soldaten auf die Befestigungsanlagen der Russen überlebte kaum ein Angreifer. 1854 schrieb Sir Alfred Tennyson sein berühmtes Gedicht „The Charge of the Light Brigade", das mit der folgenden Strophe endet:

When can their glory fade?
O the wild charge they made!
All the world wondered.
Honour the charge they made!
Honour the Light Brigade,
Noble six hundred!

Das Russische Reich verklärte die Verteidigung Sewastopols schon damals mit dem „Ruhm der russischen Städte". 1855 veröffentlichte auch Lew Tolstoi seinen „Sewastopol-Zyklus", nachdem er selbst von November 1854 bis August 1855 in Sewastopol geweilt hatte. Im selben Jahr wurde der Pariser Frieden unterzeichnet, nach dem das Russische Reich seine Flottenbasen in Sewastopol und dem Schwarzmeerraum verlor.

Die Niederlage im Krieg wurde für das Russische Reich zum Trauma und hatte weitreichende Folgen in allen Lebensbereichen. Wenn die Franzosen und Engländer ihren Nachschub über das Mittel- und Schwarze Meer schneller organisieren konnten als Russland dazu über den Landweg im Stande war, war dies ein starkes Argument für Veränderung. Die folgenden Reformen reichten bis zur Abschaffung der Leibeigenschaft. Damit wurde Potenzial für die sich anbahnende Industrialisierung freigesetzt.

Doch zunächst musste man die Engländer um Unterstützung beim Aufbau einer Eisen- und Kohleindustrie bitten.

---

[38] Freese, Barbara: Coal – A Human History. Arrow Books, 2006. S. 82.

II. ÜBER DEN KRIEG

In der wilden Steppe mussten Siedlungen entstehen. Jene Siedlungen, die 150 Jahre später zum Epizentrum des russisch-ukrainischen Krieges werden sollten.

Wenn es nun so vorkommt, als wenn der Krimkrieg eine längstvergangene Geschichte ist, dann sollte man Folgendes bedenken:

Florence Nightingale wurde 90 Jahre alt und lebte bis ins Jahr 1910. Im selben Jahr wurde in Chicago die erste elektrische Waschmaschine patentiert und Jacques-Yves Cousteau und Mutter Theresa erblickten das Licht der Welt.

Noch etwas:

Während des ersten Beschusses von Sewastopol von Bord der mit 110 Kanonen bestückten *Queen* gab es auf dem Schiff als besonderen Talisman die Schildkröte Timothy, die man auf einem portugiesischen Piratenschiff erbeutet hatte. Timothy wurde knapp 165 Jahre alt und starb am 3. April 2004, drei Monate nachdem eine Internetseite angelegt wurde, die später unter dem Namen „Facebook" bekannt werden sollte.

Die Nachrufe nannten Timothy den letzten Zeitzeugen des Krimkrieges.

2.

Am 3. Juli 1969 wurde in London eine Gesellschaft mit 300 000 Pfund Eigenkapital gegründet, die heute knapp 28 Millionen Pfund entsprächen. Sie nannte sich „Neurussland Gesellschaft für Steinkohle-, Metall- und Eisenbahnschienenproduktion". New Russian Company Limited.

Die Expedition musste genau geplant werden, denn dort in der wilden Steppe gab es nichts. Alles musste mitgebracht werden. Wirklich alles. Sämtliche Werkzeuge und Material, um Eisen- und Bergwerke zu bauen. Kleidung, Besteck und Kultur, um sich den gewohnten Lebensstandard auch in der Fremde zu erhalten. Und auch das Personal musste mitgebracht werden. Wer sollte sonst die Arbeit verrichten? Wer die Einheimischen anleiten?

Im Sommer 1870 machten sich ungefähr 100 Berg- und Metallarbeiter aus Südwales auf den Weg. Der Expeditionsleiter nahm vier seiner Söhne mit. Seine Frau blieb mit den anderen Kindern Zuhause. In jenem Jahr sah sich die Familie zum letzten Mal.

Acht Schiffe erreichten Taganrog am Asowschen Meer bereits im Herbst. Knapp 160 Kilometer ging es mit Ochsenkarren über die Steppe. In einer langen Kolonne zog sich die gesamte Expedition voller Träume und Erwartungen.

Bis das erste Metall gegossen wurde, vergingen zwei weitere Jahre und noch ein weiteres, um die Produktion auf Hochtouren zu bringen. Und die Siedlung wuchs. Im Jahre 1870 lebten hier 164 Menschen, 1872 - 800, und im Jahre 1892 waren es bereits 20 000. Dies war die Siedlung Jusiwka.

Später wurde sie auch „Hughesoffka", „Jusofka" oder „Jewsovka" genannt, um die den jüdischen Charakter der Kleinstadt zu betonen.

1876 wuchs die Metallproduktion auf 16 000 Tonnen pro Jahr und das Unternehmen wurde das größte in der Branche. Hughes Arbeiter errichteten die Kursk-Charkiwer-, die Asow- und die Donezker Eisenbahnlinien für den Kohletransport, auf deren Strecken 18 Brücken, 15 Dampflokdepots und eine durchgehende Telegrafenverbindung angelegt wurden.

Was fühlte John Hughes wohl in diesen Jahren? Hatte er Ahnung davon, dass er den Grundstein für die Entwicklung einer ganzen Region legte?

Das Land gehörte nun ihm und seiner Gesellschaft. Selbst die Polizei wurde von dem Unternehmen gestellt.

Kurz vor Hughes Tod gab es in Jusiwka 64 Handels- und Industriebetriebe: Drei Bäckereien, zwei Fleischereien, ein Mehllager, eine Schlachterei, sechs Kneipen, einen Mineralwasserausschank, drei Hotels und Gasthöfe, ein Weinkeller, 40 Läden, Seifenkochereien und ein Badehaus. Ein Café und ein Krankenhaus mit zwölf Betten „im englischen Stil".

Jedes neue Gebäude musste bei der Gesellschaft registriert werden. So schuf man ab Ende des 19. Jahrhunderts eine Stadt nach englischem Vorbild. 19 schnurgerade Straßen, die im rechten Winkel von Prospekten geschnitten wurden. Im Zentrum von Jusiwka

II. ÜBER DEN KRIEG

lag der Gasthof „New World". Wie hätte man diesen sonderbaren Ort auch sonst nennen sollen?

Über die Arbeitsbedingungen und das Leben in Jusiwka liest man Unterschiedliches.

Die einen sagen, dass Hughes die Leute schützte, indem er neue Luftfiltersysteme in den Bergwerken installierte und sich um ihre Sicherheit kümmerte.

Andere sprechen von Ausbeutung. In keinem anderen Werk im Russischen Reich, auch nicht in den sibirischen Strafminen, lag die Todesquote höher als in den durch Hughes kontrollierten Unternehmen.

Man sagt Hughes nach, er habe die Menschen verstanden, obwohl er bis zuletzt kein Russisch sprach. Eines jedoch blieb ihm für immer fremd. Diese Vorliebe für Feste und das Feiern.

Wie man erzählt hatte Hughes einen guten Draht zur „himmlischen Kanzlei". Zum orthodoxen Priester vor Ort pflegte er gute Kontakte. Eines Tages rief Hughes ihn zu sich und schlug ihm einen Deal vor. „Du kochst doch auch nur mit Wasser. Lass uns irgendwo in der Mitte zwischen Himmel und Hölle, also hier auf der Erde treffen. Lass uns die Liste der Heiligen durchgehen. Braucht denn jeder von denen einen eigenen Feiertag? Für jeden Zentner geschmolzenes Metall an einem Feiertag werde ich den Opferstock deiner Kirche reich entlohnen." So nahmen sie sich des Kalenders an und Hughes handelte 15 Prozent zusätzliche Arbeitstage heraus.

Wenn die Bergarbeiter ihren Lohn bekamen, kam die Arbeit für einige Tage zum Erliegen. Zu Beginn der 1880er Jahr kamen im Gouvernement Jekaterinoslaw 3094 Einwohner auf eine Kirche, 2040 Einwohner auf eine Schule und 570 auf eine Kneipe.

Und die wurmte das Gefühl der Ungerechtigkeit. Es gab Aufstände und Pogrome. Läden wurden geplündert, Existenzen zerstört, Menschen verprügelt.

Einige dieser Ereignisse erlebte Hughes persönlich mit.

Im Jahre 1874 forderten die Bergarbeiter eine Lohnerhöhung und überredeten Arbeiter aus anderen Fabriken zum gemeinsamen Streik. Letztere wurden wiederum von den Vorarbeitern mit Schnaps gekauft, sodass sie Eisenstangen in die Hand nahmen und ihrerseits die streikenden Arbeiter in die Flucht schlugen. Die Aufrührer wurden auf Pferden verfolgt und unter Polizeiaufsicht in ihre Heimatorte verbannt. Hughes gab seinen Arbeitern keine Pässe aus, damit diese nicht während der Sommermonate für die Ernte verschwanden.

Er verstand es, sich die wilde Steppe untertan zu machen.

3.

Was für ein Mensch war Hughes wirklich?

Man sagt, dass er nicht schreiben und kaum lesen konnte.

Im ersten Buch, das über die Geschichte des Donbass verfasst wurde, machte man sich über ihn lustig. Er sei kräftig gebaut gewesen und habe ein rundes Gesicht gehabt, das auf einem kurzen Hals gesessen habe. Da er oft über die eigenen Beine gestolpert sei, nannten ihn die Leute auch „Krummbein" oder „Bulldogge".

Da er kein Russisch konnte, soll er Dokumente mithilfe von Zahlen unterschrieben haben. Anstelle der kyrillischen Version seines Familiennamens „Ю3" schrieb er einfach „1–03".

Ob er wohl die historische Dimension seines Handelns verstand, als er den Menschen ermöglichte ihr Dorf zu verlassen, sie dann jedoch unter Tage teils zu Tode schuften ließ?

Und hätte er sich wohl vorstellen können, wohin das Ganze einmal führt?

4.

Hätte Hughes damals doch nur gewusst, welche Büchse der Pandora er da öffnete. Im Jahr seines Todes kommt eine Annie Gwen Jones als Hausmädchen nach Jusiwka, um in der Familie seines Sohnes Arthur zu arbeiten. Als sie 1905 nach Wales zurückkehrt gebar sie bald darauf ihren Sohn Gareth, dem sie als Kind viele Geschichten über die Ukraine erzählt. Später wird Gareth Jones Journalist und Auslandskorrespondent und reist im März 1933 von Moskau nach Charkiw. An einer Station 60 Kilometer vor dem Ziel gelingt es ihm, den Zug zu verlassen und drei Tage ohne Beschattung mehr als 20 Dörfer und Städte zu Fuß zu besichtigen. Er berichtet der Welt als Erster die Wahrheit über die furchtbare Hungerkatastrophe.

Kurz zuvor war Jusiwka 1924 in Stalino umbenannt worden. Stalin war damals 45 Jahre alt und seit 2 Jahren an der Parteispitze. Die Repressionen unter seiner Führung sollten schon bald einsetzen.

Erst 1961 als mit Jurij Gagarin der erste Mensch in den Weltraum reiste wurde Stalino in Donezk umbenannt und entkam dem langen Schatten des Tyrannen.

2014 wird die Stadt von russischen Soldaten und Kämpfern besetzt. Seitdem nennen wir das Gebiet „zeitweilig okkupiertes Territorium". Dabei lehrt uns die Geschichte Donezks: Kein repressives Regime hält ewig.

5.

1889 war John Hughes 74 Jahre alt. 20 Jahre hatte er damals schon im Osten verbracht. Am 17. Juni befand er sich für eine Dienstreise in Sankt Petersburg und wohnte im Hotel „Angleterre". Schon einige Jahre zuvor war die Frau gestorben, die er seit dem Weggang nicht mehr gesehen hatte.

Auf einem Spaziergang durch die Stadt verstarb er.

Kurz darauf war in der Börsenzeitung zu lesen. „Tod von John Hughes. Der gebürtige Waliser, war in seinem Herzen Russe und tat mehr für die Industrialisierung des Landes als jeder andere."

Es bleibt offen, ob er sich jemals eine Antwort auf die Frage gab, warum es ihn ausgerechnet in den ukrainischen Osten verschlagen hatte.

SERHIJ ZHADAN:

„Um den Osten nicht zu verlieren, müssen wir ihn verstehen"

Serhij Zhadan ist ein ukrainischer Autor, Musiker und Aktivist. Er wurde 1974 in Starobilsk, in der Oblast Luhansk, geboren. Sein Roman „Woroschilowgrad" (deutscher Titel „Die Erfindung des Jazz im Donbass") wurde 2010 veröffentlicht und gilt als Schlüsselwerk zum besseren Verständnis der Region. Der 2017 erschienene Titel „Internat" ist einer der wichtigsten Romane über den Krieg im Donbass. Zwischen dem Erscheinen der beiden Bücher liegen gesellschaftliches Engagement für die Freiwilligenkämpfer, die Armee und die Gesellschaft, Rockkonzerte und Poesie-Lesungen vor den Fabrikruinen in Kostjantyniwka und in ausverkauften Sälen der Hauptstadt sowie Fahrten quer durchs Land, die ihn in fast jeden Ort in der Ostukraine brachte.
Wir trafen uns im Dezember 2019 in Charkiw. Gleich zu Beginn des Gesprächs klappte Serhij sein Laptop auf, um mir auf der Karte eine virtuelle Exkursion durch den Osten zu geben. Trotz der schweren Themen gab es viele lustige Momente, die keiner besonderen Erwähnung bedürfen, da die Fröhlichkeit selbst aus diesem Text spricht.
Zum prägenden Begriff des Gesprächs wurde die „Selbsterfahrung", die meinen Fokus auf der bereits zu Ende geglaubten Reise auf bislang unbeachtete Dinge lenkte.

Meines Erachtens gibt es keine besondere Donbass-Identität. Nach meinem Verständnis ist der Donbass sehr verschieden, heterogen und zersplittert. Und zwar politisch, ethnisch und sozioökonomisch. Dieses Territorium besteht in Wirklichkeit aus einer Vielzahl von Territorien.
    Ich komme zum Beispiel aus dem Norden der Oblast Luhansk. Verwaltungstechnisch gehören wir zu diesem Gebiet, doch historisch waren wir Teil der Sloboda-Ukraine. Der Fluss Ajdar markiert

die Grenze zu den alten Kosakensiedlungsgebieten. Man spürt, dass die Mentalität hier eine andere ist als in den südlichen Kreisstädten wie Altschewsk oder Lutuhyne, Sorokyne oder Stanyzja Luhanska, die geschichtlich wie ethnisch einen anderen Hintergrund besitzen. Dementsprechend ist die Situation hier eine andere.

In unserer Umgebung gab es hübsche Lehmhäuser. Gerade gestern haben meine Mutter und ich uns an das Dorf erinnert, aus dem mein Vater stammt. Es ist ein altes Dorf. Karajaschnyk heißt es. Man erzählt sich, dass im 18. Jahrhundert politische Ungünstige hierher umgesiedelt wurden. Mitten in der Steppenlandschaft gibt es dort Schluchten und genau dort liegt das Dorf, in dem es noch in den 1960er Jahren Lehmhäuser mit geflochtenen Weidenzäunen davor gab. So ein ganz klassisch ukrainisches Dorf. Unsere alten Kosakendörfer wurden nicht wie die späteren Bergarbeitersiedlungen gebaut, in denen die eine Hauptstraße vom Bergwerk oder der Fabrik zu irgendeiner Kneipe führte. Diese Vielfalt ist heute in der Oblast Luhansk nicht mehr so ausgeprägt zu erkennen. Im Norden dominiert die Landwirtschaft, im Süden die Industrie.

Wenn man sich die Region auf einer Karte anschaut, kann man das zum Beispiel an den alten ukrainischen und neueren, sowjetischen Ortsnamen sehen. Die ersten 15 Jahre meines Lebens verbrachte ich im Dort Bondarewe. Heute gibt es solche Dörfer nicht mehr.

Vor 1917 gab es in der Region große unbearbeitete Flächen und Steppe. Dann kamen die Bolschewiki und verteilten das Land unter den Bauern. Die meisten von ihnen kamen aus Russland, um die Steppe zu besiedeln.

Mein Vater wurde hier geboren. Dort gab es nur Felder über Felder und noch einige Schluchten, dort sammelten sich Wilde, Räuber und Menschen, die hierher verbannt wurden. Sie unterschieden sich stark von den Einwohnern der umliegenden Dörfer. Dort ging es eher gemütlich und friedlich zu. Doch diese Dörfer sterben nun aus, obwohl es hier doch so unglaublich schön ist.

Wenn man von Starobilsk Richtung Süden fährt, verändert sich die Landschaft. Da lässt sich gut beobachten, wie unterschiedlich der Donbass ist. Stanyzja Luhanska wurde mit Leuten aus der Region des Don besiedelt, Schastja ist einfach eine Retortenstadt um ein Kraftwerk. Doch es gibt auch zwei Lemkendörfer, in denen zum Beispiel traditionellen Lagerfeuer veranstaltet und andere Bräuche gepflegt werden. Oder das Dorf Sartana, wo eine griechische Gemeinde lebt, die aktiven Kontakt mit Griechenland pflegt. In der Musikschule kann man dort traditionelle griechische Instrumente spielen. Ein Teil der Bewohner spricht weiter Griechisch, aber Alt- und nicht Neugriechisch.

Es gibt eine Geschichte, dass man damals in Donezk vor der Orangenen Revolution eine Kirche mit einer Janukowytsch-Ikone darin fand. Die oppositionellen Medien machten einen großen Skandal daraus, um zu zeigen, wie sehr die Leute hier untertänig sind. Ich war später einmal in der Kirche. Zu aller Erstaunen war das keine orthodoxe, sondern eine griechisch-katholische.

Nach dem Zweiten Weltkrieg wurden viele Menschen aus dem heutigen Galizien vertrieben. Viele flüchteten hierher, denn im Bergwerk fragte niemand danach, ob jemand in der UPA gekämpft hatte.

Es gab hier mal eine ältere Frau, die aus der Westukraine kam. Im Alter vermachte sie ihr Haus der Kirche und zog selbst in einen Seitenflügel. Sie hatte eine Ikone im Barockstil mit Engeln, Jesus und Maria und darunter als Wohltäter die Bilder eines Geheimdienstgenerals, des Bergwerksdirektors und Wiktor Janukowytsch, der vor den Wahlen 2004 unter den griechisch-katholischen Gläubigen geworben hatte.

Donezk und die Oblast Donezk waren immer reicher und prestigeträchtiger, so wie der große und schlauere Bruder. Deshalb sahen die Leute aus Luhansk stets auf ihre Art zu Donezk hinauf. Auch wenn man dieser Beziehung heute eine besondere Liebe oder Freundschaft zuschreibt. So war es nicht. Es war nie ganz eindeutig, denn „der Donbass" ist einfach verschiedenartig.

Einmal trat ich zusammen mit der Sängerin Marjana Sadowska in Wolnawacha auf, dem „südlichen Tor des Donbass", wie man sich selbst nannte Für den Auftritt waren Ankündigungen im A4-Format verteilt worden. Es kamen viele Schüler zum Konzert. Man hatte die deutsche Flagge auf die Flyer gedruckt und offenbar Gäste aus Deutschland erwartet.

Nach dem Konzert brachte man uns zu einer Gruppe Hobbyethnographen, die die Volkskunst der Region sammelte. Sie hatten dort einige traditionelle Wyschywanka, bestickte Hemden, die 100 bis 150 Jahre alt waren. Einige waren aus der Region Katerinoslaw, andere aus Tschernihiw, aus Orten, in denen man Ukrainisch sprach und Volkslieder sang. Man zeigte uns Fotos des Donbass der 1950er und 1960er Jahre. Darauf waren Leute in Volkstracht, in Pluderhosen und Leinenhemden zu sehen, die den Hopak tanzen. Das waren Dörfer in der Nähe Wolnawachas. In der Stadt selbst, dem „südlichen Tor des Donbass", spricht man Russisch.

Das ist wie in meinem Starobilsk. Wenn man dort auf der Straße die Leute reden hört, kommt es einem so vor, als wäre man in einer russischsprachigen Stadt. Doch wenn man die Leute auf Ukrainisch anspricht, antworten sie auf Ukrainisch. In den Städten dominiert heute das Russische, wenn auch in einem spezifischen Dialekt.

Hier im Dorf Seleseniwk, haben wir im April 2014 das Projekt „Erzählungen" durchgeführt. Die Separatisten unter Girkin hatte damals schon Slowjansk eingenommen. Eine ganze Woche verbrachten wir damals in diesem Dorf.

Ende des 19. Jahrhundert baute sich der Unternehmer Kazimierz Mścichowski hier einen Palast, einen Park und eine römisch-katholische Kapelle. Danach zog hier die orthodoxe Kirche des Moskauer Patriarchats ein.

Als wir ankamen, blühte der ganze Park. Im Schlossgarten sahen wir einige Männer, die, wie sich herausstellte, Häftlinge eines nahegelegenen Gefängnisses waren und hier den Park pflegten. Auf die Frage, ob sie nicht abhauen könnten, zuckten die Einheimischen mit den Schultern, Wohin denn? Wir sind hier in der Oblast Luhansk.

Im Norden der Oblast fanden die Separatisten keine Unterstützung. Das war vielleicht einerseits ein Zufall, andererseits aber eben nicht. Deshalb hat man sie aus Starobilsk und Swatowe verjagt.

II. Serhij Zhadan

Unsere Region war immer eine Kornkammer. Die Kolchosen um unsere Stadt gewannen regelmäßig Preise bei sowjetischen Erntewettbewerben. Eine meiner prägendsten Kindheitserinnerungen ist die Erntezeit. So weit das Auge reicht waren weite Felder zu sehen, die in der Nacht hell erleuchtet waren. Es wurde rund um die Uhr geerntet. 1991 war es damit vorbei. Doch zuvor lief die Produktion hier auf Hochtouren.

Geschichte war damals tabu. Über den Krieg durfte man nur im Sinne des offiziellen Narratives reden. Meine beiden Großmütter waren im Krieg gewesen. Eine von ihnen drang mit der Armee bis Berlin vor und schrieb ihren Namen auf eine Säule des Reichstags. Die andere kam bis Budapest oder Wien. Doch die beiden sprachen nicht gern über den Krieg.

Als wir eine von den beiden fragten, erzählte sie, wie sie in der Westukraine von UPA-Kämpfern beschossen worden waren und wie man in Polen die Rote Armee verabscheut hatte. Das waren keine Ruhmesgeschichten, weshalb man sie besser verschwieg.

Über die dreißiger Jahre durfte man ebenfalls nicht sprechen. Trotzdem erzählte mir mein Großvater, der 1922 geboren wurde und den Holodomor überlebt hatte, viel und ausführlich über jene Zeit. Darüber wie damals ganze Dörfer wegstarben, Kinder gegessen und ganze Familien ausgelöscht wurden.

Ich kann hier auf der Karte sogar so ein Dorf zeigen. Da war mal eines, das es nach dem Holodomor einfach nicht mehr gab. Hier, in dieser Schlucht war es. Dass dies einmal ein Dorf war, kann man nur noch an den Konturen der Büsche sehen, die früher einmal die Höfe begrenzten. 1933 starben hier alle Bewohner und wurden in die Brunnen geworfen, da die Friedhöfe bereits voll waren. Dort standen Lehmhütten ohne Steinfundament, von denen nach 60 Jahren nichts mehr übrig ist. Nichts erinnert mehr an daran, es gibt keine Denkmäler mit den Namen der Verstorbenen.

Die Alten fingen erst in den 1980er Jahren an, davon zu erzählen. Zum Beispiel wollte Nestor Machno hier in Starobilsk eine Republik gründen. Einige Großväter von uns kämpften auf seiner Seite oder in anderen Amateurtruppen.

Diese ganze Geschichte mit Hughes und den Belgiern scheint schon lange vorbei. Umso mehr, da der Donbass später als die roteste aller Regionen galt und das sowjetische Projekt die ukrainische Vergangenheit nahezu komplett ausradierte und übertünchte. Die Ereignisse von 2014 bewiesen das. Sonst wären für die Separatisten hier nur sechs Leute auf die Straße gegangen, und Putin hätte gar nicht erst seine Truppen hierhergeschickt.

Dort wo ich geboren wurde, redete man über den Donbass als etwas Fremdes. Wir sagten etwa: „Lasst uns in den Donbass fahren." Nordwestlich von uns lag Charkiw, südlich der Donbass und im Osten noch Rostow am Don. Wir zählten uns selbst nicht zum Donbass. Die Bergarbeiter waren nach unserem Verständnis nicht von hier. Manche bewunderten, andere fürchteten sie.

In den 1960er und 1970er Jahren zogen viele Menschen von hier in den Donbass, als sie Pässe bekamen, was die Möglichkeit zum Umzug eröffnete. Auch sie erzählten von den Bergarbeitern wie von Fremden, die unter Tage schufteten und ganz anders seien als die Bauern hier.

Für mich klangen diese Dinge immer etwas nach Legenden. Als ich als Kind einmal in den Donbass fuhr und diese gigantischen Rohre, Schornsteine und Abraumhalden sah, war das natürlich beeindruckend.

Mein Onkel war damals Bergarbeiter. Meine Tante und er lebten in Perwomajsk, was heute auf von dem Separatisten besetztem Gebiet liegt. Nach einem Unfall hinkte er und war für mich immer irgendwie anders als wir.

Dabei sind die Kindheitserinnerungen nicht objektiv. Meine sind voller Freude und Sonne. Und das ist gut so. Ich erinnere mich an das idyllische Leben in meiner Jugend. Alle arbeiteten von morgens bis abends, waren jung und fröhlich und zufrieden mit ihrem Leben. Die Probleme begannen, als wir größer wurden. Das musste wohl so kommen.

Es fehlt heute an Diskussionen über *uns* als Gemeinschaft, anstatt ständig über *andere* zu sprechen. Die Segmentierung, Regionalisierung und mentale Dezentralisierung in den Köpfen erscheinen mir als ziemlich schädlich. Sprüche wie „Wir in Lwiw sind besser als die in Ternopil", „Galizien ist schöner als Wolhynien" sind Anzeichen einer schrittweisen Degradierung der gesellschaftlichen Debatte, die sich nach Osten fortsetzt und schließlich von dort zurückkehrt.

Nun gibt es eine besondere Situation, denn im Donbass herrscht Krieg, der besonders blutig und tragisch ist. Über die Region wird entweder ausschließlich negativ („alles Verräter") oder positiv („hätten wir bloß im Donbass Poesie-Lesungen abgehalten, gäbe es heute keinen Krieg") geredet. Mir scheint, dass beide Positionen weder hilfreich noch konstruktiv sind. Denn wenn man die Leute nicht als gleichwertige Mitbürger ansieht, kann auch kein normaler Dialog zustande kommen.

Ich bin nicht dafür, die sooft zitierte „gemeinsame Sprache" zu finden, sondern die Besonderheiten zu verstehen. Die Region Odessa hat diese doch auch, genauso wie Transkarpatien. Zwar geht es in diesem Buch um den Osten, aber seit 2014 gewinne ich den Eindruck, als gehöre Charkiw oder Sumy nicht dazu, obwohl sie doch ebenso im Osten liegen.

Denn wenn man mein Charkiw nimmt, unterscheidet sich die Situation dort gar nicht so sehr. Wenn man durch die Region fährt kann man so einiges erleben...

Es gibt eine Geschichte von Huzulen[39] aus Kryworiwnja, die vor dem Krieg in den Donbass zur Arbeit kamen.

Der Vater der Familie, Iwan Iwanowytsch Selentschuk, belebte dort die Tradition des ukrainischen Krippenspiels wieder. Damals war er außerdem Kolchosvorsitzender und kümmerte sich nach der ukrainischen Unabhängigkeit 1991 um die Pflege verschiedener Traditionen.

Als die Separatisten begannen, die Region zu besetzen, wären auch sie fast in deren Fänge geraten. Da sie irgendwann einmal aus dem Westen gekommen waren, mussten sie einfach ukrainische Nationalisten sein. Sie schafften es gerade noch rechtzeitig zu fliehen.

---

[39] Anm. d. Übers.: Die Huzulen sind ein ukrainisches Bergvolk, die in der Karpatenregion im Westen des Landes leben.

Sie hatten dort ein Erholungsheim aus schönen Holzhäusern gebaut, die von den Separatisten besetzt wurde. Unsere Armee beschoss das Gelände daraufhin mit Panzern und Artillerie. Außer der Kapelle blieb nichts stehen. Die Huzulen kommentierten dies mit: „Die hat wohl Gott beschützt."

Es wurde doch kaum etwas über den Donbass geschrieben. Das, was ich gelesen habe, ist entweder propagandistisch oder aber schrecklich depressiv.
Auch alle Filme über den Donbass lassen in mir zwiegespaltene Gefühle zurück.
Da ist zum Beispiel Sergei Loznitsas Film „Donbass", an dem mir ungemein gefällt, wie er gemacht wurde. Brutal und grotesk zugleich. Es ist klar, dass er die Absicht hatte, das Ganze aus einer bestimmten Perspektive zu zeigen. Vielleicht hilft es nicht alles zu zeigen, um die Situation zu verstehen. Er hat sich dazu entschieden, eine Perspektive aufzuzeigen, und das ist gelungen.
Oder diese anderen Filme über den Krieg. Die sind weniger über den Donbass, als vielmehr über uns selbst als Ukrainer. Selbst die „Cyborgs", der mir noch am gelungensten erscheint. Aber bei all den anderen geht es nicht um den Donbass.
Der auf meinem Roman „Über die Erfindung des Jazz im Donbass" basierende Film „Wild Fields" malt ein ziemlich ironisches Bild von der Region. Was das Buch selbst angeht, so fällt mir immer wieder auf, dass besonders Ausländer, es gar wie einen Reiseführer für die Region gebrauchen.

Der Krieg hat mir Dinge in meinem Leben klargemacht, die eigentlich nichts direkt mit dem Donbass zu tun haben. Mir scheinen, dass dies Dinge sind, die eigentlich für unsere ganze Gesellschaft in der Ukraine gelten.
Das ist die komplette Schutzlosigkeit des einfachen Bürgers vor Desinformation, Manipulation und Propaganda. Diesen ist er erst einmal einfach ausgeliefert.
Ich habe verstanden, dass man nach dem Winter 2014 jede beliebige Einstellung in der Bevölkerung hätte provozieren können. Ich habe das in Charkiw gesehen. Als sich die Einwohner der Stadt

auf Protesten am 1. März durch die Russen aufgewiegelt miteinander prügelten, unterschied sich dies praktisch nicht von den entfachten Protesten in Donezk und Luhansk. Es gab dort nichts Spezifisches. Ich war damals geschockt, als ich sah, wie man Menschen so leicht beeinflussen konnte.

Geschockt war ich auch von der Hilflosigkeit und Desorientierung der Menschen in Luhansk Ende April 2014. Besonders, als klar wurde, dass es auf einen Krieg hinausläuft. Vor unseren Augen wurden Verwaltungsgebäude besetzt. Der Stadtrat von Altschewsk wurde eingenommen, als wir gerade in der Stadt waren und das ganze später in den Nachrichten sahen.

Die Einheimischen waren komplett ahnungslos. Sie wiederholten nur die Lügen des russischen Fernsehens, das verkündete der „Rechte Sektor"[40] käme, um hier alle abzuschlachten und dass auf dem Maidan nur Drogenabhängige gewesen seien. Außerdem würden wir für diese Revolution ja bezahlt... Voller Ernst und ohne Aggression sagten Leute dies zu mir, verbunden mit dem Wunsch trotzdem eine gemeinsame Sprache für ihre Anliegen zu finden.

Das hätte ebenso gut in Odessa, Mykolajiw, Cherson oder Tschernihiw passieren können. Ich denke nicht, dass es nur hier im Donbass dazu kommen hätte können.

Nach meinem Verständnis ist der Donbass schwer traumatisiert. Die Schwere dieses Traumas unterscheidet diese Region vielleicht von der Zentral- oder Westukraine. Das Jahr 1933 mit dem Holodomor war ohne Zweifel das Schlüsselereignis.

Das habe ich am eigenen Leib mitbekommen. Ich kann mich als Kind an diese tierische Angst der Erwachsenen erinnern. Wenn man im Gespräch auf tabuisierte Themen stieß, war es, als wenn eine Sicherung durchbrannte. Mein bereits erwähnter Großvater ist ein gutes Beispiel hierfür. Er erzählte mir viel über den Holodomor, doch wenn es um Stalin ging, machte er sofort dicht. Über den durfte man noch nicht einmal schlecht denken. Nur Gutes durfte man über ihn sagen.

---

[40] Anm. d. Übers.: Der „Rechte Sektor" bildete sich als Schutzformation während der Maidanproteste, indem er nationalistische Kräfte vereinigte. Später stellte die Organisation Freiwilligenbataillone auf, die gegen die Separatisten kämpften.

Mein Großvater sprach gern über Politik, was ihn von anderen in seinem Alter unterschied. Er kritisierte viele, doch Stalin war für ihn tabu. Bei manchen merkte man Hemmungen während sie redeten, bei anderen an ihrem Verhalten bei solchen Gesprächen.

Auf keinen Fall auffallen oder aufbegehren, nicht auffallen, sondern stillsitzen, das war die Devise. Nie zuerst die Waffe ziehen oder Ambitionen zeigen. Das sind Charaktereigenschaften des Ostens.

Es ist ein postkoloniales Syndrom, das sich in allem ausdrückt. Im Wahlverhalten, den politischen Einstellungen, gesellschaftlicher Beteiligung und dem Verhältnis zu Reformen oder anderen Neuerungen.

„Ich verbarrikadiere meinen Hof, sorge für mich selbst und lasse niemanden herein."

Ich denke nicht, dass die Erschaffung des „Neuen Menschen" durch die Sowjets daran viel geändert hat.

Meine Eltern arbeiteten ihr Leben lang hart. Sie arbeiteten gewissenhaft und lebten ein auskömmliches Leben. Ihre besten Jahre verbrachten sie in der Sowjetunion. Und da kollabiert das System. Von einem Moment auf den anderen verloren sie alles: ihre Jugend, die Ersparnisse und jegliche Perspektive, denn davon konnte in den Neunzigern keine Rede sein. Die Sowjetunion wird für sie mit etwas Gutem assoziiert, ohne Frage. Die Ukraine dagegen mit etwas Schlechtem.

Mein Vater war zwar kein Janukowytsch-Anhänger, doch den Maidan lehnte er ab. Als dann jedoch der Krieg begann, gab es keinerlei Diskussion mehr. Ich erinnere mich, wie er sagte: „Jetzt haben die Russen uns überfallen."

Doch diese Erinnerung an das verlorene Paradies existiert natürlich. Die Sowjetnostalgie ist im Osten eine bedeutende Kraft.

In der Oblast Luhansk waren bei den Wahlen bis 2014 die Kommunisten die stärkste Kraft. Sie warben einfach damit: „Wir bringen euch die Sowjetunion zurück." Das war natürlich nur billige Agitation, doch dafür wurden sie gewählt.

Für sehr viele war der Zusammenbruch 1991 ein echtes Trauma.

II. Serhij Zhadan

Doch bei weitem nicht das einzige.

Ein zweites war die Unterdrückung des Ukrainischen, welches in der Sowjetzeit brutal ausradiert wurde. Ein Beispiel ist die Tradition des Krippenspiels. Es schien so, als sei alles mit Beton übergossen worden und nichts mehr übriggeblieben. Doch plötzlich stellte sich heraus, dass es noch etwas gab. Viele stellte sich 2014 die Frage: „Die Sowjetzeit war schön, aber ich bin auch Ukrainer. Wie soll ich nun damit umgehen?"

Während meiner Fahrten durch den Donbass kamen Hunderte auf meine Konzerte. Doch hinter jedem einzelnen von ihnen steht ein individueller Weg zu ihrem Ukrainischsein, wie zu einem Glauben, so pathetisch das auch klingen mag. Eine Art Selbsterfahrung.

Dabei habe ich keinerlei Illusionen, dass dies der ganze Donbass sei. Doch es beweist, es gibt auch solche Menschen im Donbass.

Denn die gesamte Region und ihre Menschen über einen Kamm zu scheren, wird ihnen nicht gerecht.

In der Wiederentdeckung des eigenen Ukrainischseins liegt unsere einzige Hoffnung. Wie ein Bienenvolk, das nach und nach den Pollen findet und zusammenträgt, haben wir damit die Chance, die Situation hier zu verbessern.

Immer wieder treffe ich dabei auf wundersame Geschichten.

Vor einigen Monaten ging ich durch Warschau, als ein großer Mann im Trainingsanzug zu mir kam und mich um ein Selfie mit mir bat. Er begann zu erzählen und sagte, dass er mein Landsmann sei und aus Swatowe komme. Das ist ein Ort im Norden der Oblast Luhansk, wo es außer schöner Felder eigentlich nichts gibt. Ich fragte ihn, was er hier mache, worauf er antwortete, dass er in Łódź, in der 1. Liga, Fußball spiele. Dabei redete er einen Mix aus Ukrainisch und Polnisch. „Durch deine Bücher habe ich meinen Weg zum Ukrainischsein gefunden", sagte er dann. Dieser Junge aus dem ukrainischen Dorf hätte ohne den Krieg wohl heute in Russland oder bei „Sorja Luhansk" gespielt. Doch nun spielt er in Polen und ist ukrainischer Patriot.

Es gibt hunderte solcher Fälle.

Die Transformationsprobleme des Ruhrgebiets, des schlesischen Reviers oder der britischen Kohleregion sind uns so fern. Sie bewegen sich auf einem ganz anderen Niveau. Bei uns geht es bei weitem nicht nur um den Übergang vom Industrie- zum postindustriellen Zeitalter. Alles ist viel komplizierter, doch dafür interessanter und tragischer zugleich.

Die Frage hier ist nicht, ob nun aus einem geschlossenen Bergwerk ein Gewächshaus oder ein Freizeitpark wird, sondern ob das Ganze überhaupt finanziert wird oder ob die Leute nicht einfach alles abfackeln.

Ich denke eher letzteres.

Unsere Kulissen zum Filmdreh von „Wild Fields" wurden abgebaut, damit sie niemand später anzünden könnte.

Selbst wenn jemand sie angezündet hätte, bedeutete dies nicht, dass hier alle so sind. Doch bedeutete das, dass wenn sich einer findet, die anderen ihn nicht aufhalten.

Das Postkoloniale äußert sich ebenso in der Einstellung zum Leben. Wenn mein Hof umzäunt ist, schmeiße ich die Leichen einfach über den Zaun und das Problem ist gelöst – Hauptsache sie liegen nicht auf meinem Grundstück. Das ist im Osten vielleicht besonders auffällig. Dieses besondere Empfinden von begrenzter Verantwortung und Eigentum.

Während man in Galizien von „meiner Ukraine" spricht, so spricht man im Osten von „meiner Straße" auf der man nicht zulässt, dass hier ukrainischen Panzer rollen. Im Jahr 2014 zeigten sich die Auswirkungen davon, dass dieser Lokalpatriotismus und die Verteidigung des eigenen Hofes letztlich dazu führten, dass im Ergebnis alles – die Stadt, die Straße und der eigene Hof – verloren gingen.

Die Frage „Warum sind sie denn hierhergekommen?" zeugt insbesondere davon, dass man alles Fremde in seinem Vorgarten ablehnt.

Seit 15 Jahren rufen wir immer wieder „Ost und West zusammen". Dieses Motto hätte tatsächlich zu einer nationalen Idee werden können. Doch um den Osten einzubinden, muss man ihn erst einmal verstehen, eine Vorstellung von ihm haben. Mit all seinen Problemen, Komplexen und Schwierigkeiten.

Im September 2014 fuhren wir nach Schastja, kurz nachdem unsere Armee in Ilowajsk zerschlagen worden waren. Vor der Stadt gab es einen Checkpoint, an dem Polizisten aus Tscherniwzi ihren Dienst schoben. Wir quatschen ein wenig und spielten ihnen einige Lieder.

- Wie stehen denn die Einheimischen hier zu euch?
- In diesem Dorf dort leben Russen, die unsere Position an die Separatisten verraten. Das Dorf in dieser Richtung ist von Ukrainern bewohnt, die bringen uns Essen.

Zwischen beiden Dörfern liegen nur wenige Kilometer, doch für mich steht das sinnbildlich für diesen so tief zerfurchten Osten.

Es mag zwar pathetisch klingen, doch ich finde, dass der Begriff „Revolution der Würde" die Ereignisse im Winter 2014 sehr gut beschreibt. Denn es ging darum, Verantwortung für sich selbst und für einander zu übernehmen. Das, was damals passierte, hat viele aufgeweckt und sie dazu gezwungen, sich mit ihren Wurzeln zu beschäftigen. Das bedeutet für mich Würde. Wenn man einem Menschen seine Stimme und seine Persönlichkeit raubt, dann ist das Erniedrigung.

Seitdem sehen wir die Grenzen dessen, was die Menschen bereit waren und sind zu akzeptieren. Unsere Feinde haben dies gemerkt und deshalb verloren, weil der Osten nicht ganz so war, wie viele dachten. Nicht weil alle dagegen waren, sondern weil es eben genügend Menschen gab, um hier die Ukraine zu verteidigen.

LYSSYTSCHANSK. 3.

9. Juni 2017. Das Konzert von „Okean Elzy" wurde aus Sjewjerodonezk nach Lyssytschansk verlegt. Die Veranstalter hatten die Tribünen des dortigen Stadions als nicht groß genug für ein Event von dieser Größe erachtet.

Die Sicherheitskräfte vor Ort sind komplett mit der Absicherung des Konzertes am Abend beschäftigt. Nach zwei zusätzlichen Kontrollen stets die Frage: „Wollen Sie zum Konzert?"

Lyssytschansk bereitet sich auf die Gäste aus dem benachbarten Sjewjerodonezk und Rubischne vor. Einige von ihnen fahren vielleicht das erste Mal nach langer Zeit wieder einmal nach Lyssytschansk zu einem Event, um dort Spaß zu haben, was in der eigenen Stadt nicht möglich wäre.

Später wird die Zahl der Zuschauer im Stadion mit 30 000 angegeben.

Da sich dunkle Wolken zusammenziehen, wird das Konzert um eine Stunde nach hinten verschoben, um die Technik vor dem Regen zu schützen. Vor dem Eingang zum Stadion haben sich Soldaten aufgestellt, auf den Dächern sind Scharfschützen postiert.

Während des Konzerts nutzt der Sänger Swjatoslaw Wakartschuk die Gelegenheit zu verkünden: „Frieden wird es erst geben, wenn wir alle für ihn einstehen." Neben uns kommt es fast zu einer Schlägerei, als zwei Jungen sich eine Zigarette anstecken. Einige Frauen beschweren sich. Einige Sonnenblumen kauende Männer mischen sich ein.

Wenn wir alle für den Frieden einstehen!

Die Männer und Jungs müssen von anderen Zuschauern getrennt werden.

Dann setzt Gedränge zum Ausgang ein und spült uns alle aus dem Stadion.

SJEWJERODONEZK. 2.

Wenn man in die Stadt kommt, erzählen einem Aktivisten mit großer Sicherheit von Oleksandr Schmal und seinem Theaterprojekt „Art&Hart". Dabei scheint es so, als sei das Ganze selbsterklärend. Denn wer kennt ihn nicht?

Er ist eine Legende der lokalen Theaterszene, der bereits seit mehr als 40 Jahren in Theatern in Charkiw, Irkutsk, Cherson, Donezk, Tscherkassy und Wroław gewirkt hat.

Nach einer Aufführung eines Stücks von Schmal das auf *La voix humaine* von Jean Cocteau basiert, unterhalten wir uns noch etwas im Saal, der in einem gemütlichen Keller liegt. Zum Zeitpunkt unseres Treffens denkt Oleksandr immer ernsthafter darüber nach, mit dem ganzen Theater nach Kyjiw umzuziehen.

Zwei Themen bestimmen unser Gespräch. Erstens: Die Degradierung und der Verfall Sjewjerodonezks. Er nennt die Stadt eine „Dreamtown", wobei „Dream" bei ihm nicht für einen Traum, sondern vielmehr für Schlaf steht. Sjewjerodonezk, die verschlafene Stadt.

Zweitens nervt ihn die fehlende Anerkennung für sein Theater in seiner Heimatstadt. Später fügt er mich zu seiner Facebookgruppe hinzu, in der ich mit beeindruckender Häufigkeit seine Beschwerden über die Passivität der Stadt lese:

„Das ist bereits das vierte Theater, das ich in dieser Stadt gegründet habe. Und man sagt mir immer noch, dass ich Leiter einer Schauspieltruppe sei.

Das gestrige Konzert von Okean Elsy war unglaublich wichtig. Die Veranstalter erzählten allen, dass es in Sjewjerodonezk absolut nichts zu tun gibt. Dass gestern 30 000 Menschen zum Konzert kamen, beeindruckt mich.

Einige Bewohner geben offen zu, dass sie Angst davor hätten, zu mir ins Theater zu kommen. Da würden sie nichts verstehen. Und wenn man sie danach fragte, worum es eigentlich ging, wissen sie nicht, was sie antworten sollen. Als wenn man die Filme von Tarkowskij oder Fellini beschreiben könnte... Die muss man einfach spüren.

Ich scherze manchmal, dass die Leute hier im Keller einer besonderen Bestrahlung unterzogen würden.
30 Kilometer vor der Front komme ich doch nicht auf den Gedanken, hier etwas Politisches zu inszenieren, nicht wie zu Sowjetzeiten.

Wenn man die Stadt damit vergleicht, was hier zu Sowjetzeiten los war, dann sind das zwei verschiedene Welten. Als ich noch klein war, boomte es hier. Alle Theater hatten einmal pro Monat Gastspiele zu Besuch. Der legendäre Wladimir Wyssozkij gab innerhalb von 5 Tagen 10 Konzerte. Muslim Magomajew spielte hier amerikanischen Blues.

Hier existierten 15 Forschungsinstitute und es gab ein kulturelles Leben. Die erste Emigrationswelle der Juden gab es 1984-85. Mehr als 90 Prozent meines Publikums waren Juden, weshalb das ein herber Schlag für unser Theater war. Hiernach mussten wir unser Programm anpassen, denn nun hatten wir nur noch Zuschauer aus der Arbeiterklasse.

Mir ist klar, dass es für unser Publikum von knapp 50–70 Leuten ein großer Verlust wäre, wenn das Theater verschwindet.

Als Symbol für das heutige Sjewjerodonezk stehen für mich die vier Frau in der letzten Reihe, die das Geschehen auf der Bühne lauthals kommentieren und sich dabei betrinken.

Wenn jetzt das „Asot"-Chemiewerk geschlossen werden soll, dann verlieren wir nicht nur 10 000 Leuten ihre Arbeit, sondern auch ihre Familien eine Einkommensquelle.

II. SJEWJERODONEZK. 2.

In der Westukraine habe ich einmal gesagt: „Ihr seid doch auch nicht besser. Habt auch diese separatistischen Symbole, nur eben andere."

Mit der Partei konnte man sich damals besser einigen, als mit der jetzigen Stadtverwaltung.
    Nun bespiele ich entweder ein Theatersaal mit 1500 Plätzen oder eben den Keller für 40 Zuschauer.

KYJIW. 3.

Zentrales staatliches ukrainisches Kino- und Fotoarchiv

Wolodymyr Hawschuk hatte ich noch am selben Abend angerufen. Für das Buch hatte er mehr als 20 Jahre Notizen und Erinnerung von Marko Salisnjak gesammelt, Illustrationen hinzugefügt und das Manuskript selbst in Word formatiert. Von „Mit einem Schutzengel und einem Foto aus dem Leben" hatte er in Donezk nur 10 Exemplare drucken lassen, um sie seinen Verwandten zu schenken, schließlich ging es in dem Buch hauptsächlich um die Familie, die Kinder und Enkel.

Wir verabredeten uns, um unsere Recherchen miteinander zu vergleichen und gemeinsam weiterzusuchen.

Wieder lag ein erfüllender Tag im Archiv vor mir. Eine riesige Auswahl von Fotos der Feierlichkeiten zum 1. Mai. Das mir so fremde Fest bekommt mit jedem weiteren Bild eine deutlichere Kontur. Der Karneval der Werktätigen wurde mit der Zeit zu einer gleichgültigen Pflichtveranstaltung. Leute in Kostümen, die etwas Festtagsstimmung verbreiten. Turnstangen stehen bereit, an denen Athleten geometrische Figuren turnen.

Ein Foto mit einem Portrait Engels über den Massen. Anbetung einer Gottheit. Darunter die Aufschrift: „Der Weg zur Aufklärung liegt in der Wissenschaft und Kunst." Lyssytschansk 1923.

Damals bahnten sich die Repressionswellen gegen Wissenschaftler und Künstler schon an.

Ein Themenwagen auf der Maiparade in Odessa. „Alkohol fördert Rowdytum", „Der Kommunismus und Alkohol sind unvereinbar", „Alkohol erniedrigt den Menschen", „Die große sowjetische Gesellschaft besiegt den Alkoholismus".

Menschen in Gasmasken auf der Maiparade in Kyjiw 1925. Die Erinnerung des Ersten Weltkriegs wirkt fehl am Platz bei diesem Maskenball.

Anti-Religions-Agitation. Mit Kissen gestopfte Bäuche, Hakennasen, Schläfenlocken. Odessa 1927.

Maiparade 1953 in Kyjiw. Auf der Tribüne steht die Parteinomenklatura. Ihre Orden auf der Brust bedecken ein Viertel des Bildes. Eine Horizontale der Macht in Aufruhr. Der Tod Stalins liegt gerade zwei Monate zurück.

Beerdigung eines Genossen im Dorf Serhijiwka. Es wehen Transparente mit „Vorwärts gegen den rechten Opportunismus".

Wieder fällt mein Blick auf das bekannteste Foto Salisnjaks der „entkulakisierten" Familie vor ihrem Haus. Ein fixierter Ausdruck des Schreckens. Mutter und Tochter lassen ihr Leben hinter sich zurück.

Während ich die Tagebücher Salisnjaks lese, treffe ich an einigen Stellen auf Vermerke auf seine ersten Veröffentlichungen im Journal „Ogonjok" aus dem Jahre 1916. Seine Fotos von der Front lösten unter seinen Kameraden Furor und Stolz aus.

Als ich das Journal in die Hand nehme, lässt mich der banale Gedanke nicht los, dass der Erste Weltkrieg nur eine Übung für die Menschheit war. Eine Übung darin nicht einzelne Menschen, sondern massenweise zu töten. Nicht nur zu töten, sondern zu vernichten. Effektiver, produktiver und unpersönlich wie am Fließband.

In jeder Ausgabe des „Ogonjok" der Zeit finden sich Collagen von Helden und Opfern dieses Vaterlandskrieges. Jedes Mal sind es neue geometrische Formen, welche die Märtyrer einrahmen. Kreise, Quadrate, Spiralen von Erinnerung.

Damals wie heute Überschriften wie „Wir werden euch niemals vergessen!". Darunter in kleiner Schrift dutzende Namen von Gefallenen.

Das Heft veranschaulicht die Globalität dieses Krieges. Kaukasische Front, Balkanfront. Hier französische Kinder in Gasmasken vor ihrer Schule, dort die selbstgebaute Wasserpfeife eines Soldaten aus Indien in Thessaloniki.

„Ogonjok" hatte schon damals die ganze Welt im Blick. Witze über Feministinnen und die aktuelle Mode. Ein Bericht über die erste Gouverneurin der USA. Auf einer anderen Seite ist der Gedenkzug an die 1198 Opfer der *RMS Lusitania*, die am 7. Mai 1915 nach 202 Überquerungen des Atlantiks von einem deutschen U-

Boot versenkt wurde. Ein Sarg mit einem gläsernen Modell des Schiffes darauf.

Das Magazin dokumentiert die Zukunft, die in Form von Kampfflugzeugen den Krieg zunehmend bestimmen. Auf einem anderen Foto wird ein Zeppelin gezeigt, der bald die Lüfte erobert. In Ausgabe 28 des Jahres 1916 finden wir auch ein Foto Salisnjaks. Nach dem Rückzug der österreichischen Truppen dokumentierte er die gegnerischen Schützengräben. Im Unterschied zu den provisorischen Aushebungen und Erdlöchern auf russischer Seite, herrschte hier Ordnung und Sauberkeit, weshalb die Soldaten sie auch sarkastisch „Franz Josephs Palasthof" nannten.

Das Bild des Feindes ist ein interessantes Phänomen für sich selbst. Der Gegner wird ausschließlich als barbarisch dargestellt. Ein Attribut dieser Grausamkeit ist der Schlagstock, den die Österreicher zum Töten derer nutzten, die nach einem Gasangriff noch am Leben waren.

In den Heften gibt es eine besondere Rubrik, in der die „Grausamkeiten der Deutschen auf russischem Boden" aufgezählt und mit Fotos dokumentiert werden. „Der Feind schändet unsere Kirchen, Ikonen, die Symbole unseres Vaterlandes."

Andere Berichte beschreiben die ungesunde und unappetitliche Kost, welche die Deutschen in ihren Gräben verspeisen. Den eigenen Jungs geht es natürlich viel besser. Nebenbei hüten diese noch Ziegen, füttern Kaninchen und ziehen kleine Welpen auf.

Ausgabe 43 des Jahres 1916 trägt ein Foto Salisnjaks auf der Titelseite. Ein Feldwebel kontrolliert im Schützengraben die Sauberkeit und Kampfbereitschaft. Das Foto ist durch unsichtbare Linien unterteilt. Hier der Vorgesetzte, dort die Untergebenen. Er, der Kampfbereite, erteilt den Unordentlichen eine Lektion.

Als seine Kameraden sein Bild auf der Titelseite sahen, ließen sie ihn vor Jubel hochleben.

Das Foto ist von 1915. Salisnjak war damals 22 Jahre alt. Später wird er bei einem Lungendurchschuss verletzt.

Im Februar 1917 erhält er der Sankt-Georgsorden 4. Klasse. 1933 tauscht er sie für etwas Essen ein.

Einen Krieg und die Entkulakisierung hatte er schon hinter sich. Vor ihm lagen ein zweiter Weltkrieg, eine weitere Einberufung und der alltägliche Kampf ums Überleben.

Seine Augen hatte zu jenem Zeitpunkt bereits Dutzende von Kriegsverbrechen gesehen.

Das „Ogonjok" berichtete über sie in der Kategorie „Verbrechen, die wir nie vergessen".

So viele Kriege, Verbrechen und Katastrophen werden noch kommen. So viele, dass unser Gedächtnis sie nicht mehr behalten kann.

Verbrechen von Menschen gegen Menschen.

На основании изложенного ОБВИНЯЮТСЯ:

1. КАМЫШЕВ Александр Сергеевич, 1888 года рождения, уроженец села Большой Луцк, Кенгисепского р-на, Ленинградской области, из рабочих, б-п., русский, гр-н СССР, по профессии врач-терапевт и венеролог, в 1929 г. закончил медицинский институт в г. Харькове, ранее не судим. До ареста работал врачом в больнице села Калиново, Попаснянского района, Ворошиловградской области, проживал там же,

В ТОМ, ЧТО:

являясь начальником „лазарета" советских военнопленных, в 1942 году принимал непосредственное участие в массовом и зверском истреблении бойцов и офицеров Красной Армии, посредством создания невыносимых условий в „лазарете": голода, преднамеренного распространения эпидемических заболеваний, систематических побоев и прямых убийств, лишения больных и раненых лечения, принуждения крайне истощенных людей к непосильному физическому труду, а также в том, что лично избивал военнопленных, выявлял среди них евреев и предавал германским карательным органам, где они расстреливались, —

т. е. в преступлениях, предусмотренных статьей 1-й Указа Президиума Верховного Совета СССР от 19 апреля 1943 года.

III.

LYSSYTSCHANSK. 4.

Das Betrugsschema für naive Hipstertouristen ist simpel: man veröffentlicht ein Angebot auf Blablacar, wonach die Fahrt von Kostjantyniwka nach Lyssytschansk nur 40 Hrywnja kostet. Zu dritt also 120. Während der Fahrt erzählt man dann die Münchhausiade vom eigenen kleinen Unternehmen Anfang der Neunziger und davon, wie man damals Schokoladeneis aus Charkiw abgeholt und es in Trockeneis eingelegt zum Basar von Lyssytschansk transportiert habe. Da habe man es dann zum dreifachen Preis verkauft. Man klagt über seine Frau, die die ständigen Gelage mit dem einfach verdienten Geld nicht mehr ausgehalten hätte. Weiter wird erzählt, dass sich die Westler bei Kriegsbeginn, wie die letzten Schweine benommen hätten. „Die haben nichts auf die Reihe gekriegt". Man erzählt von der Ordnung, die unter der „Bürgerwehr" geherrscht habe – die Junkies und Säufer hätten sie zum Teufel gejagt. Und wenn Ehefrauen die „Bürgerwehr" angerufen hätten, weil ihre Männer mal wieder mit der Sauferei angefangen, seien diese schnell vorbeigekommen und hätten die Männer dazu genötigt, Löcher zu buddeln. „Stell dir vor, Löcher haben sie sie buddeln lassen. So eine Art Arbeitstherapie!". Anschließend kommt man natürlich nicht umhin, hinzuzufügen, dass die Bürgerwehren das Fress- und Sauf-Monopol nun für sich gepachtet hätten. Aber ansonsten hätten nur die zu leiden gehabt, die Eigentümer von Transportern gewesen seien, denn die hätte man ihnen weggenommen, als sie abfahren wollten. Sodann kritisiert man, dass es zwischen den Parteien eigentlich keinen Unterschied mehr gäbe. Schließlich betont man die 15 Jahre, die man unter Tage gearbeitet habe und wie man die Straßensperren auf den Straßen um Lyssytschansk herum vermeiden könne. Und wenn man schließlich am Zielpunkt neben dem Hotel angekommen ist, lacht man leise auf und sagt: „Wie 120? 120 von jedem. 40 kostet die Marschrutka. Dass sie das irgendwo im Internet schreiben, das kann ja sein, aber ich habe damit nichts zu tun". Zum Abschied gibt man den Touris noch eine Lebensweisheit mit auf dem Weg, die ihnen gut dienen wird: „Beim nächsten Mal einfach vorher fragen, Jungs".

Die Ausmaße der Stadt, die wir zu Fuß und mit der Marschrutka bezwingen, sind beeindruckend. Ein Einheimischer, erwähnt, dass Stekolnyj das sauberste Viertel in Lyssytschansk sei.
Die Stadt hat ihren ganz eigenen Rhythmus der Entschleunigung. An einem Bahnübergang wartet eine Marschrutka gemächlich auf einen vorbeischleichenden Passagierzug. Die drei Wagons scheinen nicht zu fahren, sondern sich wie auf Pfoten fortzubewegen.

Der Beifahrersitz der Marschrutka ist eine Ikonostase der Sinnestrübung, die möglicherweise das Bewusstsein des Fahrers widerspiegelt. Drei runde Amulette mit Ikonen und Buddha-Augen auf roten Quasten. Ein Kalenderchen mit zwei barbusigen Frauen. Die Skulptur eines Dobermanns an einer Kette, die am Handschuhfach befestigt ist. Auf dem Handschuhfach klebt das Konterfei des Wolfes aus „Nu, Pogodi!" in einem Jogginganzug von Adidas und mit einer Zigarre zwischen den Zähnen.

Ich habe beschlossen, das Projekt „Mythologeme" in Lyssytschansk um Sosjura herum aufzubauen. Meine erste Überlegung war, der Stadt ihren Dichter zurückzubringen, auf den sie hier so stolz sind. So stolz wie auch auf „Tretja rota", mit dem sich kaum jemand beschäftigt.
Es ging mir darum, dem Mythos ein Erscheinungsbild gleich einer Marke zu verleihen. Ein Kompromiss zwischen dem, worauf die örtliche Bevölkerung stolz ist, und dem Gedanken, wie sich mithilfe dieses Erscheinungsbildes über das „Ukrainischsein" sprechen ließe. In den meisten Fällen stieß diese Ankündigung auf Zustimmung. Sosjura ist wie ein Passwort, mit dem man an das Bewusstsein eines durchschnittlichen Einwohners von Lyssytschansk herankommt.
Der Street-Artist Jerzy Konopie schlug vor, an unterschiedlichen Orten der Stadt Zitate aus dem bekannten Gedicht Sosjuras

III. Lyssytschansk. 4.

„Liebt die Ukraine" zu platzieren, jedoch über den allseits bekannten Titel hinauszugehen.

Und während Jerzy also Schablonen ausschneidet, folgen an dieser Stelle noch ein paar Zitate aus „Tretja rota".
Der Erzähler hat gemeinsam mit seinem Bruder ein Huhn geschlachtet. „Kolja hielt es fest, und ich drehte ihm den Hals um. Dem Tode geweiht blickte es mich untergeben aus seinen winzigen schwarzen Äuglein an".
Der Bruder stirbt.

„Er lag wie lebendig in dem großen Zimmer, und aus seiner Nase trat silbernen Schaum ...
Seine leblosen Beine steckten noch in warmen Strümpfen und Schuhen.
[...]
Dann fuhr man seinen weißen, zierlosen Sarg auf einem Karren durch die Stadt und wir liefen hinter ihm her ...
Die Schornsteine stoben teilnahmslos ihren Rauch aus und die Menschen liefen mit schrecklich gleichgültiger Miene an uns vorüber, während wir Kolitschkas weißem Sarg folgten und weinten ...
Schließlich kamen wir auf den Friedhof, wo fremde Menschen Kolitschkas Sarg in ein Loch hievten und Erde darüber schütteten.
Das Kreuz auf dem Grab des Bruders war ebenso wie sein Sarg weiß und zierlos."
Bevor wir aus Jusiwka weggingen, kamen wir noch einmal zu Koljas Grabstätte, um uns zu verabschieden.
Als wir dann wegfuhren, war das Kreuz über seinem Grab noch lange zu sehen ...
Ach, es war, als würde nicht das Kreuz, sondern Kolitschka selbst seine bleichen, geliebten und unersetzbaren Arme hinter uns ausbreiten ..."

Der Umzug führt auf einen Hof unweit von Swaniwka. Der Erzähler leidet an Fieber. Um ihn herum wüten chthonische Plagen.

„Und dann die Taranteln, Asseln und Tausendfüßler, die über meinen Körper krochen. Ich fürchtete, dass ein Tausendfüßler mir ins Ohr eindringen könnte. So sehr ich mich auch zu schützen suchte, es gelang ihm trotzdem und dort verursachten er ein nicht enden wollendes Gepolter, ein

solches Gepolter, dass es mich bald in den Wahnsinn getrieben hätte. Man flößte mir Lampenöl ins Ohr ein, worauf das Insekt verendete. Noch lange danach dröhnte es mir im Kopfe, doch es war nur ein Echo. Zusammen mit dem Tausendfüßler erstarb auch der Lärm."

Jerzy ist mit den Schablonen fertig. Es kann losgehen.

Die erste Örtlichkeit auf der Liste ist der Stadtstrand. Einige Stunden vor Anbruch der Nacht sprüht Jerzy mit weißer Farbe auf die Treppenstufen:

„*...wie die Sonne, liebt sie,*
wie das Wasser, den Wind und die Weiden ...
In den Stunden des Glückes und der Freude liebt sie,
wie auch in Zeiten von Elend und Leiden".

Am Ende erstreckt sich der Schriftzug über zwanzig Schritte. Man kann ihn nur in seiner Gänze erfassen, wenn man weit vom Ufer wegschwimmt.

Einwohner kommen vorbei und erkundigen nach dem Werk. Sie lesen die Zeilen und verstehen meist augenblicklich, dass es sich um „Liebt die Ukraine" von Sosjura handelt, und das auch noch in der *Staatlichen*, woraufhin sie enttäuscht wieder abziehen. Jemand sagt, dass es von dieser Sorte Graffiti mehr geben sollte.

Es tauchen zwei Typen auf, die gerade dabei sind, die x-te Flaschen Bier zu stürzen. Sie haben noch einige mehr dabei. Es entwickelt sich ein Gespräch. „Kein Stress, wir wollen doch nur'n bisschen Spaß haben".

Das Gespräch pendelt zwischen Aggression und dem Versuch kumpelhaft herum zu blödeln. Sie berichten, dass auf diesen Stufen ein Jahr zuvor ein Junge ausgerutscht sei und sich dabei das Genick gebrochen habe. „Und ihr wollt die Leute jetzt dazu aufrufen, von hier ins Wasser zu gehen." Es folgen weitere Stadien lokaler Archetypen:

„Die Betriebe stehen still. Nur die Gelatinefabrik ist noch da. Früher waren es viel mehr!"

„Willst du wissen, was ich auf das ‚Ruhm der Ukraine!'" antworte? ‚Ruhm den Schwuchteln!' Wird Zeit, dass jemand eine

Bombe in dieses Parlament schmeißt. Vierhundertfünfzig Schwuchteln auf einen Streich."

„Ich gebe täglich 38 Hrywnja für die Fahrt nach Sjewjerodonezk aus. Nur um zur Arbeit zu kommen. Das muss ich erstmal verdienen."

Endlose Witze über Schwule, Scherze über Hähne[41] und den Schlagersänger Borja Moiseew.

„So, jetzt sprech' ich mal in meiner Sprache. Meine Kinder sprechen Russisch. Meine Eltern auch. Meine Oma kommt aus Russland und hat Ukrainisch gesprochen. Das hat ihr da keiner verboten. Also, wie kann es sein, dass die Westler an den Checkpoints unseren Leuten eins mit dem Gewehrkolben überziehen und brüllen: „Lern unsere Sprache!"."

„Wir fahren nach Moskau auf Montage. Wohin sonst? Von hier aus gibt's nichts Näheres."

„Da drüben ist ein Friedhof. Und direkt daneben sind ständig neue Gräber. Namen gibt's da keine. Nur Zahlen. Fahr hin und schau selbst. Dann verstehst du sofort. Die hundert Erschossenen vom Maidan, sie tun allen leid. Aber die zehntausenden Toten hier, wer zählt die überhaupt? Wer weint um die?"

Sein Kumpel sagt, dass er selbst auch Künstler sei. Ich reiche ihm den Stift und den Notizblock, in dem dieses Buch entsteht. Unter dem Licht einer Laterne malt er eine Rose. Meine Frau bittet ihn, seine Unterschrift darunter zu setzen. Er unterschreibt auf Russisch: „Von Kostjantin. Von Herzen!!! Aus Lyssytschansk".

Sein von einer Alkoholfahne getragenes Geraune mischt sich zurück unter das Gespräch.

Mein Gesprächspartner macht einen Punkt: „Und überhaupt jetzt: hätten wir uns die Union erhalten, dann hätte dieses Land hier alles. Die Betriebe würden alle laufen. Und wir hätten die ganze Welt fest in der Hand ..."

---

[41] Anm. d. Übers.: Die Bezeichnung „Hahn" (russ.: petuch) steht im russischsprachigen Gefängnisjargon für das Opfer einer Vergewaltigung durch Mitinsassen.

Zum Abschied bringt er ein Ständchen.

Der nächste Ort, ein von unbegabten Händen mit Graffitis beschmiertes Trafostation, nimmt zwei Tage in Anspruch.

Freunde geben uns eine GoPro mit, die den Prozess festhalten soll. Auf der eisernen Mülltonne vor dem Gebäude gegenüber wirkt sie wie ein unscheinbares Pünktchen. Alles, was in den nächsten zwei Tagen passiert, sehe ich seither vor meinem inneren Auge aus der Perspektive dieser Kamera. Wir erschaffen eine Bühne mit Dekorationen, auf der immer neue Figuren vor den Augen der Betrachter auftauchen. So entsteht eine Polyphonie der Ideologien.

„Dank diese Bandera-Leute geht die Stadt vor die Hunde."

„Wir danken euch für eure Arbeit, sowas hat es hier noch nicht gegeben."

„Ihr seid doch für eine ukrainischsprachige Ukraine, oder?"

„Wieso glaubt ihr, hier einfach auftauchen und direkt wissen zu können, was die richtigen Worte sind?"

„Wie gut, dass ihr das hier macht. Da ist ja auch das Dorf Werchnje, aus dem Sosjura stammt. Und Tretja rota. Zwei Straßen weiter stand sein Häuschen. Er hat schon wirklich gerne gebechert".

Gelegentlich zitieren sie die ersten Zeilen aus seinem Gedicht „Roter Winter". Ihre Augen glänzen vor Stolz.

Wo sich über Jahre nichts verändert, löst schon der kleinste Anstoß von Veränderungen jäh Aggressionen aus. Die schwarzen Farbstriche, die sich über die formlosen Graffitis legen, an welche man sich hier gewöhnt hat, machen unmissverständlich klar, dass sich die Wirklichkeit verändert. Ein Mann tritt an uns heran und fragt, was all das zu bedeuten habe: „Seht mal, hier steht über die ganze Wand geschrieben: ‚Herzlichen Glückwunsch zum Geburtstag!'. Das haben die Freunde meines Sohnes gemacht, als er zwanzig wurde. Jetzt ist er schon dreißig. Der Schriftzug ist so schön".

Am Tag darauf kommt eine archetypische Figur in einem T-Shirt der „Partei der Regionen" daher. Es beginnt ein Gespräch, dass seinen Anfang mit der Frage nimmt, weshalb hier kein Zitat von Lermontow zu finden sei, aber stattdessen eins von diesem

III. Lyssytschansk. 4.

Sosjura. Als ich darauf sage, dass dieser ein Einwohner Lyssytschansk war, unterbricht er mich und möchte mir nicht glauben. Hier spreche niemand die *Staatliche* und schreiben tue man auf ihr schon gar nicht. Dann wechselt das Thema. Weshalb wir dächten, wir könnten einfach so sein Graffiti übermalen, dass er für seinen Kumpel gemacht hätte, als er noch ein junger Kerl war. Welches Graffiti, frage ich nach. Wir würden also nicht mal lesen, was wir da übermalten, kläfft er mich an. In seinen Worten schwingt ein Hauch von Nostalgie mit. Wir Nun haben wir ihm die Erinnerung an seine Vergangenheit genommen.

In fast jedem Gespräch ist die Einsamkeit zu spüren; Es gibt niemanden, dem man sich anvertrauen kann. Die Menschen hören einander nicht zu.

Ein gutgelaunter Mann auf einem Fahrrad erscheint. Mit einem Lachen auf den Lippen fragt er uns nach unserem Vorhaben. Ob wir vorhätten, das Graffiti „Ruhm der Ukraine!" auf der Stirnseite des Gebäudes zu übermalen. Wir lachen. Er habe das dorthin gemalt, sagt er, als Moshowyj noch hier war.

Am nächsten Tag kommt er wieder, um uns zu helfen. Er bleibt beinahe die ganzen fünfzehn Stunden bei uns, in deren Verlauf die Zeilen

„ *...von ganzem Herzen*
und allem, was ihr habt"
und
„In der Blume, dem Vögelchen, den Laternen,
in jedem Lied und Gedanken"
in Lyssytschansk erscheinen.

Während er die schwarze Farbe geschickt aufträgt, erzählt er, dass es jeden Tag Erschießungen gegeben hätte. Nach der Befreiung der Stadt hätte man die Leichen in den Kellern und allen möglichen anderen Orten gefunden. Die verwesenden Leichen der Separatisten hätten noch zwei Monate dort drüben in dem Waldstück herumgelegen. Deren Waffen hätten sich die Einheimischen geholt. Und als die Aufständischen abzogen, haben die Menschen ihre Vorräte gestohlen. Noch für die nächsten zwei Monate sei der Liter Honig für zwei Hrywnja zu haben gewesen. Oder zumindest die Flasche.

Er erzählt davon, wie sie ihn 2004 einen Monat lang auf die Reise als Wahlbeobachter für die Präsidentschaftswahl in den Westen schickten. Zuvor holte man sie zweimal die Woche zur Gehirnwäsche, wobei man ihnen von Faschisten und doppelzüngigen Banderisten erzählte und sie ganz besonders davor warnte, auch nur einen Happen Essen anzunehmen, um nicht vergiftet zu werden.

Als sie in der Westukraine ankamen, wurden sie von einer Menschenmenge in Empfang genommen, die ihren Zug umzingelte. Den Einheimischen hatte man erzählt, dass sie zweiundzwanzig Wagons voll mit amnestierten Intensivstraftätern aus dem Donbass hergeschickt hätten.

Am Ende verständigten sich die Anführer beider Gruppen miteinander. Sie fanden eine gemeinsame Sprache.

Er erzählt von einem Mann, seinem Nachbarn, der hier nebenan lebte. Diesen hatte man getötet, als herauskam, dass er eine Karte besaß, auf der alle Straßensperren und Stellungen der Separatisten verzeichnet waren. Er hatte ein Gewehr. Als sie kamen, um ihn zu holen, schoss er einen von ihnen an. Er konnte fliehen. Sie suchten ihn in der ganzen Stadt. Er hatte für ein, zwei Tage bei einer Nachbarin Unterschlupf gefunden. Sie lieferte ihn aus, woraufhin er erschossen wurde. Anschließend zog deren Sohn in das Haus des Mannes, das nach dessen Ermordung leer stand. Ein Jahr später starb auch dieser an den Folgen eines Schocks, als er während eines Arbeitsunfalls verletzt wurde.

Er erzählt, wie er sich eine Leiter schnappte und nachts mit dem Fahrrad durch den Bezirk fuhr, um „Ruhm der Ukraine!" an die Häuserwände zu schreiben.

Er sagt, dass es keinesfalls ein Fehler der ukrainischen Armee gewesen sei, dass ein Geschoss in den Betrieb „Prolerarier" einschlug.

III. LYSSYTSCHANSK. 4.

Dort hätten sich tatsächlich Werkstätten befunden, in denen Technik der Separatisten repariert worden sei.

An den Kämpfen um Lyssytschansk hätten sich Taugenichtse und Adrenalinjunkies beteiligt, die in der Stadt geblieben seien, als die ukrainischen Streitkräfte einrückten. Als sich die Separatisten zurückzogen, raubten sie die Banken aus, nahmen Autos mit und stahlen sogar Steckdosen und Kabel. Was sie nicht tragen konnten, das zerstörten sie einfach. Wenn bei ihrem Abzug Autos den Geist aufgaben, hätten sie diese einfach auf den Feldern stehen lassen, wo sie schließlich die Anwohner wie Trophäen an sich nahmen und reparierten.

Er sagt, dass man die Leichen der Separatisten mit Chlor übergossen habe, weil der Verwesungsgestank über den ganzen Bezirk hinweg zog.

Er packt mit an.

Jedes Mal, wenn ich seine Leiter hoch- und runterklettere, bleibt mein Blick an der obersten Sprosse hängen. Auf ihr haften ein paar angetrocknete Sprenkel blauer und gelber Farbe.

BACHMUT. 4.

Das drohende Höllenfeuer der globalen Erwärmung zeigt, dass der Mensch sich evolutionär anzupassen hat, um zu überleben.
Die Nachrichten werden zusehends alarmierender und absurder. Ein psychisch kranker Mann nimmt in einer psychiatrischen Einrichtung Geiseln und tötet sie, ein anderer tötet seine Familie und schaut anschließend weiter fern.
Ein Welpe wird mit einem Stock vergewaltigt. Der Stock durchdring seinen Körper in Gänze.
Facebook löscht einen Post über einen Soldaten, der in Poltawa mit drei Schüssen in den Hinterkopf getötet wurde. Die Ermittler nennen es, einer guten alten ukrainischen Tradition folgend, „versuchten Selbstmord". Dem Post ist ein Foto des Leichnams angehängt. Während das eigene Hirn auf Default schaltet und von einer Welle des Zorns überflutet wird, ist in den Kommentaren die nüchterne Frage zu lesen, weshalb eine Geschichte über einen Fall von Anfang August mit dem Foto einer Leiche verknüpft wird, die im Schnee liegt.
Der Horror verursacht eine Unterbrechung des rationalen Denkens, transformiert die Normalität als solche.
Der Weg, auf dem wir unterwegs sind, ist kein anderer als „Die Straße" von Cormac McCarthy. Eine andere Realität gibt es nicht mehr.

Das Mythologem von Bachmut könnte das komplexeste unter den hier behandelten sein. 1571 ist das Gründungsjahr der Stadt und zugleich die Quelle des Stolzes seiner Bewohner. Eine Trennlinie, die sie von anderen Städten abgrenzt. Als sei sie älter und authentischer.
Im Winter arbeitete ich einige Tage lang mit Olena Smirnowa, Direktorin des Heimatmuseums von Bachmut, und ihrem Team zusammen. Schnell wurde klar, dass es fast unmöglich ist, die wichtigste Geschichte herauszufiltern. Zu jeder positiven These (beispielsweise die von Bachmut als „Stadt der internationalen Gleichheit und Koexistenz der Nationalitäten") findet sich schnell eine

Antithese (Massenerschießungen). Zu jedem Schutzengel gesellt sich ein Dämon, zu dem Arzt Chajlow sein Kollege Kamyschew. Am ehesten holte man die Einwohner vermutlich mit einem Gespräch über die Konzeption der Stadt als letzte Bastion zwischen dem Imperium und der Wildnis ab. Doch stützte sich diese Arbeit auf die erste Assoziationsebene.

Bei meinen Grabungen nach den Fragmenten der Geschichte und den Ablagerungen der Mythen fiel mir ein, welcher Künstler dabei behilflich sein könnte, eine Skulptur zu schaffen, die zu einem festen Bestandteil eines bereits lange zuvor entstandenen, nun aber unter dem Schutt der Geschichte versunkenen Stadtraumes werden könnte.

Ich lernte Kostjantyn Sorkin 2016 in Charkiw kennen. Seit diesem Zusammentreffen hatten wir bereits vier Projekte gemeinsam realisiert. Weitere vier Projekte, sind noch geplant.
Sorkin arbeitet mit Archetypen und Ritualen, mit dem mythologischen Bewusstsein. Von den Fragmenten historischer Ablagerungen und Alltagslügen dringt er zum Herzstück, zu etwas Wahrem vor. Vor ein paar Jahren hat er gemeinsam mit dem Performer Sandro Gabriaschwili das „Laboratorium für diffuse Aktionen" gegründet. Die Gruppe hat dutzende Performances durchgeführt und bereits eine eigene Schule begründet. Die Künstler selbst scherzen, dass sie sich in „Agentur für rituelle Dienstleistungen" umbenennen sollten. Denn sie stehen für die Erneuerung verlorengegangener Rituale, die den Menschen sein ganzes Leben lang begleiten. Nicht nur auf der Reise ins Jenseits.

Schließlich schlug Sorkin den Bau einer Betonskulptur mit dem Titel „Der Schatten des Poeten" vor, deren Konturen an die langgezogene Form eines Schattens erinnern. Es sollte so wirken, als wüchse der Schatten aus dem Boden. In der spiegelnden Oberfläche der Skulptur würde man den Himmel sehen, wenn man zur Erde schaute. Die Mitarbeiterin des Restaurants „Chutorok", neben dem „Der Schatten" aufgestellt werden sollte, konstatierte:

– Aha, so also, als würde man auf dem Himmel stehen.
– Besser kann man es nicht ausdrücken, - antwortete ich.

III. Bachmut. 4.

All das hätte eine Anekdote bleiben können. Etwas, das man hinter sich lässt, und ab und zu wieder herauskramt, um die Vergangenheit noch einmal aufleben zu lassen. Ein Rückblick ins Dunkel der Jahrhunderte. Am Ende hat der Künstler dann doch alles anders gemacht.

Nach fünf Entwürfen und einer Woche Verhandlung mit der Stadtverwaltung bekam „Der Schatten" einen Platz. Und zwar im „Nischnjy Park", an einer Stelle, an der drei Wege aufeinandertreffen. Der Schatten schuf einen weiteren Weg, einen Lebensweg.

Links neben dem „Schatten" befindet sich ein weiteres Objekt. Es sind die zehn sechseckigen Fotorahmen, die gemeinsam die Skulptur „Stolz von Bachmut" bilden. Die Fotografien der „besten Leute der Stadt" werden nun von einer Skulptur ergänzt. Poesie in Beton gemeißelt.

Als der Beton bereits hart war und Sorkin gelegentlich ein wenig Wasser über sein viermeterlanges Männlein goss (für größere Stabilität), fiel ein Vogel vom Himmel. Schwerfällig kroch er zur Skulptur und kauerte sich auf dem Schatten zusammen. Mit Mühe erreichte er den Beton.

Wir versuchten ihn zu tränken und zu versorgen. Augenblicklich entschieden wir, ihn mit nach Kyjiw zu nehmen, um ihn zu retten.

Ich fotografierte, was mir gegenüber unterschiedliche Menschen als Schwalbe, Zeisig oder Mauersegler bezeichnen, und schickte das Foto meinem Bekannten, dem Ornithologen Wadym Janenko, der schon mehrmals Vogelretter auf Facebook beraten hat.

Die Antwort kommt wie aus der Pistole geschossen – es ist ein Mauersegler. Und weiter: „Setz ihn auf einer Anhöhe ab. Er kann nicht vom Boden aus losfliegen".

Wir setzten den Vogel auf einen Baum in der Nähe des „Schattens". Der Mauersegler richtete sich langsam auf und nach etwa zehn Minuten flog er abrupt davon, wobei er noch einmal einen Kreis über unseren Köpfen drehte.

Ein Flügelschlag und eine Lektion fürs Leben. Hilfe muss sofort geleistet werden. Und manchmal ist es eben nicht Essen oder

Wasser, sondern ein Ort, von dem aus man bessere Startbedingungen hat.

Sorkin sitzt im Schatten des Baumes und holt langsam ein paar Blätter aus seinem Rucksack hervor. Ein paar Zeichnungen, die er aus Langeweile skizzierte, während er auf die Entscheidung der Stadtverordnetenversammlung wartete.

Es sind zwei abstrakte Gebilde, die an die Skizze für eine futuristische Installation erinnern.

Zwei Zeichnungen fürchterlicher Raubtierschnäbel, die eine bestimmte Materie durchstoßen. Es wirkt wie die Skizze zu einer Vogelscheuche, die aber nicht Vögel, sondern Menschen verjagen soll.

Vögel, die Menschen das Fürchten lehren.

Menschen, die nur noch schwer als Menschen zu bezeichnen sind.

Die letzte Zeichnung zeigt die vertikale, silbrige Abbildung eines Vogels, der sich in die Lüfte erhebt. Dabei breitet er seine sichelartigen Flügel aus.

m nächsten Abend war die Arbeit am „Schatten" beendet. Eine Menschenmenge versammelte sich um die Skulptur. Darunter waren vor allem Kinder, die in den vergangenen Tagen mehrmals an den Künstler mit der Frage herangetreten waren: „Ist es schon fertig? Und wann ist es fertig? Jetzt?".

Menschen traten an uns heran und fragten, ob wir vorhätten, das Männchen noch aufzurichten, oder ob es so bleiben würde und ob wir das mit der spiegelnden Oberfläche wirklich für eine gute Idee hielten. Sie schauten uns wie zwei naive Psychopathen an und schüttelten mit dem Kopf. Die Menschen hier seien eben anders, denen sei das Ding nichts wert. Die würden das mit Sicherheit kaputt hauen.

Sorkin sorgt für eine besonders feierliche Stimmung. Er sagt, dass das Ritual einzuhalten sein. Und weiter:

III. BACHMUT. 4.

„Diese Skulptur heißt ‚Der Schatten des Poeten' und sie ist meinem Freund gewidmet. Sein Name ist Pawlo Schapowalenko. Er wurde hier in Bachmut geboren. Er war Poet. Vor Kurzem ist er gestorben. Ich hatte keine Zeit mehr mit ihm zu sprechen. Ich werde jetzt versuchen, ein Gedicht von ihm vorzulesen. Oleksandr, sag du noch etwas, während ich danach suche."

Die Geschichte vom Tode des Poeten erklingt hier zum ersten Mal. Ein Einzelschicksal, eingewickelt in die Geschichte der Stadt. Ich versuche Haltung anzunehmen, richte den Blick zu Boden. Ich erzähle von unseren Reisen und den Nachforschungen zur Identität von Bachmut. Sorkin sucht auf seinem Telefon, doch das Internet will das gesuchte Gedicht nicht herausgeben. Schließlich ergreift der Künstler wieder das Wort.

„Ich fühle mich, als hätte ich eine Schuld vor ihm zu begleichen. Der Schatten ist unsere dunkle Seite. Aber das hier ist der Schatten des Poeten, in ihm sehen wir den Himmel, und vielleicht sogar noch ein Stückchen von dem Baum da."

Feierlich ziehen wir die Schutzfolie von der Spiegelfläche. „Der Schatten" erscheint in seiner ganzen Schönheit und Imposanz. Sorkin fasst am Kopfende an, ich an den Beinen und meine Frau und der lokale Fotograf Andrij Parachin, der bei der Fertigstellung geholfen hat, an den Armen. Die perfekte Spiegelfläche wird Stück für Stück Teil unserer Realität.

Einer nach dem anderen treten wir auf die Fersen des „Schattens", um zu sehen, wie das Spiegelbild des Baumes in die verschiedensten Richtungen zerrinnt, gleich der Lunge auf einem bekannten Plakat gegen das Rauchen. Streckt man die Arme aus und versucht sie auf die Betonfinger der Skulptur zu legen, dann ist es, als würde man eins mit dem Schatten.

„Diese Skulptur für alle da, die hierherkommen", sagt Sorkin den Anwesenden, „diese Skulptur steht im öffentlichen Raum und ermöglicht es, dem Betrachter doch in einen nichtöffentlichen und bequemen Dialog zu treten. Sie zeigt ihm den Himmel."

Kinder und ältere Menschen treten an die Statue heran, strecken die Arme aus und fixieren den Blick auf den Schatten. Sorkin liest uns beinahe im Flüsterton Texte von Pawlo Schapowalenko vor. Wir lauschen den Zeilen und schlürfen dabei dunklen Karpatenbrandy.

Am nächsten Morgen waren wir schon um neun an der Skulptur. Ich sah die Bestürzung in den Gesichtern von Kostja und Andrij Parachin. Jemand musste versucht haben, auf der Oberfläche des „Schattens" herumzukriechen. Die Spiegelfläche war übersäht mit unzähligen Kratzern und Schäden. Die Untersuchung der Beschädigungen am Betonkörper gleicht der Auflistung einer absurd hohen Zahl von Schnittverletzung, die ein psychisch kranker Mann seinem Vater beigebracht hat, bevor er einige Jahre später ein ganzes Krankenhaus gefangen nehmen und damit drohen wird, dort alle aufzuschlitzen.

Mir kommt es komisch vor, darüber zu mutmaßen, es müsse ja nicht unbedingt Vandalismus gewesen sein. Vielleicht wollten die Leute ja nur auf der Fläche herumrutschen.

Am Ende ist es Sorkin, der als erster die Fassung wiedergewinnt:

„Diese Stadt ist wie ein Kind. Wenn man einem Kind ein neues Spielzeug in die Hand drückt, muss es das Spielzeug erstmal mit seinen anderen Sachen ‚befrieden'. Irgendwas von ihm abbrechen oder verdrehen. In einer solchen Umgebung kann eine neuartige Sache ohne Kratzer bleiben. Sie kann nicht anders als die anderen sein. Und genau so haben sie auch den „Schatten" mit der Stadt ‚befriedet'".

Die Woche darauf ruft ein lokaler Fernsehkanal an. Die Skulptur sei nun vollends zerkratzt. Ob wir etwas unternehmen wollten.

Mein Blick fällt auf die Zeichnung des Vogels, die uns der Künstler schenkte und die meine Frau einige Tage als Verzierung ihres Strohhutes verwendete. Ich lese mir noch einmal die Texte von Pawlo Schapowalenko durch. Jenes Poeten, dessen persönliche Geschichte durch ein schamanistisches Ritual in die Geschichte der Stadt eingraviert wurde.

Ich stöbere nach seinen Texten, die an jenem Abend angeklungen sind. Zum Beispiel dieser:

III. BACHMUT. 4.

Ich werde ein Vogel, noch größer als ein Adler,
mit einer reifen Ähre nähren werd' ich mich,
an jenen Ort zieh ich, wo den Judas
ein verwundeter
Christus zu küssen sich anschickte,
ich werde krank sein für genau drei Stunden,
bis die Glühwürmchen ermatten,
bis die Leiber zu sich kommen,
unter meinen Flügeln,
und er von ihr sich hat
verabschiedet.

Drei Pfiffe und es kocht der Wasserkessel,
dann sind Sehnsucht und Schmerz in Stahlzangen fixiert.
Alles ist gut, ich fasse es ins Auge
Und mit Freuden helf' ich ihr beim Packen.
Nehm's mir zur Brust und nachdem die Vögel fort sind,
Fahr' ich für einen Nachschlag zur Apotheke,
um ein Stativ in meinem Hirn zu montieren,
um wieder Mensch zu werden.

POKROWSK. 4.

In Frankfurt am Main ist man auf Munition aus dem Zweiten Weltkrieg gestoßen. „Die Fliegerbombe wurde während der Arbeiten am Studentenwohnheim der Goethe-Universität entdeckt. Die Bombe mit einer Gesamtmasse von 1,8 Tonnen beinhaltet beinahe 1,5 Tonnen Sprengstoff", berichtet Hromadske. Sechzigtausend Menschen aus der näheren Umgebung werden umgehend evakuiert. Unter den Gebäuden im Explosionsradius befindet sich das Polizeipräsidium von Frankfurt und einige Krankenhäuser.

Die Geschichte ist näher, als es scheint.

Auf dem Sophienplatz in Kyjiw wurde ein Labyrinth aus alten Türen errichtet. Es ist ein Labyrinth der leeren Fensterläden und der leblosen Räume, in denen die Stimmen derer widerhallen, deren Verwandte im Konflikt im Donbass verschollen sind. Das Labyrinth wurde mit Unterstützung des Roten Kreuzes errichtet. Tagtäglich werden die eingefangenen Reaktionen von Binnengeflüchteten in meinen Newsfeed gespült, die diese Installation aufwühlt. Einmal die Woche wird mir in privaten Gesprächen mitgeteilt, dass man sie nicht sonderlich originell finde. Tatsächlich erinnert sie stark an dutzende ähnliche Installationen, die zurzeit auf der ganzen Welt ausgestellt sind. Vielleicht sind der Verlust der Heimat, verschollene Verwandte, das permanente Gefühl der Unsicherheit und die zersplitterten Fensterscheiben des eigenen Hauses auch einfach schon lange Normalität auf diesem Planeten.

Das Mythologem von Pokrowsk rankt sich unmissverständlich um Marko Salisnjak. Während ich das Erbe Salisnjaks an seine Heimatorte zurückführte, um dem Fotografen, den viele hier aus ihrer Kindheit und insbesondere den Besuchen des städtischen historischen Museums als Kinder in Erinnerung behalten haben, in einen neuen Kontext zu betten, dachte ich vor allem über folgende Fragen nach:

Wovon handelt die Geschichte Salisnjaks?

Welche Bedeutung haben seine Fotos, seine Notizen und sein Leben für die Gesellschaft?
Was können uns seine Fotografien erzählen?
Schließlich hatte ich die Idee zu der Ausstellung „Das verlorene Mosaik des Marko Salisnjak". Bei der Diskussion um den Namen mit dem Team musste ich mir Witze über seinen dekadenten Klang gefallen lassen. Doch vielleicht ist gerade die Geschichte Salisnjaks eine Spiegelung des nicht unbedingt originellen Gedankens, das wir unsere Geschichte jeden Tag verlieren. Das ist der Lauf des Lebens. Mit der Welle des Tagesanbruchs verwaschen die Spuren des gestrigen, ausgelebten Tages im Sande. Salisnjaks Tod in den 1980er Jahren liegt noch keine vierzig Jahre zurück. Und doch ist die Erinnerung an sein Leben in Einzelteile zerschreddert und über die verschiedensten Orte verstreut. Es ist ein Mosaik, dass wir nicht mehr zusammensetzen können. So sehr wir es auch versuchen, unsere Bemühungen werden doch nicht zur Wiederherstellung eines jeden Details, jeden Sujets und Musters genügen.

Auf einer anderen Ebene bilden seine Fotografien ein eigenes Mosaik, das von unterschiedlichen Epochen erzählt. Für mich war es der einzig logische Schritt, mich gänzlich von der Idee zu verabschieden, eine Ausstellung nach chronologischem Prinzip zu organisieren. Ich würde die Bruchstücke und Einzelteile der verschiedenen Mosaike zu etwas Neuem zusammenkleben. Auf diesem Weg würde ich auf den Nachhall, Methoden und Kompositionen aus den verschiedenen Jahrzehnten stoßen.

Und so erscheinen neben den Fotografien des Ersten Weltkriegs, ein Gruppenporträt der 49. Brester Kompanie, auf dem die Soldaten mit ihren Gewehren im Schnee liegen und auf den Betrachter zielen, Darstellungen des Nachkriegslebens über die Jahrzehnte hinweg, wenn auch mit der kontinuierlichen Eigenheit des Fotografen sich für die Aufnahmen auf den Bauch in den Schützengräben des zivilen Lebens zu legen.

Der Funke erlischt, wenn die Abbilder einer Mühle und von Pferden, Symbole einer unwiederbringlich verlorenen Epoche, neben denen des ersten Traktors platziert werden, die für eine grundlegende Umwälzung in der Landwirtschaft sorgen. Eine Fotografie

III. POKROWSK. 4.

Salisnjaks ist das einzige visuelle Zeugnis von der Existenz dieser Windmühle, die kurz darauf zerstört wurde.
Karren mit den Habseligkeiten der Entkulakisierten und der Umzug einer Dorfhochzeit bilden die Grenzen dieses Mosaiks.

Die Jungs von Formografia haben entschieden, einen öffentlichen Raum für Salisnjak in Pokrowsk zu schaffen, und haben dafür tonnenschwere Eisenhalterungen aus den Bergwerken herangekarrt. Erneut entstand vor den Augen der Stadtbewohner unter Einsatz aller menschenmöglichen Kräfte innerhalb von nur fünf Tagen eine für sie ungewohnte Welt.

Wir sortieren palettenweise alte Ziegel. Zerschlagene, schartige und mit Beton behaftete Ziegel wandern in ein steinernes Massengrab. Die sauberen und intakten und jene, die man noch irgendwie retten kann, stapeln sich an der Seite.

Witze über das Fegefeuer und Wiedergeburt machen die Runde.

Wenn man mehrere Stunden lang Ziegel sortiert, dann entscheidet sich das Schicksal des einzelnen Ziegelchens innerhalb von etwa zwei Sekunden. Wohnt der Ziegel noch ein Nutzen inne oder wird er im Estrich im Beton ertränkt. Es ist schwer, die Assoziationen abzuschütteln.

Das Team kommt etwas früher an, weshalb es in die Feierlichkeiten zum Unabhängigkeitstag in Pokrowsk gerät. Eine riesige ukrainische Flagge bedeckt die Menge und lässt sie in Gelb und Hellblau erstrahlen. Später, beim Durchschauen der Fotos, fragte ich mich, ob eine bessere Metapher eines nicht durch den Staat aufgezwungenen Patriotismus überhaupt denkbar ist.

Nach dem Unabhängigkeitstag wird in Pokrowsk traditionell der größte Feiertag der Region begangen – der Tag des Bergarbeiters.

Auf den Tag nach meiner Ankunft fiel der Tag der Befreiung des Donbass von der deutschen Besatzung. Das darf man sich nicht entgehen lassen.

10:00 Uhr, Marschall-Moskalenko-Denkmal, der neben seiner Teilnahme an ungezählten Schlachten auch die Festnahme Berias übersah. Es sammeln sich einige Schüler, die man zur Demonstration auf den Platz gescheucht hat. Zwischendrin Lehrkräfte, Soldaten, ein Chor, ein paar Offizielle und Veteranen.

Die Hymne ertönt. Menschen singen. Hier und da hat jemand die rechte Hand an die linke Brust geführt, dahin, wo das Herz schlägt. Die Hymne endet. Aus der Menge schreit jemand: „Ruhm der Ukraine!". Dutzende Stimmen antworten: „Ruhm den Helden!".

Es ist der vierundsiebzigste Jahrestag der Befreiung. Die Rhetorik des Krieges scheint unsterblich und beständig. Aber der Kontext, in dem das „scheußliche Antlitz der faschistischen deutschen Invasoren" gebrandmarkt wird, hat sich verändert. Selbstverständlich rüttelt jedes Wort von *jenem* Krieg an der Erinnerung *dieses* Krieges. Die Soldaten legen einen Schwur ab, wonach der Donbass ukrainisch sei, und sie die Invasoren von der heimischen Erde vertreiben werden.

Die Mehrheit der Redner spricht Ukrainisch. Gelegentlich klingen ein paar Worte auf Russisch an, doch man korrigiert sich selbst umgehend.

Ein Veteran tritt ans Mikrofon und beginnt seine Ansprache auf Russisch: „Liebe Genossen!", und beendet seine Rede mit einer angespannt hervorgebrachten Bitte: „Vielleicht lassen wir den Krieg wenigstens für den heutigen Tag einmal beiseite". Hinter mir ertönt eine sarkastische Frauenstimme: „Und morgen geht dann alles wieder von vorne los?".

Eine durchdringende Kinderstimme trägt ein patriotisches Gedicht vor. Und wieder läuft mir ein Schauer über den Rücken.

Die Veteranenansprachen, die Appelle und Märsche zum Thema Krieg sind mir aus meiner eigenen Schulzeit wohlbekannt. Man kam nicht an ihnen vorbei und musste sie stets bis zum bitteren Ende durchstehen. Eben jene banale Rhetorik berührt nun auf besondere Weise mein Herz und rührt mich zu Tränen.

Nach einer halben Stunde ist die Veranstaltung vorbei. Zum zweiten Mal ertönt die Hymne. Sie markiert das offizielle Ende der

III. POKROWSK. 4.

Zeremonie. Alle sind gebeten, Blumen an der Büste Moskalenkos abzulegen. Der Tonmeister macht einen Fehler und für eine halbe Minute verwandelt sich die Tragik und Erhabenheit des Momentes in eine dröhnende, akzelerierende Kakophonie gepaart mit dem Kreischen der Lautsprecher. In der darauffolgenden Minute gleicht sich die Musik wieder der Situation an, der Soundtrack passt nun zur Realität und die Feierlichkeit der Bewegungen bei der Kranzniederlegung wirkt geradezu mystisch. Auf dem Weg zurück zum künftigen „Salisnjak"-Platz überhole ich ein altes Paar. Die würdevolle ältliche Dame sagt zu dem Mann:

„Eine Hymne sollte doch wirklich fidel und lebensbejahend sein. Und bei uns? Wieder mal wie eine Beerdigung. Nein, die muss ausgewechselt werden."

Beim Aufbau des „Salisnjak-Projektes" unterstützen uns außergewöhnliche Menschen aus der Stadt. Ein Teil von ihnen besteht aus Freiwilligen, ein anderer wird für die Arbeit bezahlt. Ihr Vorarbeiter macht uns eine klare Ansage: „Ihre Arbeit kostet euch 200 Hrywnja". Als wir den Arbeitern nach einem auszehrenden, endlosen Arbeitstag 300 pro Person zahlen, erhalten wir zur Antwort einen hysterischen Anruf:

„Was ist das denn? Ich hab' doch 200 gesagt! Warum verhätschelt ihr sie?"

Vom hiesigen Priester, auf dessen Dankbarkeit, Güte und Unterstützung wir umsonst warteten, soll an dieser Stelle geschwiegen werden.

Den Tag darauf wurde „Das verlorene Mosaik" eingeweiht. Aus Serhijiwka, dass 20 Kilometer entfernt von hier liegt, war ein Enkel Salisnjaks angereist.

Wir trafen ihn bei den Fotografien. Der 74-jährige Andrij Switschkar erzählte den Umstehenden gerade ausgerechnet von jener Windmühle. Die Windmühle, zu der er seinerzeit oft mit Marko Mykytowytsch ausgeritten war.

Wir begrüßten einander. Mit einer Hand zündete er sich eine Zigarette an, während sein linker, unter dem Ärmel seines Jacketts verborgener Armstumpf die Schachtel fixierte. Über Salisnjak sprach er wenig, dafür umso mehr von seinen Abenteuern, die er durch gelegentliche Nachfragen unterbrach: „Ich hab' doch nichts Falsches gesagt, Oleksandr, oder? Weil, naja, ich bin halt nur ein einfacher Junge, ich spreche die Dinge so aus, wie sie sind."

Er erzählte, dass er bis zu seinem vierzehnten Lebensjahr bei seinem Großvater lebte. Marko Mykytowytsch habe ihn selbst aufgezogen. Niemals sei er laut geworden, immer habe er ruhig und besonnen gesprochen.

Er erzählte von einer weiteren Prüfung, die Salisnjak durchstehen musste. Sein ältester Sohn, Tereschko, sei während der deutschen Besatzung von den Menschen des Dorfes zum Vorsteher erkoren worden. Als die Befreier kamen, hätten sie ihm fünfzehn Jahre Kolyma[42] aufgebrummt. Tereschko habe dreizehn davon abgesessenen, bevor er nach Hause zurückkehren konnte. Mit einer ruinierten Gesundheit und vermutlich nicht mehr derselbe.

Er erzählte, dass Salisnjak während der Hungersnot seine Frau gebeten habe, auf dem Markt ein Porträt Stalins für ihr letztes Geld zu kaufen. Die habe nicht verstehen können, wie er auf solch eine Idee käme. Nachdem sie ihm das Porträt gebracht habe, hätte dieser es auf einem Stuhl abgestellt, sich einen Stiefel ausgezogen und angefangen, damit auf Stalins Visage einzudreschen.

Er erzählte, wie sehr Salisnjak von einer eigenen Ausstellung geträumt habe. Er habe gewollt, dass seine Fotografien nach seinem Tod für die Leute erhalten blieben.

Er sagt: „Salisnjak wäre euch dankbar gewesen.

Marko Mykytowytsch hat uns immer gelehrt, dass wenn dir einer ein Übel zufügt, dann musst du umso mehr Gutes tun."

Abends teilten offizielle Vertreter der Stadt mit, dass man im kommenden Jahr im März Feierlichkeit zu Ehren Salisnjaks durchführen werde. Sie sagten, dass man *möglicherweise* die Mittel auftreiben würde, um eine Neuausgabe des Büchleins „Mit einem Schutzengel und einem Foto aus dem Lebens" zu finanzieren.

---

[42] Anm. d. Übers.: Region im äußersten Nordosten Russlands, die zu Zeiten der Sowjetunion für die besonders menschenverachtenden Bedingungen ihrer Straflager berüchtigt war.

III. POKROWSK. 4.

Ein weiter Mann mit dem Nachnamen Salisnjak tritt an uns heran. Er ist davon überzeugt, zu einem anderen Zweig der Familie zu gehören:

- Sehen Sie, wir hier im Osten kümmern uns nicht allzu sehr um die Erinnerung. Wir interessieren uns nicht für die Geschichte. Und wenn man dann sieht, wie umsichtig fremde Menschen von außerhalb das machen, dann beginnt man sich richtig zu schämen.

Dass konnte ich so nicht stehen lassen.

- Ich muss Ihnen sagen, dass ich erst dank Salisnjak angefangen habe, mich mit der Geschichte meiner eigenen Familie auseinanderzusetzen. Und für meine Eltern ihre Geschichte aufzuzeichnen.

Und als wir schon dabei waren unserer Wege zu gehen, rief uns ein Einwohner nach:

- Ja, und wann das nächste Mal?
- Wenn ihr selbst etwas vorbereitet.
- Also nächsten Samstag?
- Nein, wenn jemand von den lokalen Talenten die Lust verspürt, sich hier auf der Bühne zu zeigen. Wenn jemand hier ein Festival organisieren will. Oder eine Filmvorführung.
- Ja, und wer soll das alles machen?
- Na ihr. Das ist eure Stadt. Euer „Salisnjak".

OLENA STJASCHKINA:

„Einen Gulag brauchte es nicht mehr. Er erfüllte keine Funktion mehr, denn das Lager ist in meinem Inneren errichtet worden"

Olena Stjaschkina ist eine der wichtigsten unter jenen intellektuellen Stimmen, die beharrlich versuchen, den Krieg im Osten und die Besatzung zu durchdringen, und dabei ein Vokabular zu erschließen, mit dem man all dies beschreiben kann. Sie wurde 1968 in Donezk geboren. Neben ihrer Tätigkeit als Schriftstellerin ist sie Professorin für Geschichte und Mitglied des ukrainischen Ablegers des internationalen PEN-Klubs.

Auf dem TEDxKyjiw 2014 ist sie mit dem Vortrag „Auf ein Wiedersehen in Donezk" aufgetreten, der für viele, die sich zuvor nicht mit der Geschichte des Ostens auseinandergesetzt hatten, zu einem echten Augenöffner geworden ist.

Im Jahr 2016 veröffentlichte sie die Erzählung „In der Sprache Gottes", in der sie vom Schicksal der Männer berichtet, die auf der anderen Seite der Front geblieben sind, und wie einer von ihnen die Kraft findet, Widerstand gegen die Besatzer zu leisten.

Ihre 2019 erschienene Studie „Das Stigma der Besatzung: Das Selbstbild sowjetischer Frauen in den 1940er Jahren" behandelt das Thema der deutschen Besatzung in den Oblasten Luhansk und Donezk, und liefert zugleich eine einzigartige Projektion der Ereignisse auf die Gegenwart sowie das Instrumentarium für Erkenntnis über den Ist-Zustand.

Wir trafen uns im Januar 2020 in Kyjiw und sprachen über den inneren Gulag, die Moskauer Zeitzone, die der Besatzer immer mitbringt, und die tausenden Menschen, die der offizielle Mythos über den Donbass in der Unsichtbarkeit zurückgelassen hat.

Ein Gespräch über den „Donbass" muss mit der Industrialisierung als Katalysator des sowjetischen Zivilisationsprojekts beginnen. Im Großen und Ganzen stimmte dieses Projekt mit der europäischen Praxis der Moderne überein, aber seine totalitäre Verkörperung stellt die Idee der Moderne als solche in Frage.

Bei der Schöpfung dieses Industrialisierungsmythos war die Obrigkeit im Kreml an der Schaffung eines Vorzeigeobjekts, einer Schaufensterauslage, interessiert. Wie jede andere Vitrine eines sowjetischen Geschäfts sollte auch diese mit der Wirklichkeit nichts gemein haben.

Diese Region war ideal dafür. Man muss dabei wissen, dass die ukrainischen Intellektuellen des 20. Jahrhunderts nur wenig über diese Region und die Spezifik ihrer Besiedelung wussten und schrieben. Die Gebiete um Donezk und Luhansk waren im historischen Bewusstsein nicht so tief verwurzelt wie die Sloboda-Ukraine oder die Region um Tschernihiw.

Der sowjetischen Regierung bereitete die wahre Geschichte dieser Region kein weiteres Kopfzerbrechen. Für sie war sie eine willkommene Tabula rasa, auf der man nach Belieben herumzeichnen konnte.

Ich denke nicht, dass man in den 1920er Jahren einen ausgeklügelten Plan im Kopf hatte, oder nach einem von Spezialisten abgesegneten Konzept arbeitete.

Dem Prozess zugrunde lag die Logik der Bolschewiki, wonach eine neue Gesellschaft aus den imaginierten Klassen errichtet und die Region folglich proletarisiert werden sollte. Bei der Wahl einer „Hauptstadt" übergingen die Bolschewiki das zu kaufmännisch geprägte, unproletarische Bachmut, und entschieden sich stattdessen für Jusiwka, das spätere Stalino, das im Vergleich zu Bachmut jung und überschaubar war. Diese Wahl wurde bewusst getroffen, denn es gibt Dokumente, die das belegen. Sie war die erste Akzentsetzung des sowjetischen Gesellschaftsprojekts, die in der Folge weitere zufällige oder bewusste Entscheidungen nach sich zog. Der „Donbass" wurde als Motor der Industrialisierung präsentiert. Hier fielen Vorher-Nachher-Vergleiche leichter als irgendwo sonst, denn vorher hatte es hier kaum etwas gegeben. So begann die Arbeit an diesem „Schaufenster" der Sowjetunion im Allgemeinen und der

Ukraine im Besonderen. Nach der Vorstellung der Erschaffer dieses Mythos sollte die ganze Sowjetukraine zu einem einzigen Donbass werden, kontrolliert, diszipliniert und dem Plan entsprechend auf eine kommunistische Zukunft hinarbeitetend.

Ich bin mir sicher, dass der Kreml schon immer Angst vor ukrainischen, nationalen Kräften hatte, weshalb das Aushängeschild eines internationalen, industrialisierten und urbanisierten Donbass der Arbeiterklasse notwendigerweise zum idealen Gesellschaftsmodell erklärt wurde, das es zu errichten galt.

Bei der Schaffung und Untermauerung des Mythos wurde die Propagandamaschine auf Hochtouren gebracht. Man rief die Stachanow- und die Isotow-Bewegungen ins Leben, die um die Persönlichkeiten Stachanows und Pascha Angelinas herum aufgebaut waren, wobei letztere der Bewegung eine weibliche und dörfliche Komponente hinzufügte. Diese wurden nicht nur in Pressekampagnen gefeiert, sondern auch in die Schulbücher und den Erinnerungskanon aufgenommen, und selbst in kinematographischen Diskursen verarbeitet. Diese Entwicklung streckte sich über mehrere Jahrzehnte.

Selbst der Mythos vom „Großen Vaterländischen Krieg" hatte im Donbass eine spezielle Form, die sich vom Rest der Ukraine unterschied.

Schon ab 1944 wurde die Sowjetukraine durch Auftritte, Briefe und offizielle Resolutionen von Arbeiterkollektiven genötigt, dem „russischen Volk für seine Befreiung" zu danken. Den Donbass stellte man hingegen als eine Region dar, die „nie auf die Knie gezwungen worden war und die auch niemand auf die Knie zu zwingen vermochte". Tatsächlich war die von den Nazis besetzte Steppengegend kein Dreh- und Angelpunkt der Partisanenbewegung oder irgendeines nennenswerten Widerstands. Die Situation unterschied sich nicht vom Rest der okkupierten Gebiete in der Ukraine. Und doch fand die Geschichte bzw. der Kanon von den Jugendlichen, die sich als Sowjetmenschen verstanden und den Nazis Gegenwehr leisteten, ihre Verkörperung im Begriff der „Jungen Garde", einer heroischen Bestätigung der Andersartigkeit des Donbass.

Der Mythos schuf einen Spiegel, in dem man sich gespiegelt sehen wollte. Hätte man hier ausschließlich Zwang angewendet, wäre nicht dasselbe Resultat erzielt worden. Der Mythos erhöhte die Menschen, schmückte sie und verlieh ihnen einen optimistischen Blick auf sich selbst. Die Baracken, in denen sie lebten, die erbärmlichen Arbeitsbedingungen – all das spiegelte sich auf eine merkwürdige Weise im Mythos. Doch nicht als Klage über Armut, Mangel und Entrechtung, sondern als bewusst hingenommener Preis für eine „strahlende Zukunft", als heiliges Opfer für die kommenden Generationen. So entstand die Formel „Der Donbass ernährt die ganze Ukraine". Schließlich gravierte man in die Stele auf dem zentralen Platz von Donezk ein Zitat Lenins ein: „Der Donbass ist nicht irgendeine Region, sondern eine, ohne die der sozialistische Aufbau lediglich ein ferner Traum bleiben wird".

Der unglückliche, an seiner Steinlunge und Schlimmerem leidende Bergmann schaute in diesen Spiegel und fühlte sich wie ein antiker Held.
Der Mythos bot ihm eine Erklärung dafür, weshalb er in den Schacht ging, anstatt einen anderen Lebensweg zu wählen.

Der Bergmann ist ein moderner Prometheus. Er ist jedoch nicht an einen überirdischen Felsen gekettet, sondern an einen in der Unterwelt. Die sowjetisch-sozialistische Variante. An seiner Leber fraß nicht ein von den Göttern gesandter Adler, sondern der Schnaps, von dem er reichlich kaufen konnte.

Die Kohle ist Lebensspenderin. Ohne Kohle gibt es nichts außer der Düsternis. Ich denke, das ist die symbolische Grundlage des Mythos.
Und doch fördert kaum etwas die Entstehung des Nichtseins so sehr, wie eine überlebensgroße Mythologie. Die Kehrseite, der Preis der Spiegelung liegt in der Heranzucht einer „Selbstabwesenheit". Das Selbst hört auf zu existieren, wenn man nicht inmitten dieses sowjetischen Mythos lebt, wenn man nicht Teil von ihm ist. Einen anderen Raum, eine andere Zeit oder Möglichkeit des Selbstseins gibt es einfach nicht mehr.

Der mythologische Donbass war nur in der sozialen Vorstellungswelt inklusiv und monolithisch. In der Realität zeichnete er sich durch umso größer werdende Exklusivität aus, desto mächtiger diese Vorstellungswelt wurde.

Die destruktive Kraft des Donbass-Mythos liegt bis heute darin, dass eine enorme Anzahl von Menschen durch ihn ausgeschlossen und in die Unsichtbarkeit gedrängt wird. Eine ebenso große Anzahl tappt beim Versuch ihn zu durchschauen im Dunkeln.

Der Donbass-Mythos ist sehr deutlich darin, was und wen er ausschließt.

So kam ungeachtet aller Überzeugung von der unbedingten Internationalität der Region außer dem „großen russischen (sowjetischen) Volke" keine weitere Nationalität im Mythos vor.

Zu keinem Zeitpunkt schloss er die Griechen, Juden, Roma, Bulgaren, Belarussen, Armenier, Chinesen, Assyrer, und andere mit ein. Dies galt in besonderem Maße für die Ukrainer.

Außer dem Ausschluss der verschiedenen Nationalitäten war im Mythos zudem kein Platz für das Dorf vorgesehen, obgleich es weiter existierte. Diese Form der Lebensorganisation hatte man im Jahr 1921 abgeschafft. Die Aufstände, die die sowjetische Historiografie als von Banditen organisiert sehen wollte, im besten Falle als Machnowschtschina, hatten tatsächlich nationalen Charakter. Als der Hetman Kalinowskyj die Menschen zum Widerstand gegen die Sowjetherrschaft mobilisierte, tat er dies unter dem Aufruf zur „Befreiung der Ukraine".

Das Dorf war nicht wirklich abgeschafft worden, aber im Mythos kam es nicht vor. Dabei waren die Städte und Städtchen der Donezker Region immer halbe Dörfer.

Der gute Bergmann hatte einen kleinen Acker, der schlechte eine Holzbaracke. Ein guter konnte sogar eine Kuh besitzen. Interessanterweise betraf dies nicht nur die kleinen Städte, sondern auch Donezk. In Donezk gab es ganze Bezirke dieser Art. Nicht, dass sie dörflichen Charakters gewesen wären, sie bewegten sich vielmehr im dörflichen Chronotopos. Auf den Rasenflächen der Tscheljuskinzi-Straße oder dem Friedensprospekt grasten, meiner Erinnerung nach, immer zwei oder drei Ziegen.

Bemerkenswert ist, dass jener Bergmann, der in einer Baracke lebte, sehr wahrscheinlich aus Russland, oder zumindest aus dieser Ecke, war.

Und der, der einen Garten und eine Kuh hatte, kam aus Tscherkassy oder anderen Ort der Zentralukraine. Der Mythos kannte einen solch merkwürdigen Bergmann hingegen nicht.

Um den Mythos zu dekonstruieren, muss man einfache Fragen stellen. Meine betrifft den Krieg gegen die Nazis. Als die Region besetzt war, hätte sie nach den Gesetzen des Donbass-Mythos und denen des Großen Vaterländischen Krieges absterben müssen. Denn dort gab es ja nur Bergwerke und Fabriken, die während der Okkupation kaum in Betrieb waren. Was also aßen die Leute? Wie überlebten die Bergleute ohne Bergwerke und die Fabrikarbeiter ohne Fabriken? Sie überlebten, weil sie Landwirtschaft betrieben. Gerade so, aber der Boden ernährte sie irgendwie. Nichtsdestotrotz wurde der Bergmann mit seinem Gemüsegarten und Vieh nicht in den kanonisierten Mythos vom urbanisierten Donbass aufgenommen.

Niemals, mit Ausnahme von Pascha Angelina, kamen Frauen darin vor, die die Hälfte der Bevölkerung der Region ausmachten, und an deren Platz ein Loch klaffte. Es hatte den Anschein, als lebten im sozialistischen Donbass ausschließlich Männer. Eine Gemeinschaft ohne Frauen. Beim durch und durch patriarchalen sozialistischen Konstrukt ist das kein Wunder. Es ist kein Wunder, und doch unwahr.

Im Mythos existieren außerdem keine Kinder und Minderjährigen. Der Mensch des mythologischen Donbass war sofort erwachsen. Vielleicht war es ihm vergönnt, ein wenig jung zu sein, dann alterte er in rasendem Tempo und starb früh. Es gab keine Jugendlichen mit all ihren Protestaktionen, lustigen Umbenennungen (die Puschkin-Büste auf dem Puschkin-Boulevard wurde „Kopf" genannt; das Schewtschenko-Denkmal erhielt, bei aller Wertschätzung, den Beinamen „Nelson"), mit ihren sozialen Erfindungen, anderen Kultur und Versuchen, eine angenehme Realität für sich selbst zu schaffen.

III. OLENA STJASCHKINA

Am Ende ist der Donbass ein künstlicher Planet oder Satellit des Sozialismus. Der Vorteil der Konstruktion lag darin, dass dieser sichtbar war. Doch für die in dieser Erde verwurzelten Bergmänner mit ihren Ziegen, die Dorfbewohner, die in der Oblast Luhansk immer in der Mehrheit waren, die Frauen, die wunderbare Gedichte schrieben oder als Schauspielerinnen arbeiteten und die Mathematiker, die die intellektuelle Elite ausmachten war darin kein Platz.

Sind die Galizier stolz auf ihre Überlebensfähigkeit, zumal sie doch die Sowjetherrschaft niemals annahmen? Bis 1991 lebten sie unter der Besatzung und meinten dann: „Wir haben's euch doch immer gesagt". Was ist mit Überleben gemeint? Das ist die Wahrung der Werte, die Fähigkeit von der Brotkruste zu leben und auf dem Hinterhof zu kämpfen.

Der Osten meiner Kindheit war nicht der Osten. Er war Amerika, der Broadway, „Nelson", bei dem sich die Jugend versammelte. Er war der „Interklub", Diskotheken und Jeans. Er war ganz sicher nicht der Osten. Über uns hätte der örtliche Parteisekretär wahrscheinlich gesagt: „Wir haben die junge Generation verloren". Ganz sicher, das haben sie.

Zur Industrialisierung beitragen, oder Bergmann werden wollen? Nein, das wollten wir nicht. Die jungen Menschen meiner Generation sahen sich nicht im Spiegel des Donbass-Mythos. Er war ihnen mehr und mehr fremd und unwirklich geworden. Er hatte sich selbst überlebt und war zu seinem eigenen Denkmal geworden. Das neue Motto ambitionierter junger Menschen war: „Ins Bergwerk gehe ich nur, wenn nichts aus mir werden sollte".

Geschichtsnostalgie ist nichts Ungewöhnliches. Die ewige Formel „Damals, als wir jung waren" wirkt. Wenn es um meine persönliche Haltung geht und man mich fragt, ob ich diese goldenen 1980er Jahre wiederhaben will, dann sage ich nein. Das will ich nicht. Mir gefällt nichts davon. Auch ich selbst gefalle mir darin nicht. Wenn es um den Wunsch geht, die ruhmreiche, goldene sowjetische Zeit zurückzubringen, der für eine gewisse Anzahl von Menschen in der freien und der besetzten Ukraine charakteristisch ist, braucht man keine Verschwörungsideologien. Manchmal ist es besser, abergläubisch und übervorsichtig zu sein, um nicht tot zu enden.

Mir scheint, dass die normale Nostalgie diese schrecklichen und unnormalen Formen nicht zufällig inkorporiert hat. Sie wurde inspiriert, bewusst gesandt, sie ist Teil des russischen Krieges gegen die Ukraine und aller anderen Überbleibsel der sowjetischen Kolonien. Die neunziger Jahre wurden zu den „entbehrungsreichen" erklärt, man malte sie in schwarz-blutigen Farben aus und kochte einen giftigen Trunk aus alten Filmen wie „Alte Lieder über das Wesentliche", „Siebzehn Augenblicke des Frühlings", „Ironie des Schicksals" und „Moskau glaubt den Tränen nicht". Schon ab Ende der neunziger Jahre begann das russische Fernsehen, das auch den ukrainischen medialen Raum beherrschte, die Menschen mit Nostalgie nach etwas zu füttern, das tatsächlich niemals gegeben hatte. Lieder, Bändchen, Clips, die gemeinsam ein Wörterbuch bildeten, in dem ein „Plombir"-Milcheis für zweiundzwanzig Kopeken einen zentralen Platz einnahm, - all das war nicht nur eine Injektion unter die Haut, sondern systematisches Kanonenfeuer. Der Schaden hielt sich mancherorts in Grenzen, woanders, speziell dort, wo sich der mächtige sozialistische regionale oder professionale Mythos mit dem neuen Nostalgie-Diskurs paarte, war der Schaden für das Bewusstsein erheblich. Die Legende des sozialistischen Donbass fügte sich nahtlos in die Matrize der Nostalgie ein. Eine Welt, die es so nie gegeben hatte, erschien nun als die einzig wahre und mögliche. Man wollte ein nichtexistentes „Gestern" zurückholen.

Es muss klar gesagt werden, dass die Normalisierung des Sowjetischen eine der wirkmächtigsten Strategien der westlichen Geisteswissenschaften ist, die zudem Anzeichen einer politischen Instrumentalisierung in sich trägt.

Als die Sowjetunion zerfiel, war die zivilisierte Welt, Europa, bereit die Arme zu öffnen. Damit diese Umarmung ehrlich und ungezwungen sein würde, mussten ihre Bürger das Bild des generischen Iwan vergessen, der einer zufällig vorbeigehenden Frau auf den Straßen Budapests 1956 das Fahrrad aus der Hand riss oder 1945 ein Mädchen auf den Straßen Berlins vergewaltigte. Die Menschen im Westen sollten stattdessen einen Menschen vor Augen haben, der im Käfig gelebt hatte und nun die Chance zur Freiheit bekam. Die spätsowjetische sexuelle und die Konsumrevolution, das Aufkommen der Privatsphäre, die Existenz politischer Satire, ein gesunder Menschenverstand zur persönlichen Verfügung und die Schattenwirtschaft wurden zu Symbolen der gewünschten „Normalität". Der neue Spiegel des westlichen historischen und politischen Denkens nährte ebenfalls die Nostalgie.

Auch wenn die spätsowjetische Phase nicht so blutrünstig war, wie der Stalinismus, war sie dennoch eine Menschenfresserin. Sie begann an genau jenem Punkt, an dem Orwells Roman „1984" endet: „Alles war gut, der Kampf war vorbei. Er hatte über sich selbst gesiegt. Er liebte den Großen Bruder". Von dem Moment an, in dem „er", „sie", „wir" den Großen Bruder zu lieben begannen, brauchte es keinen einen Gulag mehr. Die Lager erfüllten keine Funktion mehr, denn es war ein Lager in meinem Inneren errichtet worden, in meinem Körper, meinem Kopf, meiner Sichtweise auf die Grenzen des Möglichen und Unmöglichen.

Tatsächlich hat niemand die Lager abgeschafft. Ihre Rolle wurde schlicht durch die Schule, den Kindergarten, das Esszimmer, das Krankenhaus, das Sanatorium, den Pass und den offenen Schlafwagon übernommen.

Der Gulag nistete im Organisationsstil der Restaurants, wo die Kellner Aufsehern und die Pförtner Wachen ähnelten. Er infiltrierte die Lebensmittelgeschäfte über den Imperativ: „Nicht beschweren, sondern das nehmen, was da ist". Er beherrschte die Erziehungsmethoden. Der Terror verbreitete sich auf unsichtbare Weise in den Gemeinden und nahm die Form der Selbstbestrafung und Selbstvernichtung an.

Die Redewendung „Mit vollem Mund spricht man nicht" ist nicht bloß eine Disziplinierungsregel der Moderne, die auf die Verkürzung der Nahrungsaufnahme und Verlängerung der Arbeitszeit abzielt. Sie dient der Selbsteinschränkung bei Tischgesprächen, um das Aufkommen zwischenmenschlicher Solidarität zu verhindern, die bei Gesprächen zwischen Kindern und Menschen im Allgemeinen unweigerlich entsteht.

„Mit vollem Mund spricht man nicht". „Warum?". „Weil ich die Lehrerin bin, und ich das sage!". „Ihr redet, wenn ich es euch erlaube". Dieses Schema setzt sich fort. Der innere Gulag ist nicht beerdigt worden. Er liegt im Mausoleum. Er mag im Verwesungsprozess inbegriffen sein, aber sein Gift versprüht er weiterhin. Dagegen muss etwas getan werden.

In der spätsowjetischen Phase, die zum Teil andauert, herrschte Schande, Unfreiheit, Profanisierung und Tortur unter dem Deckmantel der Losung: „Alle anderen machen es auch so". Hierin zeigt sich das Lager, das es zu erkennen, analysieren und bloßzustellen gilt. Das sowjetische Plombir kostete nicht nur zweiundzwanzig Kopeken. Sein Preis war der Gulag und die Nichtexistenz.

Im Moment arbeite ich an einem Text mit dem Titel „Essen und Esser im spätsowjetischen Kino". Auf den ersten Blick wirkt das Thema erlesen und nahezu glamourös. Tatsächlich ist es eine Geschichte darüber, wie sich der innere Gulag des Regisseurs auf die „Zuschauerzone" überträgt und sie mittels basaler menschlicher Praktiken formt. Der das gesamte Land einigende „Apfelsalat", die Kondensmilch, „die man nicht einfach so aus der Dose trinken darf", der Lebensmittelladen, dessen Verkäuferin aus dem alkoholkranken Möbelpacker einen „guten Menschen" machen will. Die derzeit zu beobachtende, tiefgreifende soziale Umstrukturierung gestaltet sich nicht durch Erschießungen und Deportationen, sondern mithilfe des allgemeinen Konsenses darüber, dass es erstrebenswert ist, ein Zahnrädchen zu sein, „den Großen Bruder zu lieben", denselben Salat wie alle anderen zu essen und die Verantwortung für das eigene Leben an die nächstbeste Verkäuferin zu delegieren.

Ohne Zweifel liegt der offiziellen sowjetischen Definition einer glücklichen Kindheit ein rationales Argument zu Grunde, wenn sie darunter das Engagement in Sport- und Tanzvereinen, die Teilnahme an Schachwettbewerben für Kinder, für die man „bis nach Polen gefahren sei", oder Gastauftritte des Tanzkollektivs in Bulgarien subsumiert. Und dennoch war der Ausgangspunkt dieses Glücks immer inmitten des Unglücks angesiedelt, zwischen Verwahrlosung, Armut, Mangel, Hunger und so fort.

Überträgt man diesen Ausgangspunkt auf die USA oder Frankreich, so sieht man deutlich nicht nur die Privilegien, sondern auch die Grenzen des sowjetischen Kinderglücks.

Ich möchte hier auf keinen Fall den europäischen oder amerikanischen Lebensstil verklären.

Aber die Art und Weise mit einem Kind zu sprechen, bei der Erwachsene, wenn auch in abgewandelter Form, immer in etwa den folgenden Spruch wiederholen: „Die Welt liegt dir zu Füßen, mein Kind. Und wenn du es nur willst, dann kannst du es auch. Du kannst der Beste in dem werden, was du tust. Aber wenn du das nicht willst, dann macht dich das nicht schlechter, solange du nur ein guter Mensch bleibst", - dieser Stil ist doch ein gänzlich anderer. Es geht dabei immer um Freiheit, die freie Wahl und Verantwortung.

Die wichtigste Leitlinie des Sowjetmenschen, die bis heute wirksam bleibt und zuletzt bei den Präsidentschaftswahlen 2019 bestätigt wurde, ist die der Ichlosigkeit.

Das bedeutet, dass ein Mensch keinen Begriff von sich selbst besitzt. Er weiß nicht, wer er ist, was er will, wonach er strebt, was er wert ist, und was seine Möglichkeiten und Grenzen sind. Der Mensch ist eine Leerstelle. Eine Leerstelle, die sich oftmals mit etwas Schlechtem füllt und im besten Falle mit fremden Mythen. In der Regel zapft diese Leere Kräfte und Träume an, irgendetwas, dass ihr, der Leere, Aufschluss darüber geben kann, was sie ist. Jemand anderes kann dir sagen, wer du bist, und Verantwortung für dein Leben übernehmen.

Der Paternalismus ist das schwere Erbe des sowjetischen sozialen Experimentes, des Überlebens unter den Bedingungen extremer Gewalt und die Ichlosigkeit seine menschliche Verkörperung.

Übrigens sind die Menschen, die Präsident Holoborodko[43] vertrauten, dieselben, die auch an Putin glaubten. Jahrzehnte des auf die Atomisierung der Gesellschaft gerichteten sozialen Umbaus, der

---

[43] Anm. d. Übers.: Wassyl Petrowytsch Holoborodko ist die Hauptfigur der Serie „Diener des Volkes", die von Wolodymyr Selenskyj, dem sechsten Präsidenten der Ukraine, verkörpert wird.

Abschaffung des Selbst und der Entwürdigung zeigen nun ihre Wirkung.

Ein weiteres Erbstück ist die Angst und Bereitschaft sich selbst dann zu fürchten, wenn es keine Bedrohung gibt.

Die Bolschewiki haben Menschen dafür erschossen, dass sie eine Haltung, ein Rückgrat hatten und ihren Wert kannten. Die Herkunft spielte keine Rolle, es ging nur um das Rückgrat, um Prinzipien und Werte. Die Bolschewiki töteten für Landbesitz, Sprache, die Fähigkeiten zu denken und Gut von Böse zu unterscheiden. Diese Werte und Prinzipien musste der Sowjetmensch ablegen. Und er durfte sie in keinem Fall an seine Kinder weitergeben. Deshalb sind wir, mit einzelnen Ausnahmen abgesehen, entweder Opfer oder Träger des totalitären Patriarchats.

Die Aufarbeitung des unbehandelten sowjetischen Traumas wurde bzw. wird dadurch verhindert, dass wir noch immer die Angewohnheit des „ungefährlichen Verhaltens" weitergeben: „Verhalte dich unauffällig!", „Sitze still!", „Misch dich nicht in Dinge ein, die dich nichts angehen!", „Darum wird sich schon jemand anderes kümmern", „Was machst du hier so ganz allein?".

Die Reproduktion des Nichtseins und die Angst vor der Wahl haben noch immer kein Ende gefunden. Noch immer ist es sehr schwer, sich selbst, oder den eigenen Kindern zu sagen: „Du darfst das". Wo befinden sich die Ziele und Grenzen dieses „Dürfens"? Was willst du konkret? Als was siehst du dich selbst?

„Ich möchte Astronaut werden" ist eine hervorragende Schutzformel. Aber eine Schutzausrüstung kann nichts zur Überwindung des Nichtseins beitragen. Solange es keine Antwort gibt, oder schlimmer, solange diese Antwort irgendjemandes Standards oder Erwartungen unterworfen ist, kann auch alles sich an diese Antwort Anschließende nur künstlich und nicht wahrhaftig sein.

Manchmal habe ich das Gefühl, das die vergangenen Wahlen eine Art kollektives Schuldeingeständnis sind. Vierzig Prozent der Menschen sind in die Wahlkabine gegangen, um lautstark zu erklären: „Mich gibt es nicht". Dreißig Prozent der Menschen in Donezk und Luhansk haben 2014 dasselbe gegenüber Putin und den Besatzern erklärt: „Mich gibt es nicht. Komm her, nimm dir, was du willst, rette, was du willst, vergewaltige, wen du willst. Schlimmer kann's ja nicht werden".

Bereits seit einigen Jahrzehnten wird in den Geisteswissenschaften das Problem der historischen Zeit diskutiert, die nicht länger als unumkehrbar angesehen wird. Dem französischen Soziologen Bruno Latour zufolge dehnt sich die Zeit nicht nur in der Länge, sondern auch in der Breite aus, wo „die kalendarische Zeit Ereignisse entsprechend einer regulären Reihenfolge aus Daten aneinanderreiht, obgleich die Historizität dieselben Ereignisse hinsichtlich ihrer Intensität bewertet". Eben jene Intensität, die Traumatisierung, historischer Ereignisse, insbesondere unter der Bedingung der Nichtaufarbeitung, Verdrängung nicht der nicht vorhandenen Sühne für Verbrechen, schafft Räume, wo die Zeit gerinnt oder immer und immer wieder an den Ort des Traumas und des Schmerzes zurückkehrt. Chris Lorentz fügt dem hinzu: „Die Vorstellung, dass eine heiße Jetztzeit sich von alleine in eine abgekühlte Vergangenheit verwandelt, ist ein beliebtes Zeitmodell für jene, die die Vergangenheit nicht anrühren wollen. Mit Sicherheit sind das diejenigen, denen ein Gerichtsurteil droht".

Der Holodomor, der Holocaust, der Zweite Weltkrieg und der sowjetische Gulag zementieren unsere Zeit, verursachen einen Zeitstau. Noch immer generieren diese Ereignisse Angst und Reaktionen, darunter auch die, die in Floskeln wie „setz' dich hin und schweige", „das geht dich nichts an" oder „die da oben regeln das schon" enthalten sind. Die Angst getötet, ausgehungert oder in den Gulag geschickt zu werden lähmt einen Teil unserer Gesellschaft noch heute. Als würde unsere Zeit im Kreise trotten und uns dabei zu sich rufen.

Als ich mit Kollegen für die Präsentation des Buches „Arbeit, Erschöpfung und Erfolg. Die industriellen Monostädte des Donbass" durch den Osten reiste, erlebten wir eine wundervolle Geschichte.

Die erste Station war Kostjantyniwka. Es entwickelte sich ein wirklich aufrichtiges Gespräch, an dessen Ende eine Person aufstand und sagte: „Das ist ja alles schön und gut, aber Kostjantyniwka haben die Belgier gebaut. Darüber sollte geschrieben werden!".

Die zweite Stadt war Druschkiwka. Die Diskussion verlief professionell und fruchtbar. Interessante Reflexionen. Wieder meldet sich zum Ende der Veranstaltung jemand zu Wort und sagt: „Jusiwka haben die Engländer gebaut, und wissen Sie, der englische Kapitalismus ist derselbe wie der amerikanische, Fordismus, auszehrend eben. Aber Druschkiwka haben die Franzosen gegründet. Wir hatten Theater, Galerien, eine Pferderennbahn und Bordelle, all diese französischen Dinge eben".

Anschließend fuhren wir nach Kramatorsk. Die Präsentation dort war offizieller, lief quasi nach einem Protokoll ab. Und am Ende steht plötzlich ein Zuhörer auf und fragt in erhitztem Tonfall: „Wissen Sie eigentlich, dass Kramatorsk von den Schweizern gegründet wurde?".

An einem halben Tag bin ich also, sozusagen, durch ganz Europa gefahren, ohne dabei die Ostukraine verlassen zu haben.

Und auf dieser Reise habe ich mit meinen eigenen Augen gesehen, wie ein Mythos ohne Zwang, Vorschrift oder Kontrolle von oben durch einen anderen ersetzt wird. Und wenn es überhaupt so etwas wie gute Kriegsfolgen geben kann, dann ist es das. Die Grenze zwischen uns und dem Imperium muss in den Köpfen wiederhergestellt werden. Und auch Europa als unser gemeinsames Territorium und Schicksal beginnt sich im Bewusstsein auszubreiten.

Meine Kollegin hat mal gesagt: „Es wäre schon ausreichend, wenn man uns nicht für Russen hält".

Es gibt keine konkrete Regel für das Verständnis des Ostens. Man muss ihn einfach als einen Freund sehen, den man verstehen will. Er ist ganz offensichtlich anders als du, aber das ist auch völlig in Ordnung. Man muss vielleicht ein wenig Energie aufbringen, um dahinter zu kommen, weshalb er so gerne gesalzenen Fisch isst. Und noch ein bisschen mehr, um sich zurückzuhalten, wenn er ihn vor dir isst.

Ich möchte unseren Politikern dafür danken, dass das Wort „Besatzung" als Bezeichnung für die Ereignisse im Osten seinen Weg ihren Wortschatz gefunden hat. Das zeigt, dass wir siegen werden. Vielleicht nicht morgen, aber irgendwann wird es passieren. Wir müssen für den Sieg vorbereitet sein. Deshalb müssen auch die Schulkinder, die Studenten, das Fernsehpublikum, die Fernbuspassagiere und die Experten die richtige Sprache zur Beschreibung der russischen Aggression gegen die Ukraine samt ihrer schrecklichen Folgen verwenden.

„Bürgerkrieg", „innere Krise", „Auflehnung im Osten" oder „Krieg der Oligarchen" sind Begriffe aus dem Wörterbuch des Kremls, deren Verbreitung zur Kriegsstrategie der Russischen Föderation gegen die Ukraine gehört. Andererseits ist dieses Wörterbuch ein Zeugnis der Angst Moskaus vor der Verantwortung für die eigens verübten Verbrechen. Das Urteil wird so oder so kommen. Deswegen ist es für den Kreml so wichtig, den Informationslärm aufrecht zu erhalten, in dem „nichts so eindeutig ist, wie es scheint". Das Wort „Besatzung" bezeichnet die Rolle des Aggressors glasklar und sagt eine Menge aus über das Verhalten der Okkupierten, die ihre Subjektqualitäten verlieren und oftmals gezwungen sind, unter alles andere als heroischen Umständen zu überleben.

Ich bestehe darauf, dass anstelle des Wortes „Donbass", die Begriffe „Donetschyna" und „Luhantschyna" verwendet werden. Diese ukrainische Erde ist ihren eigenen Namen wert. Sie hat ein Recht darauf nicht mit ein und demselben nutzlosen und bedrohlichen Wort „Donbass" zu verschmelzen. Deshalb sollte uns unsere Zeit und Atemluft nicht zu schaden sein, um auch weiterhin von den besetzten Gebieten der Oblaste Luhansk und Donezk als der Donetschyna und Luhantschyna zu sprechen, die unter der Aggression leiden, und ebenso von der Befreiung der besetzten Gebiete der Oblaste Luhansk und Donezk von ihren Besatzern.

Ich schrecke davor zurück, von „ukrainisch kontrollierten" Gebieten zu sprechen. Soll das heißen, dass sie morgen möglicherweise nicht mehr „unter Kontrolle" sind? Und wie unterscheidet sich im Sinne der Kontrolle beispielsweise Tschernihiw von Mariupol?

Eine Kollegin hat mir gestern Folgendes geschrieben: „Ich lese die Arbeiten junger Journalisten und bin schockiert darüber, wie sie die Menschen nennen, die dort mit der Waffe in der Hand gegen uns kämpfen. ‚Aufständische'? ‚Separatisten'? Was sind sie wirklich?".

Ich denke, dass man sie „russische Söldner" nennen sollte. Das ist keine sprachliche Konstruktion oder Metapher. Diese Leute haben die Waffe in die Hand genommen und werden dafür mit Geld entlohnt, und dieses Geld kommt aus Moskau.

Das sind russische Söldner und reguläre russische Soldaten.

Es ist ganz einfach, denn in der Donetschyna und der Luhantschyna gibt es keine Aufständischen. Aufständische sind diejenigen, die Widerstand auf eigene Kosten leisten. Sie gehen in den Wald, legen Waffenverstecke an, zählen auf die Unterstützung der lokalen Bevölkerung und haben sie auch, und investieren ihre persönlichen Kräfte, ihre finanziellen Mittel und nicht zuletzt ihr Leben in die eigene Sache. Die Ukrainer wissen nur zu gut, was Aufständische sind und wie sie über Jahre hinweg das Land gegen den sowjetischen Einfall verteidigt haben.

Im Gegensatz dazu sind die Menschen, die für Geld aus Moskau kämpfen, eben Söldner.

Auch unter uns hat es immer faule Äpfel gegeben. Es wird sie auch immer geben. Schließlich wird es sie auch in Europa immer geben. Sie werden mitten unter uns sein. Das ist die Geschichte der menschlichen Natur, der Versuchung, des Bösen, das oft anziehender und pragmatischer wirkt, als das Gute.

Doch die Vorstellung, dass jemand von Grund auf schlecht sein könnte, erscheint mir unterkomplex. Solange wir leben, haben wir immer die Chance uns zu verändern.

Die wichtigsten christlichen Schriftstücke handeln genau hiervon. Der Apostel Paulus, zum Beispiel, war nicht immer gut zu den Christen, aber dann passierte etwas mit ihm. Ein Wunder, eine Umkehr, eine Offenbarung, die Liebe.

Petrus verleugnete Christus dreimal, aber als er schließlich das Krähen eines Hahns vernahm, begann er zu weinen. Er weinte sein ganzes Leben lang.

Auch in mir schlummert ein „schlechtes Ich". Es ist schwer, sich das einzugestehen, schwer, mit dem Gefühl der Schuld zu leben, aber vielleicht ist dieses Gefühl eine Art Impfung oder Vorkehrung dafür, dass bestimmte Dinge nie wieder passieren. Ohne den Hahn, der allmorgendlich kräht, wäre das Leben leichter. Doch es gäbe auch mehr Böses auf dieser Welt.

III. Olena Stjaschkina

Sollte ich offenlegen, dass ich das amerikanische Kino liebe und amerikanische Serien schaue? Das ist nicht nur eine „guilty pleasure", sondern ein echtes anthropologisches Interesse.

Beinahe jeder amerikanische Film beinhaltet einen Dialog zum Thema: „Bin ich ein guter Mensch?". Darüber unterhalten sich die verschiedensten Helden. Unter ihnen sind Polizisten, Gangster, Vampire, Mädchen und Jungs in einer jugendlichen Lebenskrise, Banker und Juristen, enttäuschte Ehefrauen und Roboter. Unter verschiedensten Bedingungen, in Thrillern, Melodramas, Komödien oder Fantasy-Filmen, fragen sie sich: „Bin ich ein guter Mensch? Kann ich das wirklich von mir sagen?".

Dieser Wert, die Wichtigkeit ein guter Mensch zu sein, gilt bedingungslos und er entfaltet sich unter anderem auch in der Popkultur. Es ist eine Antwort auf die Angst vor der absoluten „Trumpisierung", der Verflachung und dem Bösen.

Der Historiker Anthony Beevor schreibt in seinem Buch „Berlin 1945: Das Ende", dass die sowjetischen Soldaten und Offiziere besessen waren von Armbanduhren. Sie stahlen oder forderten sie regelmäßig von den Deutschen oder nahmen sie den Leichen ab. Sie schrien: „Uhr!", und die Deutschen antworteten: „Die Uhr ist schon an deinen Kameraden gegangen". Die sowjetischen Soldaten trugen mehrere Uhren an beiden Armen. Beevor beschreibt, wie die eine Uhr die Moskauer, die andere die lokale, Berliner Zeit anzeigte.

Diese Beobachtung löst bei mir noch immer einen Kloß im Hals aus. Sie illustriert auf schreckliche Art und Weise, dass der Zweite Weltkrieg auf dem Gebiet der Ukraine fortdauert.

Die Ereignisse im Februar und März 2014 in Donezk sind eine Geschichte der Armbanduhren, die die Moskauer Zeit anzeigten. Es ist die Geschichte darüber, wie in Donezk Leute auftauchten, hauptsächlich Männer, die sich mit den Örtlichkeiten nicht auskannten, ständig nach dem Weg fragten, die mit deutlichem, russischem Akzent sprachen und zur Hälfte nach Kriminellen, zu anderen Hälfte nach Soldaten aussahen. Aber das Wichtigste war, dass es auf ihren Armbanduhren immer zwei Stunden später war als auf meiner.

Nachdem ich „Berlin 1945: Das Ende" gelesen hatte, kam mir der Gedanken, dass die Russen doch im Grunde immer gleich vorgehen. Sie kommen, um eine Stadt in ihre Gewalt zu bringen und dort die Moskauer Zeit einzuführen. Dabei verbergen sie niemals, dass sie Fremde und Besatzer sind.

Russland begann den Vorstoß in der Ostukraine in demselben Augenblick, in dem auch die Spezialoperation auf der Krim anlief.
Die regulären russischen Truppen auf dem Territorium der Donetschyna wurden für die Weltöffentlichkeit im August 2014 sichtbar, als mithilfe ihrer Kräfte der Kessel von Ilowajsk geschlossen und ein Kriegsverbrechen verübt wurde, nachdem man die unbewaffneten ukrainischen Truppen beschoss, denen man zuvor den friedlichen Abzug aus der Umzingelung garantiert hatte.
Von der Welt unerkannt waren diese Truppen Ende Februar, Anfang März in die Donetschyna und Luhantschyna eingeschleust worden. Die erste Kolonne der Besatzer bestand aus zwei- bis dreitausend Personen in ziviler Kleidung, die als Statisten auf Demonstrationen fungierten, und bereiteten die vermeintlichen „lokalen Proteste" ideologisch vor. Sie führten zudem die Drecksarbeiten aus, zu der sich die lokale Bevölkerung niemals bereit erklärt hätte. Man muss den Osten kennen, um zu verstehen, dass kein Unrecht dieser Welt die Bergleute dazu bewegen könnte, sich mit einem Messer auf den Leiter des Schachtes, den Bürgermeister oder einen Abgeordneten zu stürzen. Und das nicht nur aus dem Grund, dass sie die Führungsebene verkörpern, die zu respektieren hier allgemein anerkannt ist, sondern auch deswegen, weil man sie als die eigenen Leute wahrnimmt. Schlecht, unehrlich, betrügerisch, aber dennoch die eigenen Leute. Die Prügelattacken auf lokale Abgeordnete bei Auftritten, oder die Messerangriffe sind ein fremdes Szenario. Das gleiche gilt für die „Demonstrationen", die im Grunde „Feierabendproteste" waren und entsprechend der Arbeitszeiten pendelten. Wenn am Samstag eine Versammlung in Donezk stattfand, dann war es in Luhansk still, und umgekehrt. Wenn Luhansk „protestierte", stand Donezk still. Das war die erste Etappe des russischen Vorstoßes, deren Triebkräfte "Urlauber aus dem Osten" gewesen sind. Bei ihnen handelte es sich entweder um vom FSB angewor-

bene Kleinkriminelle aus der russischen Grenzregion oder um Spezialeinheiten, die wie Kriminelle gekleidet waren, oder aber beides zusammen.

Schon bei der Eroberung der Donezker Oblast im April 2014 wurden die Masken (genauer gesagt, den schwarzen Jacken und Mützen) fallengelassen. Russische Spezialeinheiten in Uniform, wenn auch ohne Hoheitszeichen, und mit russischen Waffen wiesen die lokale Bevölkerung an, „vom *porjebrik* zurückzutreten". Was genau ein *porjebrik* ist und weshalb er die Anwesenheit russischer Truppen verrät, ist unseren westlichen Kollegen nur schwer zu erklären, zumal es dazu notwendig wäre, an dieser Stelle tiefer in die linguistischen Besonderheiten des russischen Vokabulars im Osten der Ukraine einzutauchen. Wenn auch ein bedeutender Anteil der Bevölkerung russischsprachig ist, so unterscheidet sich das ukrainische Russisch doch sehr stark von den Varianten in Moskau und Sankt Petersburg. In einem ukrainischen Wörterbuch der russischen Sprache wird man das Wort *porjebrik* nicht finden. Stattdessen wird man bei der Suche auf das Wort *bordjur* stoßen. *Porjebrik*[44] hingegen ist eine völlig fremd klingende Aneinanderreihung von Lauten, die für die Ortsansässigen keine Bedeutung hat.

Im April, Mai, Juni und Juli wurde die russische Aggression durch verschiedene Gruppen verkörpert. Es gab Spezialeinheiten, Kundschafter und die „Kuratoren" vom FSB, die für die Planung und Durchführung bewaffneter Aktionen, die Einrichtung von „Konzentrationslagern" und die Einschüchterung und Folterung der Einwohner verantwortlich zeichneten. Tschetschenische Kadyrowzi und russische „Freiwillige", solche wie Girkin, führten unzählige Besetzungen örtlicher Verwaltungsgebäude durch, nahmen an den Kämpfen um den Donezker Flughafen teil und so weiter. Zivile Beauftragte aus der Russischen Föderation, wie zum Beispiel Borodai, besorgten die Verwaltungsstrukturen der Besatzung und bekleideten darin Führungspositionen.

---

[44] Anm. d. Übers.: Die Begriffe *porjebrik* bzw. *bordjur* sind unterschiedliche Bezeichnungen derselben Sache. Gemeint ist ein Bordstein, der den Fußgängerweg von der Fahrbahn abgrenzt. Während *perjebrik* zum typischen Vokabular des in Sankt Petersburg gesprochenen Dialekts gehört, entstammt *bordjur* der Moskauer Variante des Russischen und ist auch im Rest des Landes die allgemein verbreitete Bezeichnung.

Für die lokale Bevölkerung ist und war die Anwesenheit der Russen offensichtlich. Keiner von ihnen unternahm je den Versuch, die eigene Herkunft zu verschleiern.

Wollen Sie etwas Lustiges hören? Ende 2014 machten sich die „Protestierenden" auf, um das Regierungsgebäude der Oblast zu besetzen. Sie bereiteten sich vor, heizten sich auf dem zentralen Platz gegenseitig auf und brüllten: „Los geht's, holen wir uns das Gebäude!", „Auf geht's!". Sie bildeten Formationen, marschierten los und liefen wachen Auges an dem Gebäude vorbei. Einen Häuserblock weiter wurden sie gestoppt und zurückgeschickt. Wieder machten sie sich auf, die Gebietsverwaltung zu besetzen, die sie nun vermutlich zum ersten Mal in ihrem Leben sahen.

Durch den Krieg habe ich mir kein neues Verständnis des Ostens erschlossen. Eher hat er mein Blick auf das Sowjetische und Spätsowjetische, das goldene Zeitalter, verändert. Der Krieg hat mir die Möglichkeit gegeben, die Wurzeln meines ehemaligen Nichtseins zu erkennen. Jetzt habe ich Klarheit. Das ist Fluch und Segen zugleich.

Ich habe Klarheit und muss weder mich noch die Menschen betrügen. Ich habe nun eine Antwort auf die Fragen, was ich liebe, was ich will, was ich tun kann und muss.

Ich sehe es Menschen an, wenn sie eine solche wertvolle Klarheit durch den Krieg erlangt haben. Sie sind meine Seelenverwandten und ich erkenne sie immer und überall. Diese Menschen halten das heute das Land zusammen, halten die Ordnung aufrecht, damit wir nicht allesamt in den Abgrund stürzen.

Ich habe schlechte Neuigkeiten für die Anhänger unseres neuen Präsidenten, die sich fragen, „worin der Unterschied besteht". Erstens gibt es einen Unterschied. Zweitens, wenn das schlimmste Szenario wahr werden sollte und das alles hier Russland wird, dann wird der Unterschied zwischen uns sehr klein sein. Denn die Lager werden Platz genug für alle haben.

Und doch wird es einen Unterschied geben. Er wird darin liegen, dass meine Freunde und ich wissen werden, wofür wir kämpfen. Aber die Anhänger des „Kein Unterschied" werden plärren, schreiben und schreien: „Genosse Putin, ich bin unschuldig, das muss ein Missverständnis sein".

In dieser Situation wird mein bzw. unser Wissen darum, dass dies kein Versehen ist und wir kämpfen müssen, uns einen kleinen Vorsprung verschaffen, um schließlich zu überleben und erneut zu siegen.

SJEWJERODONEZK. 3.

„Irma" und „Harvey". Die Bonny und Clyde unter den Orkanen. Die Rache an den Menschen für die endlose Zerstörung ihrer Umwelt. Nachrichten über Naturkatastrophen hinterlassen einen anderen Beigeschmack, wenn man sich mitten im mechanischen Herz von Sjewjerodonezk befindet, das bald aufhören könnte zu schlagen.

Später dann, als wir unsere Eindrücke über die Betriebe und die mächtigen, abgestorbenen Produktionsstätten besprechen, sagt meine Frau: „Die Stadt wirkt, als würde man durch den Mikrochip eines Computers irren".

Das Mythologem von Sjewjerodonezk unterscheidet sich grundlegend von dem der anderen Städte. Es hat sich quasi selbst geschrieben. Schon bei jenem ersten Besuch, als die Anwohner die Errichtung eines Denkmals für den PVA-Kleber vorschlugen und von den "Diplomat"-Koffern schwärmten und von „der Stadt der Ingenieure und Chemiker" erzählten.

Ich war beeindruckt von der Geschichte, wie die Chemiefabrik auf Sand errichtet wurde. Die Wunderstadt, die auf den Sanddünen entstand. Seit damals musste ich häufig an die Fotografie der kleinen Jungs denken, die durch die Wüste stapfen.

Die Entdeckung von Polyvinylacetat, die Produktion elektronischer Spielzeuge und der Ideenreichtum dieser Stadt sind unschätzbar. Und doch muss man sich fragen, woher dieses Wissen kommt. Warum führt jeder Epochenwechsel zu Entdeckung neuer Lösungswege? Und was wird sein, wenn diese Lösungen ihre Gültigkeit verlieren?

Was wird sein, wenn diejenigen aussterben, die für die Verteidigung vor dem Sand, der Zeit und dem Chaos notwendig waren?

Was kommt, wenn die Bäume entwurzelt sind, die den Vormarsch der Wüste aufhalten sollen?

Ich habe den Künstler Serhij Radkewytsch, der aus Luzk stammt und schon lange in Lwiw lebt, gebeten, über diese Fragen nachzudenken. Während ich diese Zeilen schreibe, wird mir bewusst, dass ich seine Arbeit bereits seit sechs oder sieben Jahren verfolge und jedes Mal von seiner Weiterentwicklung überrascht bin. Radkewytsch gehört zur alten Schule des Graffiti. Er hat sein umfangreiches Wissen über die Tradition der Ikonografie mit den Meistern des Graffiti verbunden. Nach den ersten Schüssen auf dem Maidan schuf er Arbeiten, auf denen die Körper der unschuldig getöteten wie Zielscheiben gestaltet sind.

In Sjewjerodonezk kooperiert unsere Organisation mit der städtischen Josip-Kurlat-Bücherei für Kinder und Jugendliche.

Was könnte das Chaos besser aufhalten als das Wissen?

Architekten haben mit Kindern aus der Stadt ein Treffen organisiert, in dessen Rahmen sie eine Antwort auf die schwierige Frage zu finden suchten, wovon die Kinder träumten. Genauer gesagt, ob sie gerne etwas in die Höfe ihrer Wohnhäuser bauen würden, und was genau das sein könnte.

Die Kinder formten aus Ästen, Pappe und Nudeln Miniaturmodelle von Gebäuden auf Bäumen. Die kindlichen High-Tech-Hütten wurden zum Vorbild für drei Häuschen aus Holz, die innerhalb einer Woche im Hinterhof der Bibliothek errichtet wurden.

Radkewytsch und ich stehen ganz in der Nähe auf dem großen, vernachlässigten Durchgang zwischen den Gebäuden. Der Bogen ist mit mehreren Tags versehen, deren Form die fehlende Erfahrung ihrer Schöpfer mit dem Sprühen von Graffitis verrät. Der strenge Geruch menschlicher Ausflüsse liegt über der Umgebung. Es ist ein Hofdurchgang, der allen gleichgültig ist. Herrenlose Erde, die täglich von hunderten Menschen frequentiert wird.

Radkewytsch muss innerhalb einer Woche eine Wandmalerei fertigstellen, den Grundstein einer neuen Welt legen. Eine Geschichte über die Wüste hätte im Winter fehl am Platze gewirkt, doch nun, Anfang September, scheint sie die einzig denkbare Möglichkeit.

Der Sand. Er ist überall.

Tiefschwarze Nacht. Hinter der Anhöhe gegenüber heben sich unzählige kleine Blitze von der dunklen Himmelskulisse ab. Kein

III. SJEWJERODONEZK. 3.

Donner. Ein stummgeschaltetes Gewitter. Der Herbst erkämpft sich sein Territorium.

Radkewytsch sagt, dass er sich früher den rechten Daumennagel schwarz angemalt hat. Es sollte ihn daran erinnern, seiner Frau zur Hand zu gehen.

Anwohner kommen vorbei. Mehrmals hören wir Dinge wie: „Unsere Leute werden das nicht verstehen. Die werden sich das Holz unter den Nagel reißen. Da schlafen die Alkoholiker".
Und wieder werden Kinderträume durch die Hände der Erwachsenen zerstört. Oder durch die Hände von Jugendlichen.

Sand. Überall Sand. Manchmal sauber, manchmal grau und schmutzig bleibt er in Schuhen und Taschen zurück. Als würde er darum bitten, von hier fortgebracht zu werden.
Formografia baut kleine Häuschen neben dem Kinderspielplatz. Es wirkt absurd. Unser Blick fällt auf einen mit Holzplanken umrissenen, fast gänzlich leeren Sandkasten. Daneben befindet sich ein Meer aus Sand, in dem Kinder herumtollen.

Zu später Nachtstunde beenden wir unsere Arbeit. Ich beleuchte den Platz, an dem Radkewytsch heute gearbeitet hat, mit einem Lämpchen und überprüfe, ob wir auch nichts vergessen haben. Aus dem Sand ragt ein Stück Papier. Ich nehme es an mich und richte eine Lampe darauf. Es ist ein Papierflieger. Auf seine Flügel steht in kindlicher Handschrift: „Aufklappen".
Im Inneren entfaltet sich der Schriftzug: „Funktioniert super!".

Wir wohnen nicht weit entfernt von einem Kindergarten. Jeden Morgen um 8:25 Uhr schreien sich die Kinder unter der immergleichen verspielten Melodie eines Akkordeons die kleinen Seelen aus dem Leib.

Ich betrachte Radkewytschs Arbeit. Er hat die Skizze bis ins kleinste Detail umgesetzt. Eine künstlerische Idee eins zu eins in einem Buch umzusetzen, macht immer Spaß und ist doch meist schwer

oder gar unmöglich. Der Entwurf schafft es jedes Mal, sich seiner Umsetzung zu entziehen und sich entlang der gerade herrschenden Laune zu schlängeln. Ich spreche Serhij darauf an, und er lacht:
„Der kreativste Teil ist immer die Skizze. Da hat man den Raum, um Dinge neu anzugehen, die Perspektive zu wechseln und nachzudenken. Und wenn es dann an die Umsetzung geht, dann muss der Gedanke verwirklicht werden."

Abends frage ich Oleksandr Schmal im Theater, wie die Gastauftritte in Kyjiw gelaufen sind, und ob er immer noch vorhat, in die Hauptstadt zu ziehen. Er sagt, dass für „Stimmen" weniger als zehn Tickets verkauft wurden. Für eine andere Show wurden zwei Tickets verkauft. Es ist das Resultat einer nicht vorhandenen PR. Abgesehen davon überkreuzte sich die Show mit einem anderen Festival.

Ich werfe ein, dass ich sein Buch „Die Objektive Kunst" bald ausgelesen haben werde. Er erzählt, dass es ursprünglich als Dissertation geplant war, deren Verteidigung jedoch missglückte. Jedes Wort über das Buch weckt zutiefst schmerzhafte Erinnerungen, weshalb unser Gespräch schnell auf ein anderes Thema fällt.

In der Bibliothek dauert die Inventarisierung des Bücherbestandes an. Jedes Mal, wenn ich sie betrete, höre ich die Stimme der Bibliothekarin:

- King. Stephen. Die Langoliers – Verschollen im Zeitloch.
  Es folgt eine Inventarnummer, dann eine Pause.
- Ja, gibt es.
- King. Stephen. Christine.
  Erneut eine Inventarnummer mit anschließender Pause.
- Gibt es auch. Was immer das Leserherz begehrt.

Nachdem das Wandbild bereits fertiggestellt war, fielen mir drei krumme Graffitis an den Wänden im Hof auf, die ein eigenartiges Dreieck um Radkewytschs Arbeit herum bilden:

„Es macht keinen Sinn, sich einer stetig verändernden Welt anzupassen."

III. SJEWJERODONEZK. 3.

„Das Leben ist schön."
„Günstige Apotheke ->"

Der sechste Tag ist angebrochen. Eine neue Welt ist entstanden. Radkewytsch hat das Wandbild fertiggestellt. Es bedeckt zwei Wände des Häuserbogens. Auf einer ist der Weltenbaum dargestellt, auf der anderen zwei Hände, die die Welt erschaffen und zusammenhalten. Diese Hände wirken gröber, als Hände normalerweise dargestellt werden. Es sind Hände, die an harte Arbeit gewöhnt sind.

Hände, welche die Welt vor dem Chaos bewahren.

Entlang der gesamten Sockelleiste des Gebäudes zieht sich bis etwa einen Meter über dem Erdboden das Bild einer Wüste mit verschiedenen Abstufungen der Sandfarben.

An einigen Stellen hat der Künstler eine versteckte Nachricht in Blindenschrift im Sand untergebracht. Das Wandbild lässt sich nun auch mit dem Tastsinn erkunden. Es sind Wörter, die man mit dem Leib spüren kann.

Die Wüste auf der Sockelleiste führt den Betrachter schließlich zur Hintertür der Bibliothek. Dort ist das Bild eines Baumes, der sich im Wind wiegt. Seine Krone verschwindet im Gebäude. Der Baum wurzelt in einer Wolke.

Radkewytsch muss weiter nach Slowjansk und von dort aus nachhause. Die Fotografin Anja Rohotska hält uns auf und setzt uns eine Kamera vor die Nase. Wir sollen von dem Mythologem berichten.

Ich erzählte erneut vom Sand, der Wüste und dem Chaos. Serhij kam seinerseits auf die Blindenschrift Braille zu sprechen_

„Die drei Worte, die ich meistens schreibe, sind Liebe, Hoffnung und Glaube. Das Wort ‚Glaube' habe ich nicht zu ganz ausgeschrieben. Es gibt Hoffnung in dieser Gegend, es besteht der Wunsch nach Liebe dieser Gegend, aber die Leute müssen selbst etwas unternehmen, nicht nur wir. Viele Menschen haben geholfen und waren sehr aufmerksam. Manchmal sind die Menschen hier deutlich offener, als in der Westukraine, wo ich die meiste Zeit arbeite."

Radkewytsch nennt den Bogen einen heidnischen Schrein. Seine Abbildungen, der Baum und die Welt sollen durch die Transformation des Raumes auf die Stadtbewohner einwirken.

Während der Arbeiten war ein Mann an Serhij herangetreten und hatte ihm gesagt: „Du malst so schön, dass mein Arm sich weigern wird, deine Bilder zu übermalen".

Die frohe Botschaft verbreitet sich nun im Niemandsland.

Und wird zu einem idealen Ort für Selfies.

Dem Abend der halboffiziellen Eröffnungszeremonie ging ein apokalyptisches Kinderbespaßungsprogramm voraus. Und das, obwohl weder der Animateur noch die Brettspiele nötig gewesen wären. Es hätte gereicht, eine fröhliche Melodie abzuspielen und den Kindern die Erlaubnis zu erteilen, nach Belieben durch die Hütten zu tollen.

Später, als die meisten Kinder ihre Kräfte bereits verausgabt hatten und die Dunkelheit den kleinen Innenhof bereits auszufüllen begann, traten wir ans Mikrofon. Jeder sagte ein paar Worte. Die letzte Ansprache fiel an die Bibliothekarin. Sie sprach von Patriotismus. Davon, wie viel Liebe zur heimischen Erde in die Hütten und das Wandbild geflossen war.

Ihre Rede handelte von den vielen neuen Erfahrungen der Kindheit, die sich in das Gedächtnis einprägen.

„Kindheit, Jugend und Erwachsensein wechseln einander schnell ab. Und wenn ihr irgendwann einmal weit entfernt von hier, vielleicht in den USA, leben werdet, dann werdet ihr euch mit Sicherheit an diesen stillen Hinterhof in Sjewjerodonezk erinnern. Viele Erinnerungen werden mit ihm verbunden sein."

Während ich ihren Worten lauschte, war mir, als würde ich zum ersten Mal in diesem Rhythmus aus wöchentlichen Ausstellungseröffnung und Nachforschungen zu den verschiedenen Mythologemen erkennen, wie wichtig all die kleinen, angestoßenen und kaum merkbaren Veränderungen tatsächlich sind.

Selbst dann, wenn die Bedingungen den ein- oder anderen zur Migration in die Staaten bewegen sollte.

Selbst dann, wenn der Spiegel „Schatten des Poeten" verschwinden sollte.

III. SJEWJERODONEZK. 3.

Selbst dann, wenn nicht alle 5000 Fotografien Salisnjaks gefunden werden sollten.

Selbst dann, wenn die Abneigung über das „Liebt die Ukraine!" siegen sollte.

Selbst dann, wenn der heidnische Schrein zerstört werden sollte.

Selbst dann, wenn sich die Wüste holen sollte, was ihrs ist.

POKROWSK. 5.

Der einzige lebensnahe Film über Marko Salisnjak trägt den Titel „Augenblicke unseres Lebens" und wurde von Regisseur Kisslow im Jahr 1973 gedreht. Alle nachfolgenden Versuche einer Erzählung über Salisnjak bewegen sich im Reich der Mythologie. Schon im Titel selbst ist die Optik angelegt, durch die Lokalhistoriker später versuchen werden, seine Geschichte festzuhalten.

Erneut klingt die Geschichte vom Schlüsselmoment aus der Kindheit an, die Entscheidung, sich der Fotografie anzunehmen, und die Worte des Vaters über die dem eigenen Wesen entsprechende Arbeit.

„Sie sind gleichaltrig", heißt es aus dem Off über die Kamera und ihren Besitzer. „Sie betrachten die Welt um sie herum gar mit denselben Augen". Salisnjak hat seine Brillengläser in die Kamera gesetzt.

Der Film umgeht die Themen der Entkulakisierung und des Holodomor, die Salisnjak dokumentierte, und beschränkt sich auf die Worte „gemeinsam ist es immer leichter".

Er macht deutlich, dass Salisnjak mit seinen achtzig Jahren noch immer nicht die Fähigkeit verloren hat, sich über die Welt zu wundern.

Kisslow macht Salisnjak zu einem Lebensbeobachter. Die Montage und das Narrativ sind ein Versuch, die Vielfältigkeit des Lebens zu imitieren. Auf einem Filmstreifen sind Hochzeiten, Krieg, Hunger und Alltagsskizzen enthalten. Der Regisseur verdünnt Persönlichkeit und Erbe Salisnjaks in „Augenblicke unseres Lebens" und schmälert so die Bedeutung des Fotografen.

Und doch hinterlässt er uns ein wichtiges Zeugnis – die Bilder eines lächelnden Salisnjaks.

Zwanzig Jahre später, im Jahre 1995, wiederholt die Staatliche Rundfunkgesellschaft der Oblast Donezk diesen Titel fast wortwörtlich – „Augenblicke eines ausgehenden Jahrhunderts" – und folgt dem vorgegebenen Schema mit den Worten „Die Zeit lässt sich nicht aufhalten".

Auf den Aufnahmen sind bereits die Nachkommen Salisnjaks zu sehen.

Erneut erklingen die Worte des Sohnes Salisnjaks, Andrij Markowytsch, dem sein Vater einbläute: „Tausche diese schöne Sache [gemeint ist die Fotografie als Beschäftigung] gegen kein Geld dieser Welt ein!". Die Geschichte wiederholt sich. Marko gibt den Rat seines Vaters über die dem eigenen Wesen entsprechende Arbeit an den Sohn weiter. Und er lehrt ihn, wie wichtig es ist, man selbst zu bleiben.

Die Kinder sagen über ihren Vater, was jeder bestätigen kann, der sich mit dem Leben Salisnjaks näher auseinandergesetzt hat: „Für mich ist er immer ein Rätsel geblieben. Er hat sein Tagebuch geführt, fotografiert und Gedichte geschrieben". Gedicht? Noch ein Anhaltspunkt. Die Nachfahren Salisnjaks wiederholen seine wichtigsten Lehren, die er im Laufe seines Lebens unzählige Male wiederholt haben muss: „Die sowjetischen Machthaber werden nicht lange fortexistieren, denn sie sind ungerecht", und „Die Kommunisten nannte er Spinnen, die die Menschen aussaugen".

Sein Sohn, Georgij Markowytsch, sagt: „Er hat der ganzen Familie beigebracht, was Gerechtigkeit bedeutet. Es durfte nicht betrogen werden, alle sollten aufrichtig sein. Wir haben uns daran gehalten und dafür bezahlen wir schon unser ganzes Leben, für diese Aufrichtigkeit. Denn im Leben ist es nun mal so, dass Aufrichtigkeit und Gerechtigkeit nicht geschätzt werden. Man muss ein Heuchler sein, wenn man in dieser Welt bestehen will, und das haben wir nie gelernt".

Sie erinnern sich an seine Hände. Sie waren schwarz und voller Krampfadern. Und wie er ohne Pause arbeitete. Leben und Überleben sind eng beieinander.

In den Erinnerungen an Salisnjak und im Mythos, der sich um ihn herum gebildet hat, schwingen immer wieder Anklänge an Heiligenerzählungen mit: „Er sprach zu dem Büschchen, das von der Zärtlichkeit seiner Hände zu erzittern schien".

Der Film enthält einen Bericht über eine Episode, die auch im Buch von Hawschuk detailliert beschrieben wird. Es geht um eine Fotografie von 1932. Salisnjak brachte einen Wagen voller Ähren zum Dorfsowjet. Und das, obwohl man für das Abernten der Ähren bestraft werden konnte. Salisnjak, der seine Pferde auf dem Feld hatte weiden lassen, gab an, dass Mäuse die Ähren für ihren Wintervorrat zu einem Haufen zusammengetragen hatten, und er sie von diesen Haufen aufgesammelt hatte und damit zum Dorfsowjet von Udatschne gefahren war. Er erkundigte sich, wie nun mit dem Weizen zu verfahren sei. Der Dorfsowjet antwortete, dass die Ähren so oder so auf dem Feld verschwinden würden, und erlaubten ihm sie mit nach Hause zu nehmen.

Nach diesem Vorfall begannen viele Menschen die Ähren von den Häufchen auf den Feldern aufzusammeln, denn Marko Salisnjak hatte die Erlaubnis dazu erreicht. Einmal schüttelte das Großväterchen Karnauch Salisnjak die Hand und versicherte ihm: „Ich kann dir gar nicht meine Dankbarkeit ausdrücken. Du hast meine Familie vor dem Hungertod bewahrt!".

KOSTJANTYNIWKA. 4.

Der Weg durch Bachmut ist gespickt mit Spruchtafeln und Reklame.
Alle zwanzig bis dreißig Meter ist eine ukrainische Flagge aufgehängt.
Ein Transparent, das quer über der Straße hängt, fordert: „Vergiss nicht, deine Wasserrechnung zu bezahlen".
Daneben grüßt der Gründer der Wohltätigkeitsorganisation „Gabe" – Dmytro Oleksijowytsch Rewa. Der Sohn des Bürgermeisters versteht sich selbstverständlich darin, Gaben zu verteilen. Und wieder frage ich mich, wann die ukrainische Unternehmerwelt endlich damit aufhören wird, ihre Unternehmen, Stiftungen und Firmen nach ihren Kindern, Geliebten oder Eltern zu benennen. Fällt denen wirklich nichts Besseres ein?

Das Mythologem von Kostjantyniwka ist um die elegisch-nostalgische Erinnerung an Sklograd herum konstruiert. Und es gibt noch einen weiteren Tentakel der Vergangenheit, aus dessen Griff sich die Stadt nicht befreien kann. Es ist die Erinnerung daran, wie die gesamte Sowjetunion in *unser* Glas gekleidet war, damals, als das Universum noch nicht in Scherben darniederlag.
Das wichtigste Element in den Erzählungen über die aus Kostjantyniwka stammenden Sterne auf den Kremltürmen und die fantasievollen Springbrunnen ist das Material selbst. Am Beispiel von Sklograd wollte ich von der Zerbrechlichkeit der Welt erzählen, von der Schutzlosigkeit des Friedens. Und darüber, wie fein die Trennlinie zwischen „Provinz" und „Kolonie" ist. Dazwischen liegt nur ein einziger Befehl, für jede Patrone eine Hand abzuhacken.
Für dieses Gleichnis brauchte es ein etwas anderes Wandbild. Ich wendete mich an Kickit Art Studio. In mehreren Gesprächsrunden, die insgesamt mehr als einen Monat dauerten, stimmte ich mein Vorhaben mit Taras Arm ab. Es ging immer um ein- und dasselbe – seinen Ekel vor dem sowjetischen Erbe und dem starken Unbehagen vor den Erzählungen über die Vergangenheit.

Am Ende gelang uns eine Verständigung über unsere Positionen. Serhij Hrech fertigte eine Skizze an.
Nach unserem ersten Treffen in Person in Kostjantyniwka setzte sich das Gespräch dennoch in dieser Manier fort. Man müsse die Mosaike zerstören, denn es gelte keine Spuren der sowjetischen Propaganda zurückzulassen.
Diese Gespräche haben bei mir den Eindruck entstehen lassen, dass die ideologische Grenze zwischen Ost- und Westukrainern doch nicht so undurchdringlich ist, wie es einst schien. Der eine fühlt sich Rostow und Moskau näher, der andere dem europäischen Arbeitsmarkt. Den Dialog will niemand. Lieber unterstreicht man die Verschiedenheit.

Das Kickit-Kollektiv hat treffend angemerkt, dass die ukrainische Graffiti-Szene quasi innerhalb eines Augenblickes den Wechsel von der Street Art zum Format des Wandbildes vollzogen hat. Eine evolutionäre Entwicklung hat es nicht gegeben. Es war eine blitzartige Transformation vom Underground in ein legales Format, das jetzt alle in ihren Städten haben wollen.
Als die Kuratoren und Organisatoren der Wandbild-Bewegung ihre Recherche begannen, orientierten sie sich nicht an ukrainischen Namen. Zu jenem Zeitpunkt hatten die potenziellen Maestros keine Werke in dieser Größenordnung vorzuweisen. Man hatte ihnen einfach nicht die nötige Unterstützung zukommen lassen. Ein paar Jahre zuvor waren eine offizielle Bereitstellung von Gerüsten und Genehmigungen schlichtweg ausgeschlossen.

Unsere Idee liegt darin, den Stadtbewohnern eine neue Sicht auf das Industrieviertel zu ermöglichen, das steinerne Herz im verwaisten Stadtzentrum wieder zum Schlagen zu bringen.
Gemeinsam mit Natalka Sosnyzka und ihrem Team von Druzi hatte ich vor „The Most Fest" zu gründen – ein banales, aber dadurch nicht weniger bedeutsames Symbol der Vereinigung beider Ufer.
Man kann die Industriezone, die sich die Natur längst zurückgeholt hat, lieben lernen und ihre Schönheit erkennen.

III. Kostjantyniwka. 4.

Der Blickwinkel wechselt von Generation zu Generation. Während es für die Älteren einen erneuten Anlass darstellt, um in nostalgischen Erinnerungen zu schwelgen, sagt Natalka bei der Eröffnung des Festivals: „Es ist noch ein bisschen früh, um Kostjantyniwka zu beerdigen".

Einige Tage später treffe ich David, der uns bei unserer ersten Reise die Industriezone zeigte und mit dem wir das nicht fertiggestellte Hochhaus bestiegen hatten. Einige Wochen zuvor hat man es abgerissen.

Der sichtlich bewegte David sagte beim Anblick des stark veränderten Ortes: „Im Winter gab es hier noch nichts, und jetzt ..."

Wir betrachten gemeinsam das Wandbild, das Kickit in sagenhaft kurzer Zeit fertiggestellt hat. Ein paar Hände halten ein Glasstück, auf dem sich ein Gebäude, ein Springbrunnen und ein Apfel befinden – alles aus Glas. Durchsichtige Schichten überlappen sich und heben sich durch hellblaue und lila Nuancen voneinander ab. In den Wolken verschwinden die Konturen eines Kopfes – endlich ist es nicht mehr von Bedeutung, wer die Welt in den Händen hält. Denn jeder hat sein eigenes Stück Glas in der Hand.

Wir haben einer Gruppe Einwohner dabei geholfen, einen Teil einer Wand abzureißen und den Bauschutt zu einem kleinen Häufchen zusammenzutragen. Sie scherzten über den Preis der Armaturen, die wir aus der Wand gezogen hatten.

– Oh, das hier würde mindestens vier Hrywnja einbringen, pack das ein.
– Ja nee, jeder meiner Schläge mit dem Vorschlaghammer kostet doch schon sieben Hrywnja.

Sie legen die Armaturen und sonstiges Metall vorsichtig zur Seite. „Möge es hier liegen bleiben und der Wirtschaft zugutekommen".

Mehrmals liefen schweigende und verärgert wirkende Männer in Tauchanzügen an uns vorbei und stiegen zum Wasser hinab. Ein paar Meter von dem Ort entfernt, an dem die Jungs von Formografia ihren Pier aus Holz errichtet haben, stand ihr Bus. Dabei zogen sie konzentriert an ihren Zigaretten.

Am Tag vor der Eröffnung stellte sich heraus, dass in Kostjantyniwka noch ein weiteres „Brückenfest" vorbereitet wird. Der Pier, den die Jungs errichtet hatten, befand sich an genau jener Stelle, an dem die alte Brücke zusammengebrochen war. Und wenn man sich ans Ufer stellte und ins Wasser hinabblickte, konnte man ihre rostigen Umrisse sehen.

Ein junger Typ, der gerade dabei war mit dem Hammer ein Stück aus dem Fundament zu lösen, erklärte uns:

- Von der Brücke wissen alle. Aber der Typ, dem sie gehört, ist wohl im Knast gelandet und kann jetzt erstmal nicht mehr hierher zurückkommen. Jetzt gehört die Brücke niemandem mehr.
- Ja und?
- Wie, ja und? Die Brücke wiegt zwanzig Tonnen. Alle wollen die zur Altmetallstelle bringen. Ich will die selbst rausholen und zu Geld machen.
- Wie hoch ist denn der Preis zurzeit?
- Unterschiedlich. Ich werde sie in Kramatorsk für 5,70 je Kilo inklusive Steuern verkaufen.
- Wie viel kommt dabei insgesamt heraus?
- Naja, siebzigtausend Hrywnja werden es schon sein. Drei wird man an den Fahrer abdrücken müssen.
- Und wie willst du eine ganze Brücke durch die Checkpoints bringen?

Er schaut mich unverwandt an.

- Hier kennt jeder einen Haufen Tricks, wie man durch die Checkpoints kommt.

Einem Land, in dem jede Brücke seinen Wert auf dem Schrottmarkt besitzt, bleibt nichts Anderes übrig, als symbolische Brücken zu bauen.

Stein auf Stein.
Abriss zum Festival.
Eine nackte Wand wird zum Bild.

DOBROPILLJA. 3.

Die Zeit läuft jetzt schneller. Die Wochen wechseln einander in rapidem Tempo ab. Tragödie um Tragödie. Aber auch die Schießereien und das Blutvergießen verblassen bald wieder in der allgemeinen Hast der Ereignisse.
Charkiw. Lower Manhattan.
Wahrscheinlich sollte man jede Fortbewegung per Auto in der Stadt verbieten.
Getötete Aktivisten. Der Prozess um den Menschenfresser ist eröffnet. Massaker in einer Moskauer Schule.
Aber heute ist der erste warme Tag seit Langem. Wenigstens um ein paar Grad.

Auf dem Weg von Kramatorsk nach Dobropillja erzählt der Fahrer, dass der ehemalige Generalstaatsanwalt Pschonka aus einer Siedlung in der Nähe sei. Wir sollten genau hinschauen, wie gut die Gegend ausgestattet und wie schön die Kirche sei. Er deutet auf die Kreuzung, die wir gerade passiert haben. Dort sei ein ukrainischer Checkpoint gewesen. Die Jungs seien erschossen worden, als der Angriff begann.

Im vereinsamten Stadtzentrum von Dobropillja ist eine merkwürdige Skulptur in roter Farbe aufgetaucht: „I LOVE DOBROPOLYE". Solche Herzen findet man heutzutage in nahezu jeder Stadt. Aber nicht überall sind die Identitäten derart verdreht, wenn die Liebesbekundung an die eigene Stadt zwar auf Englisch ausgedrückt ist, darin aber die russischsprachige Identitätssoftware durchschimmert, weil die russische Schreibweise offensichtlich die Grundlage der Übersetzung war.

Es ist an der Zeit, die Bekanntschaft mit ein paar interessanten Frauen zu machen. Sie alle sind Mitglieder einer Wohnungsbaugenossenschaft und wollen die Stadt grüner und lebenswerter machen. Es ist nicht so wichtig, ob es Blumen oder Kinderspielplätze sind. Hauptsache, „diese graue Masse um uns herum blüht ein bisschen auf". Die Malereien von Kapitoschka und Winnie Puuh im Stadtbild entstammen allesamt den Händen der hiesigen Mamas. Oder ein Hof, der mit ungewöhnlichen Tieren und Objekten verschönert wurde, die allesamt aus Reifen gefertigt sind. Sie unterscheiden sich von anderen Kunstwerken im Stile des Urban Engineering darin, dass der Grad der Materialverwertung hier nahe am Ideal liegt. Man kann sie wirklich Skulpturen nennen. Wo hat man schonmal einen Panzer aus Reifen in der Größe eines Menschen gesehen?

Die stundenlangen Gespräche mit den Frauen über ihre ehrenamtliche Tätigkeit regen mich zum Nachdenken an.

Die Wohnungsbaugenossenschaften sind Teil eines sozialen Wettbewerbes der einzelnen Bezirke um die schönsten Hinterhöfe und Sandkästen. Dieser Wettbewerb wird durch diverse Fördergelder durch die Stadtverwaltung, ausländische Programme („Wir müssen es wie die Deutschen machen") und private Sponsoren angeheizt.

Und schließlich schimmert in den Gesprächen mit den Anwohnern noch eine weitere Tendenz durch, die sich langsam in den Genossenschaften durchzusetzen scheint. Es bilden sich kleine diktatorische Regime, die über einige wenige Wohnblöcke herrschen. Sie sorgen für Recht und Ordnung, indem sie die kleinen Leute in einer stählernen Umklammerung halten. Die Selbstverwaltung verwandelt sich langsam in eine Selbstregierung, die über die Anwohner herrscht. Umzäunte und abschließbare Kinderspielplätze. Sandkästen, in die ein Fremder aus den benachbarten Wohnhäusern niemals einen Fuß setzen wird.

Schlechte Nachrichten aus Sjewjerodonezk. Ein lokaler proukrainischer Politiker ist getötet worden. In einigen Posts wenden sich die Menschen direkt an „sie": „Das ist nicht 2014. Wir haben keine Angst vor euch."

III. DOBROPILLJA. 3.

Das Mythologem von Dobropillja könnte das komplizierteste von allen sein. Es ist schwierig, über eine Stadt zu berichten, in der einem beinahe jeder das Gleiche erzählt: „An diesem Ort gibt es nichts Besonderes. Wir sind genauso wie alle anderen auch".

Ich bin auf Witalij Kochan zugegangen, der für seine Experimente mit allen möglichen Materialien bekannt ist. Skulpturen, Schmuck und seine Arbeiten aus Beton und Eis. Mein erster Gedanke war, seine Aufmerksamkeit auf Land Art zu lenken.

Noch im Sommer hatte Witalij die Skizze zu einer gigantischen Sonnenuhr angefertigt, der ein Industrieschornstein als Zeiger diente. Nachdem der Schatten des Schornsteins seine volle Länge erreicht hätte, würde die Erde unterhalb des Schattens umgegraben und dort Sonnenblumen angepflanzt werden. Oder irgendwelche anderen Blumen.

Für mich zählt die Suche nach der Identität einer Stadt. Kochan hat sie in eine Suche nach Identifikation, Navigation, umgewandelt. Selbst wenn *nichts* existiert, muss es wenigstens irgendeine Verbindung zu Realität und Zeit geben. Pflanzen, die in Beziehung zur Bewegung der Sonne stehen, würden eine Erinnerung an eine solche Verbindung sein. Inmitten der untergegangenen Industrielandschaft wachsen immer noch Blumen.

Von dieser Idee mussten wir uns verabschieden.

Anschließend diskutierten wir für längere Zeit das Projekt „Moderne Kohle". Witalijs Überlegungen drehten sich um eben dieselbe Frage, die auch mir ein ganzes Jahr zu denken gegeben hatte: Was wird die gegenwärtige Generation der Bergleute hinterlassen? Welche Reste der heutigen Zivilisation werden ihre Nachkommen erben?

Kochan wollte ein Modell aus Kohlebrocken anfertigen, in denen Zeichen der Gegenwart zu erkennen wären.

Leben. Fressen. Schlafen. Arbeiten. Leben. Fressen. Sterben. Leben. Verbrennen.

Das Projekt hatte seine Spuren in uns hinterlassen. Es hatte uns verändert. Wir rekapitulierten die Erfahrungen in den anderen Städten und mit deren Mythologemen.

Und so entstand aus unseren Gesprächen endlich eine Skulptur. Ich schlug den neutralen Titel „Widmung für Dobropillja" vor. Kochan sorgte sich ob des „sehr sowjetischen" Klangs dieses Titels, doch die englische Variante „Tribute to Dobropillya" überzeugte ihn.

Einige Tage später wurde uns klar, dass wir sie besser „Blitzableiter" hätten nennen sollen.

Kochan hatte eine Skulptur vor Augen, die in einer alternativen Wirklichkeit im Betrieb einer Gruppe verschrobener Meisterhandwerker hätte entstehen können, die gerade von der Reifenherstellung zur Metallurgie gewechselt hatten.

Eine drei Meter Konstruktion bestehend aus alten, verrosteten Metallteilen. Die ausgefallene achteckige Form erinnerte Stadtbewohner, die einen Blick auf die Skizze werfen konnten, an Abraumhalden und Pyramiden. Auf der Oberfläche ist ein Modell des Weltalls eingraviert, mit einer gut sichtbaren Unterteilung in Oben, Unten, Rechts und Links und den Anfangsbuchstaben der vier Himmelsrichtungen: N – S – W – E. Über dem N für Norden schwebt eine Schneeflocke und im Himmel drumherum fliegen Flugzeuge. Im Süden herrscht Hitze und die Details erinnern an die Unterwelt. Im Osten scheint die Sonne.

Die Darstellungen auf den übrigen Seiten, für die man um die Skulptur herum gehen muss, liegen außerhalb der Grenzen unserer Wahrnehmung. Unbekannte Welten und das Territorium Z (Territorium des Klanges). In den unbekannten Welten gibt es Abraumhalden, Grabsteine und einen rechteckigen Obelisken, auf dem „DobroPillja" geschrieben steht. Das Territorium des Klanges vereinigt alle Seiten der Skulptur miteinander.

Kochan hat eine Steeldrum besorgt – ein ungewöhnliches Musikinstrument, dessen Stahlzüngelchen auf jede Berührung eines Besuchers reagieren, indem sie einen besonderen Ton von sich geben.

Kochan dachte an die Abgeschlossenheit kleiner städtischer Gemeinden und daran, welche Aggressionen Fremde oder Veränderungen in der vertrauten Landschaft in ihnen wecken können. Diesen Hass wollte er in Klang umwandeln. Jeder Schlag, den die

III. DOBROPILLJA. 3.

die Skulptur erhält, wird zu einem Ton. Es ist die sonderbare Melodie der Industriezone und des Windes.

Ein neuer Morgen in Dobropillja beginnt mit der Frage: „Wissen Sie zufällig, wo man hier Metall loswerden kann?".
Das sind gute Vorzeichen für die Enthüllung der Skulptur.

Es ist eine wichtige Woche für Dobropillja.
Und mich befällt das ungute Gefühl, dass sich die Stadt einen bösen Scherz mit uns erlaubt hat. Wenn die Einwohner permanent wiederholen, man solle hier bloß nicht nach etwas Besonderem suchen, dann erreicht man irgendwann den Punkt, an dem man ihnen glaubt und die Suche einstellt.

Und dann scheint die Stadt wie aus dem Nichts eine andere Seite hervorzukehren. Plötzlich hört man tagein tagaus nur noch Liebesbekundungen für Dobropillja. Für eine Stadt, die sich den Fremden erst dann zu erkennen gibt, wenn es bereits Zeit für die Abreise ist.

KYJIW. 4.

Die Geschichte dreht sich im Kreis.
Ein Jahr bin ich jetzt auf der Suche.
Am Ende 2017 bekomme ich drei Päckchen von Wolodymyr Hawschuk.
In einem davon sind Originalfotografien von Salisnjak.
In einem anderen zehn Exemplare seines Buches „Mit einem Schutzengel und einem Foto aus dem Leben".
Im dritten finden sich fast 120 Seiten autobiografischer Notizen Marko Salisnjaks.

Eine Auswahl von Fotos steckt in einem grünen Umschlag, den Salisnjak selbst aus Fotopapier gebastelt hat. Handschriftlich ist darauf vermerkt:

1930
Auf dem Foto ist der Vorsitzende des Dorfrats von Udatschne Hryhorij Tschura zu sehen, der zwei ganze Dörfer entkulakisiert und vernichtet hat. Er ist der ärgste Feind meiner Familie, der mich mit Steuern belegte und mir für keines seiner Fotos etwas bezahlte.

Unter einem anderen Foto steht:

1929 1930
Tschura und seine Familie
Er ließ uns und die Bewohner der Dörfer nicht in Ruhe.

Später stoße ich auf ein Dokument, das einen Gerichtsprozess im Jahr 1932 gegen Tschura dokumentiert. Er und andere Männer werden wegen Sabotage der Planerfüllung angeklagt und zu 8 bis 10 Jahren Gefängnis verurteilt.

Später kehrt Tschura in sein Heimatdorf zurück. Wie mir später Salisnjaks Familie erzählt, portraitiert er Tschura noch einmal. Doch dieses Foto ist nicht überliefert.

Hat Hass wohl ein Mindesthaltbarkeitsdatum?
Kann er vererbt werden?

Das ist wohl das Besondere an Salisnjaks Geschichte. Außer der Fixierung des Augenblicks, gibt es bei ihm unzählige Namen und Details zu allen Ungerechtigkeiten, die ihm in seinem Leben passierten.
In seinen Notizen erwähnt er viele Beamte und Mitbürger, die falsch handelten. Er fixiert die „Ungerechtigkeitsmomente des Lebens". Seine autobiografischen Texte schrieb er mehrmals um, und schickte sie an verschiedene Zeitungen, Forscher und Familienmitglieder.

Seine Texte stellen Fragen an die Geschichte und ihre Akteure.

Ein Brief an die Zeitung „Landleben" aus dem Jahr 1977.
Er schreibt einen Bericht darüber, wie eine Lehrerin von drei jungen Männern vergewaltigt wurde. Sie töteten sie nicht, da sie annahmen, dass sie von selbst stürbe. Doch sie überlebte und hatte sich ihr Nummernschild gemerkt. Die drei wurden verhaftet. Salisnjak ereifert sich über diese rohe Gewalt, die einem nachts den Schlaf raube. Mit jedem Jahr steige der Druck in der Bevölkerung. Er beschreibt, wie ein anderes vergewaltigtes Mädchen sich erhängt habe. Zuletzt kritisiert er Breschnew für dessen Kampf mit dem äußeren Feind, obwohl es diesen im Innern zu bekämpfen galt. Hierfür bräuchte es eine harte Hand.

Ein Eintrag auf dem Wandkalender vom 24. März 1960: „Der ganze Tag war kalt und frostig mit kaltem Ostwind." Der Kalender rät die Woche mit fünf Minuten Gymnastik zu beginnen und zeigt hierfür sechs Beispiele. Darunter schrieb Salisnjak: „Die Menschen beten nun nicht mehr zu Gott, sondern freveln diesem gymnastischen Teufelswerk."

Im April 1975 schreibt er einen Text zum Jahrestag des „Sieges". Dieser sei offiziell in Fernsehen und den Zeitungen anerkannt, doch er selbst habe eine eigene Meinung dazu:

III. KYJIW. 4.

„Es ist notwendig, die Toten nicht nur mit einer Schweigeminute, sondern einer halben Stunde auf den Knien zu ehren und über ihre letzten Gedanken vor dem Tode nachzudenken. Die Überlebenden dieses Krieges, die man persönlich kennt, sollten ebenso geehrt werden. Bei jedem Treffen sollte man eine Flasche Schnaps öffnen, um die Bitterkeit fortzuspülen, die sich bei der Verteidigung ihres Vaterlandes in ihnen ansammelte."

Salisnjak rät an, die Verwaltung vor Ort besser zu kontrollieren, um seiner Diskreditierung ein Ende zu setzen. Im Volk sei zu hören, dass es unter der Sowjetmacht keine Wahrheit gäbe und man sie deshalb nicht zu suchen brauche.

WOLODYMYR RAFEJENKO:

„Man muss verstehen, dass nicht die regionalen Besonderheiten schuld an diesem Krieg sind und die Ukrainer ihn nicht herbeiriefen."

Wolodymyr Rafejenko ist einer der bekanntesten zeitgenössischen ukrainischen Schriftsteller. Er wurde 1969 in Donezk geboren. Er ist Kulturwissenschaftler und Philosoph und verfasst hauptsächlich Romane, Erzählungen und Essays.
2017 erschien sein russischsprachiger Roman „Die Länge der Tage", der den Krieg im Osten als tragischen und zutiefst metaphysischen Bruch zwischen Russland und der Ukraine, zwischen Sein und Nichtsein, beschreibt.
2019 veröffentlichte er seinen ersten Roman auf Ukrainisch mit dem Titel „Mondegreen. Lieder über den Tod und die Liebe", der das Eintauchen in eine Sprache, ihre Laute und Bilder beschreibt und stilistisch so perfekt ist, dass er prinzipiell unübersetzbar erscheint.
Wir trafen uns im Dezember 2019 in Kyjiw und sprachen über Mitgefühl, Jazzmusik und die staatliche Verantwortung, Bedingungen zu schaffen, unter denen der Mensch, Mensch sein kann.

Was ist die Donbass-Identität? Man könnte hier zunächst das Donezker Kohlebecken erwähnen, das in Wirklichkeit weder mit den heute besetzten Gebieten übereinstimmt, noch komplett auf ukrainischem Staatsgebiet liegt. Wenn wir also die Ostukraine und den „Donbass" gleichsetzen, dann definieren wir diese Kulturlandschaft ausschließlich unter wirtschaftlichen Gesichtspunkten, was schon die Zaren und die Sowjets taten Damit irren wir gleich zum Anfang.

Doch wird auch heute im allgemeinen Bewusstsein und Sprachgebrauch der „Donbass" als Kohleregion behandelt. Dabei müssen vor Identitätsfragen noch einige Dinge klargestellt werden.

Erstens gehört der Donbass kulturell klar zur Ukraine. Zweitens wurde die Region nicht nur durch die Industrialisierung, sondern vielmehr durch die Nachkriegszeit geprägt. So ergab sich folgendes Bild: Die Dörfer blieben ukrainisch geprägt, während in den Städten bekanntermaßen eine rasche Russifizierung vorangetrieben wurde. Denn es gab nach dem Krieg auch kaum jemanden, der die Region hätte wiederaufbauen können. Der massenhafte Zuzug von Arbeitern und Fachleuten aus Russland und anderen Sowjetrepubliken hatte zur Folge, dass eben Russisch zur lingua franca in den Städten wurde. Natürlich hatten diese Entwicklungen einen starken Einfluss auf die Kultur der Region und ihre ethnische Zusammensetzung.

Was meine Heimatstadt Donezk betrifft, so entstand diese Ende des 19. Jahrhunderts auf eine für die Ukraine unnatürliche Art und Weise. Denn normalerweise gab es zuerst die Kultur und dann kam die Industrie. Aber hier war es andersherum. Und erst nachdem die Industrieobjekte ihren Platz gefunden hatten, baute man noch einen Zirkus oder ein Delfinarium dazu.

Im Zentrum stand nie der Mensch, sondern die Industrie, in welcher der Mensch Arbeit fand. Der Ton der Fabriksirene weckte ihn am Morgen und schickte ihn am Abend ins Bett. Die Sirene und nicht Ostern und Weihnachten bestimmten den Lebensrhythmus vor Ort.

Die totale Unterordnung der Gemeinschaft unter die künstlichen und mechanischen Bedingungen zerstörte den natürlichen Rhythmus des menschlichen Lebens und zog die Entstehung einer spezifischen Mentalität nach sich. Kohle und Stahl wurden zu Symbolen, die höher wiegten als jegliche Werte.

Die Sowjetmacht nutze diesen Mentalitätswandel, der schon davor da war, und sorgte für eine Ent-Ukrainisierung und ethnische Vermischung, besonders in der Stadt Donezk. Natürlich wollte der Staatsapparat hier keine Probleme mit dem Nationalbewusstsein seiner Arbeiter, egal ob es sich dabei um Ukrainer, Russen oder andere handelte. Er betrachtete die Fabrik als Maschine, die funktionieren und nicht irgendwelche Probleme produzieren sollte. Deshalb führte man ideologische Standards ein, welche Fragen ethnischer Zugehörigkeit an den Rand des öffentlichen Diskurses drängten. Über die eigene Kultur durfte man nur im offiziellen Kontext des propagandistischen Narrativs sprechen, der nichts mit dem wahren Leben zu tun hatte.

So entstand ein besonderes Denken, das durch Maschinen und Werkzeuge und weniger durch Bücher, Musik oder Geschichte geprägt war. Menschen aus dieser Welt meiden Gespräche über Kultur und Politik. Es ist besser sich an „einfachen Arbeiterthemen" zu orientieren, die ein verständliches Wertekonstrukt widerspiegeln. Wenn das kulturelle Fundament fehlt, kann ein Mensch noch so viel wissen und sich schlau geben, er wird intellektuell leicht beeinflussbar, da er paradoxerweise praktisches Denken mit beeindruckender Naivität vereint. Menschen mit einer Rigorosität im Denken haben meist keine Immunität gegen ideologische Konstrukte. Deshalb lässt sich so jemand leichter hinters Licht führen.

Tatsächlich hätte man mit dieser Naivität und der russischsprachigen Gesellschaft gut arbeiten können. Bereits Ende der neunziger Jahre war die sowjetische Identität abgekühlt und die kulturellen Verbindungen zu Russland ebenfalls. Die Idee in einem ukrainischen Staat zu leben und sich mit diesem zu identifizieren breitete sich immer weiter aus, ebenso wie ukrainischsprachige Kultur. Dieser Krieg ist wirklich eine große Tragödie, denn dieser Prozess wurde gestoppt und einer anderen Logik unterworfen.

Es ist bitter sich dies klarzumachen. Denn so besonders und spezifisch die Region in mancher Hinsicht war, dominierte doch die ukrainische Kultur. Ich weiß es aus eigener Erfahrung. Obwohl ich als russischsprachiges Kind aufwuchs, sah ich im Fernsehen Zeichentrickfilme, in denen russische Volkstänze zu sehen waren und ich bereits bemerkte, dass die sich von denen bei uns auf dem Land unterschieden. Dafür würde man dort in Russland unsere Weihnachtslieder wohl kaum verstehen.

Als ich klein war hatte mir nie jemand von Gott erzählt. Doch eines rostig kalten Winterabends, als im Ofen das Feuer prasselte, erzählte mir meine Großmutter von Jesus, Gott und dem Heiligen Geist, wovon ich zunächst gar nichts verstand. Später in der Nacht weckte sie mich dann und sagte, dass Gottes Sohn geboren sei und was das denn für uns bedeute – da verstand ich wirklich gar nichts mehr. Dann schickte sie mich zu ihren Bekannten und trug mir auf, ihnen die Gedichte und Lieder vorzutragen, die sie mir beigebracht hatte.

Ein weiteres Zeichen der Donezker Identität ist Einsamkeit. Dieser Teil der Ukraine war nie besonders wichtig, doch dafür umso stolzer. Dieser Stolz wurde während der Sowjetzeit im Bergarbeitermythos und dem über die Metallarbeiter als besonderen Kasten dieser Gesellschaft gepflegt. Denn aufgrund der schweren Arbeitsbedingungen sind wahrlich nicht alle für die Arbeit am Hochofen oder unter Tage geschaffen.

Die Region wollte immer allen gefallen, war aber in Wirklichkeit immer allen egal. Die Russen nannten uns hier „Chochli"[45], obwohl die meisten hier noch nicht mal richtig Ukrainisch konnten. In Kyjiw fühlte man sich auch fremd. Deshalb begann man sie als abgetrennt zu betrachten, was durch die örtlichen Parteieliten über Jahre aktiv unterstützt wurde und danach nicht einfach verschwand.

Das Gefühl allein zu sein und nicht gebraucht zu werden rief eine gewisse Traurigkeit hervor, die zum emotionalen Fundament des Mythos über die Einzigartigkeit unserer Region wurde, in dem sich eigentlich nur infantile Komplexe und Beleidigtsein ausdrückten.

In den 70 Jahren gelang es in der Sowjetunion die Verbindungen zur eigenen Kultur zu kappen und das Nationalbewusstsein zu verstümmeln, um den „Neuen Menschen" zu erschaffen. Ich erinnere mich, dass meine Oma mir erst nach dem Ende der Sowjetunion wirklich aus ihrem Leben erzählte. Ihre Muttersprache war eigentlich Ukrainisch, doch in der Schule sei sie dafür gemobbt worden, weshalb sie sich entschied, Russisch bis zur Perfektion zu erlernen. So kam es und das Mädchen aus dem ukrainischen Dorf arbeitete später als Ingenieurin in einem Konstruktionsbüro, das auch an Raumfahrtprojekten beteiligt war.

Metallarbeiter, Bergarbeiter, Kohle, die Zechen und Abraumhalden waren in meiner Kindheit fester Bestandteil meiner Weltvorstellung. Mit anderen Jungs kletterten wir gerne auf diese schwarzen Hügel.

---

[45] Anm. d. Übers.: Chochli ist eine abwertende Bezeichnung für Ukrainer, die vom typischen Haarzopf der Kosaken, dem Chochol (auch Tschub) stammt.

III. WOLODYMYR RAFEJENKO

Bergarbeiter war der ehrenvollste Beruf in der Stadt und außerdem mit vielen Privilegien verbunden, wie dem Urlaub am Meer oder einem riesigen Gehalt. Die Bergarbeiter achteten einander, egal ob jemand einfache Tätigkeiten oder Schwerstarbeit leistete.

Am Stadtrand, wo ich geboren wurde und aufwuchs, gab es zwei Gerüche: im Frühling den Duft der Aprikosenbäume und im Winter den schweren Rauch der verbrannten Kohle, mit der die Menschen ihre Häuser heizten. Wenn man Geld hatte, kaufte man die gute Anthrazitkohle, doch öfter musste man mit einer billigeren Variante vorliebnehmen, die viel mehr Kohlestaub beinhaltete, weniger Wärme spendete und auch vielmehr Schmutz hinterließ. An windstillen Wintertagen wurden deshalb unser Ort von einem erstickenden Teppich bedeckt, gegen den man nichts tun konnte. Doch gab es zum Glück in meiner Kindheit starke Winde, die den Geruch der wilden Steppe zu uns wehten.

Ende der achtziger Jahre wurde ich in die Armee eingezogen. Ein halbes Jahr wurden wir in der Nähe von Moskau ausgebildet, um danach in Afghanistan mit unseren Spürhunden nach Minen zu suchen. Man sagte uns damals, dass die beste Motivation zum Lernen sei, dass nach einem Jahr nur noch 10 Prozent von uns am Leben sein könnten. Doch dann wurden die Truppen rechtzeitig aus Afghanistan abgezogen. Wenn ich mich an diese Zeit erinnere, denke ich, dass ich diese Erfahrung brauchte, um die späteren Schwierigkeiten in den neunziger Jahren zu überstehen.

In den Jahren 2014–15 wurde gerne behauptet, dass die Bewohner des Donbass selbst an diesem Krieg schuld seien. Manche sagen das immer noch. Das verwundert mich sehr, denn für bestimmte Dinge ist in unserer Gesellschaft der Staat zuständig und nicht das Individuum. Auch wenn das paradox klingen mag, finde ich, dass die wichtigste Aufgabe des Staates darin besteht, einen physischen und mentalen Schutzraum zu gewährleisten. Jedoch stehen die Bürger allzu oft vor der Situation, dass es diese Garantien nicht gibt.

Wenn ich zurückschaue, kann ich niemandem aus meiner Stadt die Schuld geben, außer denen, die Waffen in die Hand nahmen und sie gegen den eigenen Staat richteten. Die „Touristen" aus dem Osten auf russischen Panzern sind eine andere Geschichte, die ein anderes Urteil verdienen.

In Donezk ging ich in die Verklärungskirche und läutete die Glocken. Auf dem Weg zur Kirche kam ich stets an der Gebietsverwaltung und den „Protestierenden" vorbei. Ich habe nie ein mir bekanntes Gesicht dort gesehen und das obwohl ich seit 45 Jahren in dieser Stadt lebte. Ich kann zwar sagen, dass Bewohner im Zentrum der Stadt kaum dezidiert pro-ukrainische Positionen vertraten, doch immerhin schlau genug waren, nicht bei diesem Zirkus mitzumachen.

Am 5. Juli 2014 rückten mehrere tausend bewaffnete Kämpfer mit schwerer Technik in die Stadt ein. Ich war gerade auf dem Glockenturm und läutete zur zweiten Lesung, als sich die Kolonnen von Menschen zu den Wohnheimen bewegten. Alle Kreuzungen der Stadt wurden nun bewacht und auf den Straßen wurde patrouilliert. Ich erinnere mich, wie Ende Mai die Aktion des Oligarchen Achmetow für eine geeinte Ukraine und Frieden im Donbass stattfand. Damals war es in der Stadt noch recht sicher, obwohl bereits bewaffnete Kleinkriminelle die Gebietsverwaltung besetzt hatten, die gegenüber der Kirche lag. Wir läuteten zu dieser Aktion zusammen mit anderen Gemeindemitgliedern 15 Minuten in Synkopen die Glocken. Wir freuten uns damals, diese Art Jazz für die Ukraine zu spielen. Nach circa 5 Minuten kamen knapp ein Dutzend Leute maskiert und mit Schlagstöcken bewaffnet aus Richtung der Gebietsverwaltung gestürmt.

Ich schickte die anderen herunter und wollte selbst nur noch die Glocken festbinden. Dann versteckte ich mich eine halbe Stunde im Turm, bevor ich einen Hinterausgang nahm. An diesem Tag verstand ich, dass ich wegziehen musste. Denn zusammen mit Leuten, die eine Kirche attackieren, in einer Stadt zu leben, wurde mir zu riskant.

Als ich dann sah, wie die Kämpfer das Zentrum Donezks besetzten, waren meine Hoffnungen auf einen friedlichen Ausgang vorbei und ich verstand, dass uns Schlimmes bevorstand.

Ich weiß nicht, wie es weitergehen wird. Der Krieg dauert an und es ist kein Ende in Sicht. Eines jedoch weiß ich bestimmt, dass wir in Donezk vielleicht besonders, ja einzigartig waren, aber auch nicht mehr als alle anderen Ukrainer. Auch hier gab es sowohl tolle Charakterzüge als auch manche Marotten. Doch wenn es diesen Krieg nicht gegeben hätte, wäre nach einigen Generationen diese sowjetische Trennlinie zwischen dem Donbass und der Ukraine komplett verschwunden. Es ist sehr wichtig zu verstehen, dass nicht die regionalen Besonderheiten schuld an diesem Krieg sind und die Ukrainer ihn nicht herbeiriefen, egal aus welcher Region, egal auf welcher Sprache.

ROMANIWKA

Für zwei Tage treffe ich mich mit Wolodymyr Hawschuk zum Gespräch. Es ist wie wenn man sich nach einer langen Prüfungsvorbereitung der Prüfung stellt und statt nur auf Fragen zu antworten in ein Gespräch über sein Lieblingsthema eintritt. Dieser Moment, wenn man endlich jemanden zum Reden hat und Gedanken austauschen kann.

Iwan, sein Neffe, ist selbst Binnengeflüchteter und fährt uns mit seinem Auto zu verschiedenen Orten Kyjiws. Trotz des Lärms und Chaos auf den Straßen gibt mir Wolodymyr Auskunft zu den Fotografien und Dokumenten Salisnjaks.

Iwan hört uns geduldig zu und gibt manchmal sarkastische Kommentare. Als ich erzähle, dass ich vor Kurzem ein langes Interview mit Roman Minin geführt habe, der die Bergarbeitermythologie erforscht, sprudelt es aus ihm heraus.

Er erzählt von seinem Heimatort Schnischne, den betrunkenen Bergarbeitern, dem Verfall und der ungerechtfertigten Heroisierung dieser Trunkenbolde.

Wolodymyr ist mit einer großen schwarzen Tasche nach Kyjiw gekommen. Darin ist das ganze von ihm zusammengetragene Archiv Marko Salisnjaks.

Einen nach dem anderen legt er die Ordner auf den Tisch, die er nach Jahren geordnet hat und in denen sich dutzende von Fotografien verbergen, auf die ich nicht zu hoffen gewagt hatte.

Lachend sagt er, dass Salisnjak 5000 Fotos hinterlassen haben soll. Davon seien sie erst 300 durchgegangen.

Während wir die Fotos durchschauen, sortieren wir die Familienbilder aus. Doch stellt sich immer wieder die Frage, wo die feine Grenze zwischen Familienarchiv und Fotografiegeschichte verläuft.

Am nächsten Tag gesteht Wolodymyr ein, dass er in einem Teil des Buches vom reinen Dokumentieren abgewichen sei und drei Absätze selbst hinzugefügt hätte. Sie seien über Salisnjaks Vorgesetzten im Ersten Weltkrieg, Kapitän Labus: „Anstatt jeden Tag die Örtlichkeit zu beschauen und die Verteidigung neu auszurichten, lag er auf der faulen Haut, faselte Unsinn und piesackte die Soldaten, die bereits ohne sein Tun Todesangst, Hunger, Kälte, Explosionen und Beschuss in den lausigen Schützengräben ausgesetzt waren." Während er das Elend Salisnjaks beschreibt, erzählt er von seiner eigenen Zeit bei der Armee.

Die Vergangenheit wird zum Instrument, um die Gegenwart zu beschreiben.

Ich frage nach Salisnjaks Einstellung zum Kommunismus. Während meiner Recherchen konnte ich nirgends im Material eine klar antikommunistische Haltung entdecken. Jedoch hieß es in der Familie, dass er insgeheim gegen die Partei war. Seine Hefte und Notizen lesen sich dagegen im Einklang mit dem Marxismus-Leninismus.

Wolodymyr langt nach einem Stoß Fotografien und zeigt mir ein Familienfoto, das bei Salisnjak am Küchentisch gemacht wurde. Hinten an der Wand sind Ikonen zu erkennen und ein Bild einer alten Kirche, die später durch die Kommunisten zerstört wurde.

Noch einmal greift er in das Archiv in der Tasche und holt vorsichtig ein eingepacktes Heft hervor. Ich solle es lesen, danach blieben mir zu seinen politischen Einstellungen keine Fragen mehr offen.

In meinen Gedanken bin ich in Salisnjaks Heimatdorf Romaniwka, welches er über Jahrzehnte akribisch dokumentierte.

Doch zunächst kommen wir zu einem Brief, an den ich oft denken musste:

Lieber Josef Wissarionowitsch Stalin,
Ich sende Ihnen beste Komsomolzengrüße. Ich bin Komsomolzin Maria Markowna Salisnjak und habe mich, nachdem ich 1939 die Schule beendet habe, entschieden, Ihnen einen Brief zu schreiben. Ich bitte Sie der unten genannten Bitte nicht zu entsagen. Ich bitte Sie darum mir bei meinem Studium zu helfen. Da meine Eltern arm sind, musste ich die Schule 1938

III. ROMANIWKA

nach der 7. Klasse beenden und konnte nicht weiter lernen. Deshalb habe ich mich entschieden nochmal in die 7. Klasse zu gehen, um Lenins Worten zu folgen: „Lernen, lernen und nochmals lernen". Ich habe gehofft, das Jahr mit Bestnoten zu bestehen, doch der Hunger und die Armut ließen mich nicht. Ich habe kein Kleid, nur einen Rock und Vaters Hemd, keinen Mantel und kein Kopftuch. Zuhause haben meine Eltern und Geschwister oft nichts zu essen. Mir tut dieser Anblick weh und ich kann nicht lernen. Jetzt muss ich die schriftlichen Prüfungen schreiben und danach die mündlichen machen. Mir schwindelt der Kopf und jeden Tag falle ich todmüde ins Bett.

Hinter ihr liegt der Holodomor. Vor ihr der Krieg.

Die Hoffnung auf Rettung durch den allmächtigen Führer besteht. Was war denn die lange, eiserne Hand im Kreml nicht alles im Stande zu ändern.

Später stoße ich auf ein anderes interessantes Dokument. Ein Brief, bei dem unklar scheint, ob er jemals abgeschickt werden sollte. In ihm ist ein zerknittertes Foto. Es zeigt ein Kind, das nachträglich mit Farbe angemalt wurde, um es wie ein Farbfoto wirken zu lassen.

Die Wörter hinten auf dem Foto sind kaum zu entziffern: „Die Kolchose ist einfach undankbar, sie nutzt uns aus." „Ich sehe keinen Sinn mehr dort mitzuarbeiten."

Auf dem Foto ist Salisnjaks Sohn zu sehen, den seine Frau in den Armen trägt.

27. Januar 1932.

Der Holodomor liegt vor ihm. Der Krieg davor und dahinter.

Schließlich lese ich das Heft, das alles erklären soll.

Der Text wurde am 14. Oktober 1963 geschrieben, an Mariä Schutz und Fürbitte.

„Heute ist ein klarer und warmer Tag, es weht ein angenehmer Südwind. Sonst ist alles ruhig. Ich habe den Eindruck, als wenn es in unserer Ukraine nach etwas Totem riecht. Menschen sind kaum zu sehen und die, die man sieht, sind traurig, schweigsam, wütend oder erschöpft. Es

scheint, als wenn ein Funken reichen könne, um die Unzufriedenen dazu zu bringen, alles in Stücke zu reißen. Diesen Eindruck bekam ich in Kurachowka, wo sich Arbeiter um einen Laib Schwarzbrot prügelten, den man gerade einmal den Schweinen hätte verfüttern können.

Warum ist das so, in unserer einst blühenden und fröhlichen Ukraine? Ich erinnere mich an das sorgenfreie und ausgelassene Leben hier vor der Revolution. Doch das wart vernichtet und verdorben durch die Dummheiten ihrer eigenen Kinder.

Wer ist also schuld daran? Wer sollen die Vaterlandsverräter sein? Sie sind unter uns und schimpfen sich Kommunisten. So einer wie der Neffe von Mykola Smulskyj, der seiner eigenen Mutter das Messer vor die Brust hielt, um Geld für ein Motorrad zu verlangen. „Gib mir das Geld! Und dann mach was du willst." Es hat sie in ihrer Brust zerrissen, dass ihre Seele bald den Herrn aufsuchte. Mykola lebt weiter mit seiner Hundeseele und erfreut sich bester Gesundheit. Alles, was die Mutter ihm gab, wurde zu ihrem Leid. Doch was soll man von Mykola, diesem Kommunisten auch erwarten?

Wir waren des Öfteren auf dem Rummel und nur einmal habe ich gesehen, wie ein Polizist dort für Ordnung sorgte. Wenn sich sonst zwei Betrunkene prügelten, bildete die Menge einen Kreis, schaute zu und feuerte sie an.

Ich erinnere mich an Dinge, die schon so lange her sind, dass die Leute nichts mehr von ihnen hören wollen. Heute wären sie glücklich in jener Zeit zu leben, doch die wird es nicht mehr geben. Die Menschen sind selbst dafür verantwortlich."

Besser als Salisnjak hätte man es nicht beschreiben können.

DER OSTEN

Für einige Stunden kehrten wir in die besuchten Städte zurück. In Sjewjerodonezk geht, wie es scheint, alles seinen Gang. Die Vogelhäuschen hängen am Baum, darunter liegt eine leere Bierflasche. Unter dem Bild von Radkewitsch sitzen zwei Trinker.

In Lyssytschansk trafen wir unseren Lieblingstaxifahrer und gingen mit ihm ein Stück. Wieder kommt das Gespräch auf die Befreiung der Stadt von den Separatisten.

„Ein Bäcker, der ukrainischer Patriot ist, hat während der Kämpfe das Brot zum doppelten Preis verkauft."

„Als die ukrainischen Freiwilligenkämpfer in die Stadt kamen, hatte die Post viel zu tun, weil sie das Raubgut von Plünderungen verschickten."

„Unter den lokalen Patrioten streitet man sich immer noch, wer den Kran bezahlt hat, der Lenin von seinem Sockel hob. Patriotismus kostet eben."

„Als die ukrainischen Panzer in das zuvor beschossene Lyssytschansk einrollten, wurden sie von wütenden Einwohnern erwartet. Die Soldaten auf den Panzern weinten und waren geschockt. Man hätte ihnen versichert, dass keine Zivilbevölkerung mehr in der Stadt sei, nur Separatisten-Kämpfer."

Was ist davon wahr? Und was nur ausgedacht? Wie beeinflusst Identität die objektive Wahrnehmung der Realität? Und ist die letztendlich auch nur das, woran wir glauben?

Ich nehme mir vor, die Befreiung Lyssytschanks genau zu verstehen. Zunächst suchte ich dafür nach Kontakten. Doch endeten die Gespräche oft mit Widersprüchen. Ob es nun Freiwilligenkämpfer waren oder die reguläre ukrainische Armee, das Bild ist ein anderes.

Ich berichte dem Lyssytschansker Taxifahrer, dass unsere Skulptur in Bachmut schon in der ersten Nacht beschädigt wurde.

– Wurde dort gekämpft?
– Wo?
– Na in Bachmut
– Nicht so wie in Lyssytschansk
Pause
– Warum fragst du?
Pause
– Dort, wo Leute echte Zerstörung gesehen haben, machen sie von sich aus nichts kaputt.

In Pokrowsk liegt unsere Ausstellung in Trümmern. Man erzählt uns, dass es starken Wind gegeben habe. Dabei wurde die Konstruktion neben dem Museum erfasst und auf die Straße geweht. Die Fotos seien nicht so sehr zerstört, dafür jedoch die Holzkonstruktion. Das „Verlorene Mosaik Marko Salisnjaks" hielt also eine knappe Woche.

In Kostjantyniwka wurden eine Sitzbank und mehrere Bretter von dem Ort gestohlen, der durch unsere Architekten gestalten worden war. Außerdem wurde Schrauben entfernt, um beim nächsten Mal das Holz mitzunehmen. Später wird die Konstruktion mehrmals angezündet.

Der Freespace „Druzi" versuchte auf den Ort zu achten und ihn zu reparieren, doch haben die Aktivisten dabei das Gefühl, wie mit einer Kerze gegen das Dunkel der Nacht zu stehen.

Auch unsere Freilichtbühne unter den Kiefern in Bachmut wurde letztlich von Vandalen heimgesucht. „Wir sind für den Oppositionsblock" und andere Losungen wurden auf das Bauwerk geschmiert.

In Dobropillja wurde die Skulptur von Witalij Kochan umgestürzt. Der Blitzableiter wurde ebenso abgerissen. Als ich Bilder vom „Tatort" sehe, bekomme ich ein komisches Gefühl. Die rostigen Umrisse auf dem ersten Schnee sehen wie der Abdruck einer Leiche aus. Schutzlos und zerteilt.

III. Der Osten

Ich rede mit Roman und Kostja, unseren Architekten. Sie sagen mir, dass sie eine Utopie erschaffen haben, an die viele schnell geglaubt hätten. Nun sei sie viel zu schnell eingestürzt. Das sei zu erwarten gewesen, aber doch nicht so bald.

Daraus ziehen wir die banale Lehre, dass Fragilität unter den herrschenden Bedingungen unmöglich bestehen kann. Weder zarte Menschen noch Objekte können sich in dieser Umgebung behaupten. Sie verlangt nach Robustheit und Zuverlässigkeit. Der öffentliche Raum, genau wie jedes Individuum, muss in der Lage sein, äußere Einflüsse wie Gewalt, Raub oder Dummheit abwehren zu können.

Es ist wie eine Glasstadt, die ein jeder in seinen Händen trägt.

Nach einigen Tagen schicke ich Wolodymyr Hawschuk meine Vorschläge zur Redaktion und Gestaltung einer neuen Version des Buches „Mit einem Schutzengel und einem Foto aus dem Leben". In einem Monat soll es bereits in einem Kyjiwer Verlag gedruckt werden. Auf dem Umschlag wird in Erinnerung als Autor Wolodymyr Salisnjak stehen.

RÜCKKEHR

27. Dezember 2017

73 Gefangene kehren nach Hause
    54 ukrainische Soldaten aus „DNR"-Gefängnissen
    5 aus Gefängnissen in der „LNR"
    14 Befreite sind Zivilpersonen. Unter ihnen Ihor Koslowskyj
    Laut Informationen des ukrainischen Geheimdienstes SBU verbleiben mehr als 100 Ukrainer in Gefangenschaft.

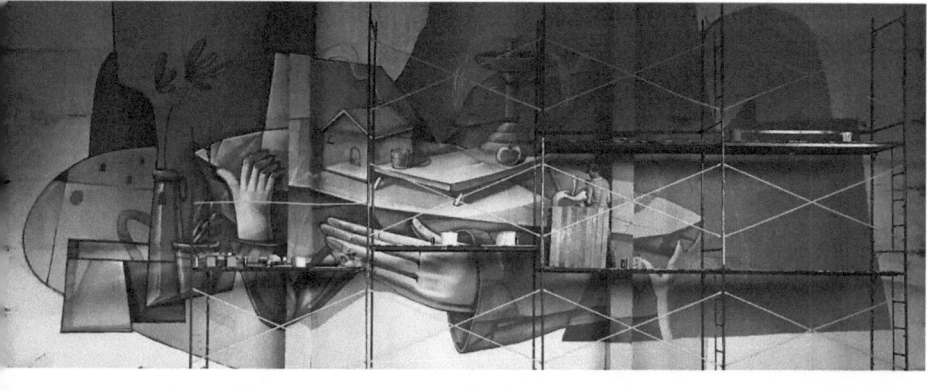

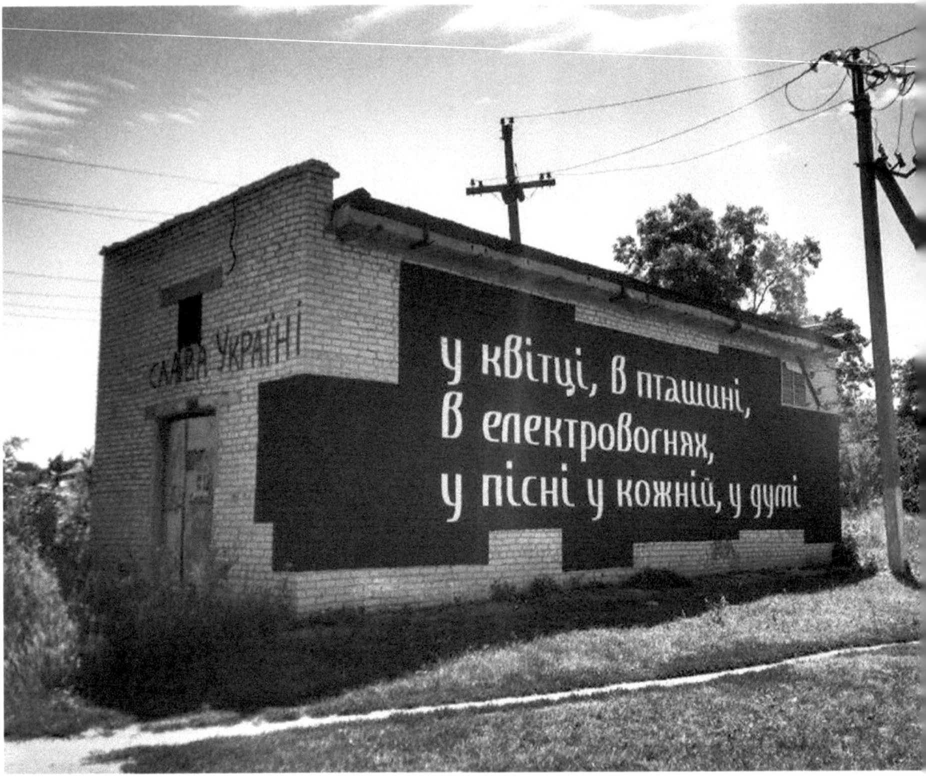
СЛАВА УКРАЇНІ
у квітці, в пташині,
в електровогнях,
у пісні у кожній, у думі

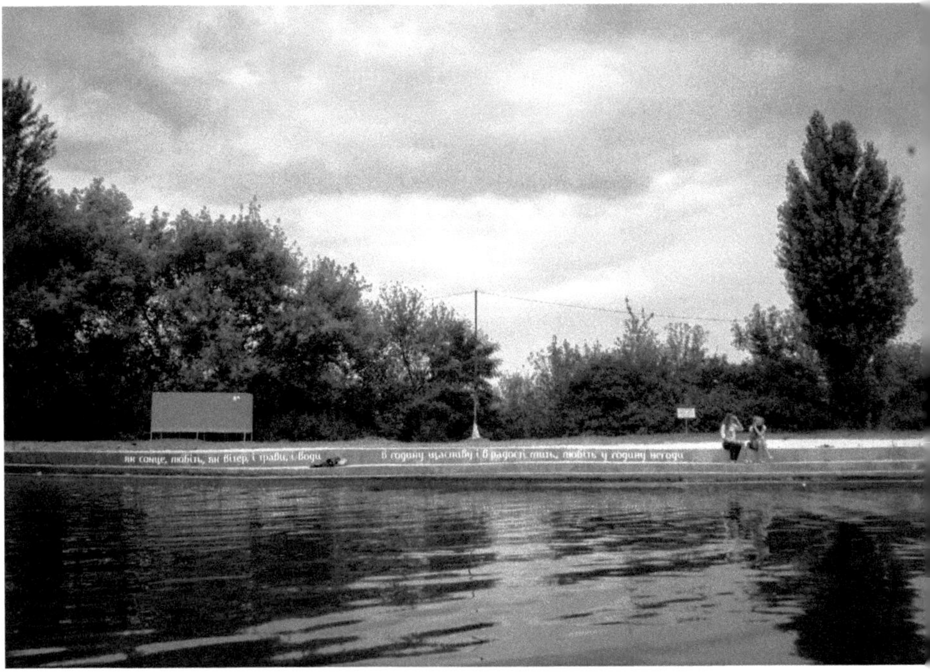
як сонце, любіть, як вітер, і трави, і води
в годину щасливу і в радості мить, любіть у годину негоди

OUTRO

10.

1980 traf Oleksii Nikitin Kevin Klose und David Satter in der Donezker Wohnung seiner Schwester.

Als er die Vorhänge beiseite zieht, sieht er das KGB-Auto vor dem Fenster. Sie brauchen sich nicht zu verstecken, das ist ihr Territorium. Deshalb treten sie so offen auf.

Nikitin sagt, dass sie ihn festnehmen werden, sobald die zwei wegfahren.

Das Gespräch geht weiter und dreht sich nun darum, wie man ihm helfen könnte.

Verschiedene Varianten werden diskutiert, bis hin zum realistischsten und gleichzeitig kühnsten Weg, ihn mit dem Auto nach Moskau zu bringen, um in der amerikanischen Botschaft Asyl zu erbitten.

Satter gibt zu bedenken, dass dies bedeuten könne, dass er bis zum Ende seines Lebens auf dem Botschaftsgelände leben müsse.

Nikitin ist trotzdem einverstanden, denn alles sei besser, als in der Psychatrie zu Tode gefoltert zu werden.

Ein betretenes Schweigen erfüllt den Raum. Die amerikanischen Journalisten beginnen das Risiko ihres Vorhabens zu begreifen und die Folgen eines möglichen internationalen Konflikts.

Nikitin versteht schnell: Hier kommt es nur auf ihn an.

„Ich finde einen Ausweg. Den gibt es überall."

Die Journalisten reisen ab und fahren nach Moskau.

Zwei Tage später wird Nikitin in der Wohnung durch die eintreffenden Ärzte ein Mittel gespritzt, durch das er bewusstlos wird. Man sagt, dass er danach zwei Monate in Isolationshaft verbrachte.

Man verlegt ihn in die Dnipropetrowsker Spezialpsychatrische Klinik. 1982 wird er sogar nach Kasachstan geschickt, um von den dortigen sozialistischen Patrioten geheilt zu werden.

Ihm wird Magenkrebs diagnostiziert.

1983 kehrt er nach Donezk zurück.

1984 stirbt er kurz nach seiner Entlassung.

9.

Als Satter nach Moskau kam nachdem Nikitin bereits abgeholt worden war, sprach der Journalist mit Feliks Serebrow von der Moskauer Helsinkigruppe.

Satter machte sich Sorgen, dass ihr Besuch Nikitin Probleme bereiten könnte.

Serebrow sagte darauf: „Es hätte keinen Unterschied gemacht. Früher oder später wäre er sowieso wieder in der Psychatrie gelandet. Um das zu verhindern, hätte er Teil der grauen Masse werden müssen, die er eigentlich hinter sich lassen wollte. Die einzige Chance für ihn wäre gewesen, die Partei auf den Knien um Verzeihung zu bitten, doch dafür hat er zu viel erleiden müssen."

Im Januar 1981 wurde auch Serebrow verhaftet. Zuerst wurde er in eine Strafkolonie im Gebiet Perm gebracht und später ebenfalls nach Kasachstan verfrachtet. Er kam 1987 frei und starb im Jahr 2015.

David Satter schrieb all die Jahre weiter über die Vorgänge im sowjetischen und anschließend im russischen Imperium, bis man ihm 2014 vor den Olympischen Winterspielen in Sotschi die Akkreditierung entzog. Er wurde zur Persona non grata erklärt. *The Guardian* schrieb damals, dies sei der erste Vorfall dieser Art seit dem Ende der Sowjetunion gewesen.

8.

Auf den Namen Oleksij Nikitin stieß ich bei meiner ersten Reise in die Ostukraine.

Seither gingen mir die Worte, mit denen der lokale Parteifürst ihm gedroht hatte, nicht mehr aus dem Kopf: „Dein Blut wird die Kohle tränken…"

Wofür standen diese Worte?

Für die totale Kontrolle über den Körper und die Seele eines Menschen, der unbequeme Fragen stellte.

Für die alltägliche Grausamkeit und Willkür. Sie spiegeln das Gefühl uneingeschränkter Macht. Das Gericht, die Polizei, der KGB – sie alle gehören demjenigen, der diese Worte ausspricht.

Der Wille wird unterdrückt. Das Recht auf körperliche Unversehrtheit, Schutz und einen gerechten Arbeitslohn.

Nur das Nichts gehört dem Menschen.

7.

Die Enteignung des Menschen seiner Selbst führt noch weiter.

In einem totalitären System gehört einem nicht einmal der eigene Tod.

Hiroaki Kuromiya schreibt: „Im Bergwerk ist ein Arbeiter gestorben. Da es keinen passenden Sarg für ihn gab, wurde er in seiner Arbeitskleidung beerdigt. Die Bergwerksleitung hatte das Geld für die Kleidung und die Begräbnisse versoffen."

Was bleibt also nach uns? Welchen Wert hat unser Leben? Wann hat diese Zerbrechlichkeit, Schutzlosigkeit und das ewige Nicht-sich-selbst-gehören ein Ende?

6.

Ich denke darüber nach, welches Mythologem für die ganze Ostukraine steht. Gibt es etwas, das alle Städte vereint, die wir besucht haben?

Wohl kaum, denn überall betont man seine Andersartigkeit.

Und doch trifft man immer wieder auf die Geschichte über die Vertreibung aus dem Paradies. Geschichten vom goldenen sowjetischen Zeitalter, das nun vorbei ist. Damals, „als wir schneller liefen, die Früchte süßer schmeckten, Oma noch lebte und unsere Eltern glücklich waren. Die Fabriken arbeiteten. Wir waren wie eine große Familie, die einander ohne Grenzen besuchen konnte. Streit gab es nicht. Und im Stadtzentrum gab es einen Park. Unser Paradies."

Die Besonderheit des Mythos über das goldene Zeitalter und das Paradies sind so verlockend, dass man es einfach wiedererstehen lassen will. Mit allen Mittel, die man gerade zur Hand hat.

Wenn ich eins mit diesem Buch sagen möchte, dann „Never again".

Nie wieder Ideologien, die nach Feinden in der Gesellschaft suchen und das Land von ungewollten Rassen, Ethnien oder politischen Elementen säubern.
    Nie wieder eine Gesellschaft, in der Menschen mit anderen Ansichten in Psychiatrien gebracht oder auf Scheiterhaufen verbrannt werden.
    Nie wieder ein Land, in dem Eigeninitiative erstickt und alles geklaut wird, Privatarmeen existieren und ökologische Katastrophen und Epidemien verheimlicht werden.
    Nie wieder ein System, in dem gleichgeschlechtliche Beziehungen und Abtreibungen verfolgt werden und dies mit Religion, Moral und traditionellen Werten maskiert wird.
    Nie wieder imperiale Zusammenschlüsse, egal ob durch Zaren oder die Partei regiert.
    Nie wieder Entehrung und Entwürdigung.
    Nie wieder Entmenschlichung.
    Nie wieder ethnische Diskriminierung, aber endlich Schluss mit dem Gerede von dem angeblichen Verbot der russischen Sprach.
    Nie wieder 2+2=5.
    Nie wieder Barbarei und nie wieder Luftschlösser.
    Nie wieder in der Vergangenheit verharren und doch nie vergessen, wer wir sind.

5.

Mit diesem Buch wollte ich die Zeit durchbrechen und gegen sie ankämpfen.
    Ich wollte den Toten eine Stimme geben und vergessene Geschichten in Erinnerung rufen.

Mich mit Dingen beschäftigen, die für die ältere Generation offensichtlich waren, jedoch nicht für die, welche später in einem anderen System aufwuchsen.

In diesem Buch wird die Zeit neu geschichtet. Einige wichtige Nachträge, korrigierte Meinungen und eine gewisse zeitliche Entfernung ermöglichen einen gelasseneren Blick auf die Dinge.

Ich habe versucht, die Aktualität, die ein typisches Merkmal der Reportage ist, zu überwinden. Diese Bücher leben oft viel zu kurz. Trotzdem begann ich an einem gewissen Punkt tagesaktuelle Nachrichten des grausamen Alltags festzuhalten. Als ich sie später durchsah, fehlte mir bereits der Kontext. Trotzdem spürte ich den Schmerz, als ich sie in dieses Buch aufnahm. Mit diesem Schmerz sollten sie zu uns sprechen.

Eben deshalb war es mir wichtig, den Krimkrieg, den Ersten Weltkrieg, die Kolonialisierung des Kongo, die deutsche Besatzung und die sowjetische Entkulakisierung zu thematisieren.

Um die Schrecken zu zeigen, zu denen Menschen in der Lage sind.

4.

Was in der Ostukraine passiert ist, hätte überall passieren können. Es geht hier nicht um die Besatzung, sondern darum, wie leicht Menschen zu manipulieren sind, wenn sie nach leichten Antworten suchen. Eindeutigen Antworten. Weil sich einem die Welt zu schnell dreht.

3.

Was braucht es jetzt?

Es braucht Recherchen über das Leben in den besetzten Gebieten, diese Quasi-, Pseudorepubliken. Über die Folter und die Gewalt im Alltag sollten mehr Menschen auf der ganzen Welt erfahren.

Wir müssen nach den Übeltätern in den eigenen Reihen und den versteckten Helden in den besetzten Gebieten suchen. Wir brauchen gerechte Strafprozesse und internationale Tribunale.

Welchen Preis werden wir zahlen müssen, um den Osten zurückzugewinnen?

Das wissen wir nicht.

Wir wissen nur, dass auf das Imperium wieder das Chaos folgen wird. Und dieses Chaos wird nur die Brutalität eines Tyrannen beenden können, und so wird die Vertikale der Macht ein weiteres Mal zurückkehren.

In der Ukraine hingegen, egal in welcher Region, werden jene aufstehen, die sich selbst achten. Und indem sie den eigenen Boden fleißig bestellen, werden sie den Kreis der Geschichte durchbrechen. Sie gehen einen neuen Weg, ohne alte Mythen.

Dabei halten sie die in Erinnerung, die auf diesem Weg Vorkämpfer waren.

Wovon träume ich?

Von Traumata, die überwunden werden.

Von Verbrechen, die dokumentiert werden.

Von Schuldigen, die bestraft werden.

2.

Bereue ich etwas?

Die Arbeit an diesem Buch wird mir fehlen. Die Realität in Literatur zu überführen. Die Grenze zwischen Fiction und Non-Fiction zu verwischen.

Ein Großteil dieses Buches ist in Hotels, Kreisbibliotheken oder während der Fahrt entstanden. Das hinterlässt einen Abdruck. Von Schnee aufgeweichte Seiten in Bachmut oder die Arbeit in der Bibliothek, während nebenan Englischunterricht für eine Gruppe von Kindern stattfindet.

Fehlt etwas?

Ich werde die Fahrten im Intercity+ 701/702 Kyjiw-Kostjantyniwka vermissen. Dieser Zug voller Soldaten, Ausländer, Binnengeflüchteten und Aktivisten. Ein Querschnitt der Gesellschaft, die man immer wieder staunend beäugt.

Was bleibt noch zu sagen?

In diesem Buch lässt sich unmöglich ein Punkt setzen. Die Wirklichkeit ist so unbeständig wie ein Ölfilm auf dem Wasser.

In solchen Büchern ist es unmöglich, keine Fehler zu machen, nicht zu vereinfachen oder ungenau zu formulieren. Ich entschuldige mich im Voraus dafür.

1.

Mein größter Dank gilt allen Soldaten, freiwilligen Helfern und Aktivisten, die verhindern, dass uns der Himmel auf den Kopf fällt.

Bedanken möchte ich mich bei der NGO „Garage Gang" und dem Team des Projektes „Metastadt: Ost". Ebenso bei den Künstlern des Projektes „Mythologem der Stadt".

In Erinnerung an Marko Salisnjak, dessen großartige Persönlichkeit wohl nie ganz durchdrungen werden wird. Mein Dank gehört deshalb Wolodymyr Hawschuk, der die Geschichte seines Großvaters bewahrt hat.

Ich danke allen, die mir bei der Suche nach Mythologemen geholfen haben, den Museen in Bachmut, Pokrowsk, dem Freespace „Druzi" und so vielen Menschen in den besuchten Städten.

Für ihre Zeit, ihre Erfahrungen und ihre Weisheit danke ich Serhij Zhadan, Alewtina Kachidse, Ihor Koslowskyj, Roman Minin, Wolodymyr Rafejenko und Olena Stjaschkina, denn ihre Geschichten sind für dieses Buch unschätzbar wertvoll.

Gedankt sei meinen Eltern und meiner Frau, die mich auf vielen der in diesem Buch geschilderten Reisen begleitete.

0.

Ich wusste von Anfang an, mit welchen Worten dieses Buch enden wird. Es geht wie bei „Casablanca" um die Hoffnung auf Rettung, die am Ende eines grausamen Krieges winkt.

Damals, 2016, diskutierten Aktivisten in Kostjantyniwka über ihre Stadt.

„Hier ist Endstation. Hier fahren die Züge nicht mehr weiter."
„Nein, von hier geht es los. Hier starten die Züge in die Welt."

P.S.

Des Weiteren werden zur Lektüre empfohlen:

Alexijewitsch, Swetlana: Tschernobyl. Eine Chronik der Zukunft. München: Piper 2015.

Applebaum, Anne: Roter Hunger: Stalins Krieg gegen die Ukraine. Siedler 2019.

Assejew, Stanislaw: In Isolation. Texte aus dem Donbass. Berlin: Edition FotoTapeta 2020.

Gumenyuk, Nataliya: Die verlorene Insel. Geschichten von der besetzten Krim. Stuttgart: Ibidem-Verlag 2020.

Kappeler, Andreas: Ungleiche Brüder: Russen und Ukrainer vom Mittelalter bis zur Gegenwart. C.H. Beck 2017.

Plokhy, Serhii: The Gates of Europe: A History of Ukraine. New York: Basic Books 2015.

Snyder, Tymothy: Der Weg in die Unfreiheit: Russland, Europa, Amerika. München: C.H. Beck 2018.

Strauch, C.-D., Molderf, O. (Hg.): Zwischen Apokalypse und Aufbruch. Der Donbas-Krieg in ukrainischer Krisenliteratur. Leipzig: Edition Hamouda 2021.

Zhadan, Serhij: Die Erfindung des Jazz im Donbass. Berlin: Suhrkamp 2012.

Zhadan, Serhij: Internat. Frankfurt: Suhrkamp 2018.

UKRAINIAN VOICES

Collected by Andreas Umland

1   *Mychailo Wynnyckyj*
    Ukraine's Maidan, Russia's War
    A Chronicle and Analysis of the Revolution of Dignity
    With a foreword by Serhii Plokhy
    ISBN 978-3-8382-1327-9

2   *Olexander Hryb*
    Understanding Contemporary Ukrainian and Russian Nationalism
    The Post-Soviet Cossack Revival and Ukraine's National Security
    With a foreword by Vitali Vitaliev
    ISBN 978-3-8382-1377-4

3   *Marko Bojcun*
    Towards a Political Economy of Ukraine
    Selected Essays 1990–2015
    With a foreword by John-Paul Himka
    ISBN 978-3-8382-1368-2

4   *Volodymyr Yermolenko (Ed.)*
    Ukraine in Histories and Stories
    Essays by Ukrainian Intellectuals
    With a preface by Peter Pomerantsev
    ISBN 978-3-8382-1456-6

5   *Mykola Riabchuk*
    At the Fence of Metternich's Garden
    Essays on Europe, Ukraine, and Europeanization
    ISBN 978-3-8382-1484-9

6   *Marta Dyczok*
    Ukraine Calling
    A Kaleidoscope from Hromadske Radio 2016–2019
    With a foreword by Andriy Kulykov
    ISBN 978-3-8382-1472-6

7   *Olexander Scherba*
    Ukraine vs. Darkness
    Undiplomatic Thoughts
    With a foreword by Adrian Karatnycky
    ISBN 978-3-8382-1501-3

8   *Olesya Yaremchuk*
    Our Others
    Stories of Ukrainian Diversity
    With a foreword by Ostap Slyvynsky
    Translated from the Ukrainian by Zenia Tompkins and Hanna Leliv
    ISBN 978-3-8382-1475-7

9   *Nataliya Gumenyuk*
    Die verlorene Insel
    Geschichten von der besetzten Krim
    Mit einem Vorwort von Alice Bota
    Aus dem Ukrainischen übersetzt von Johann Zajaczkowski
    ISBN 978-3-8382-1499-3

10 *Olena Stiazhkina*
    Zero Point Ukraine
    Four Essays on World War II
    Translated from the Ukrainian by Svitlana Kulinska
    ISBN 978-3-8382-1550-1

11 *Oleksii Sinchenko, Dmytro Stus, Leonid Finberg (compilers)*
    Ukrainian Dissidents
    An Anthology of Texts
    ISBN 978-3-8382-1551-8

12 *John-Paul Himka*
    Ukrainian Nationalists and the Holocaust
    OUN and UPA's Participation in the Destruction of Ukrainian Jewry, 1941–1944
    ISBN 978-3-8382-1548-8

13 *Andrey Demartino*
    False Mirrors
    The Weaponization of Social Media in Russia's Operation to Annex Crimea
    With a foreword by Oleksiy Danilov
    ISBN 978-3-8382-1533-4

14 *Svitlana Biedarieva (ed.)*
    Contemporary Ukrainian and Baltic Art
    Political and Social Perspectives, 1991–2021
    ISBN 978-3-8382-1526-6

15 *Olesya Khromeychuk*
    A Loss
    The Story of a Dead Soldier Told by His Sister
    With a foreword by Andrey Kurkov
    ISBN 978-3-8382-1570-9

16 *Marieluise Beck (Hg.)*
    Ukraine verstehen
    Auf den Spuren von Terror und Gewalt
    Mit einem Vorwort von Dmytro Kuleba
    ISBN 978-3-8382-1653-9

17 *Stanislav Aseyev*
    Heller Weg
    Geschichte eines Konzentrationslagers im Donbass 2017–2019
    Aus dem Russischen übersetzt von
    Martina Steis und Charis Haska
    ISBN 978-3-8382-1620-1

18 *Mykola Davydiuk*
    Wie funktioniert Putins Propaganda?
    Anmerkungen zum Informationskrieg des Kremls
    Aus dem Ukrainischen übersetzt von Christian Weise
    ISBN 978-3-8382-1628-7

19 *Olesya Yaremchuk*
    Unsere Anderen
    Geschichten ukrainischer Vielfalt
    Aus dem Ukrainischen übersetzt von Christian Weise
    ISBN 978-3-8382-1635-5

20 *Oleksandr Mykhed*
    „Dein Blut wird die Kohle tränken"
    Über die Ostukraine
    Aus dem Ukrainischen übersetzt von Simon Muschick
    und Dario Planert
    ISBN 978-3-8382-1648-5

21 *Vakhtang Kipiani (Hg.)*
    Der Zweite Weltkrieg in der Ukraine
    Geschichte und Lebensgeschichten
    Aus dem Ukrainischen übersetzt von Margarita Grinko
    ISBN 978-3-8382-1622-5

22 *Vakhtang Kipiani (ed.)*
    World War II, Uncontrived and Unredacted
    Testimonies from Ukraine
    Translated from the Ukrainian by Zenia Tompkins and Daisy Gibbons
    ISBN 978-3-8382-1621-8

ibidem.eu